맑스 マルクス と 들뢰즈 ドゥルーズ

들뢰즈와 맑스 : 이웃의 코뮤니즘
ドゥルーズとマルクス : 近傍のコミュニズム

지은이 마쓰모토 준이치로	초판 인쇄 2025년 4월 25일
옮긴이 이성혁	초판 발행 2025년 4월 28일
펴낸이 조정환	ISBN 978-89-6195-383-2 03100
책임운영 신은주	도서분류 1. 철학 2. 정치철학
편집 김정연	3. 정치경제학 4. 역사
디자인 조문영	카테고리 카이로스총서 112 Mens
홍보 김하은	값 25,000원
프리뷰 권두현·손보미·정재윤	펴낸곳 도서출판 갈무리 1994. 3. 3. 등록
종이 타라유통	제17-0161호 서울 마포구 동교로18길 9-13 2층 T. 02-325-1485
인쇄 예원프린팅	F. 070-4275-0674 www.galmuri.co.kr galmuri94@gmail.com
라미네이팅 금성산업	Copyright (c) Matsumoto Junichiro 2019 This edition is published by
제본 바다제책	arrangement with Misuzu Shobo, Ltd., Tokyo.

일러두기

1. 이 책은 松本潤一郎의 『ドゥルーズとマルクス—近傍のコミュニズム』(みすず書房, 2019)를 완역한 것이다.

2. 단행본, 전집, 정기간행물에는 겹낫표(『 』)를, 논문에는 홑낫표(「 」)를 사용하였다.

3. 책 또는 논문의 제목, 인명이나 중요 개념어의 원어는, 원서에 병기되어 있는 경우 병기했다.

4. 원서에 나오는 한자어 중에서 낯설거나 이해가 필요할 경우 한자를 병기했다.

5. 원서 본문 중 지은이가 첨가한 단어나 문구는 〔 〕에 넣어 이를 표시했다. 번역자가 내용 이해를 위해 단어나 문구, 다른 번역어를 첨가한 경우에는, [ ]에 넣어 이를 표시했다.

6. 원서의 주석과 한국어판 옮긴이의 주석은 같은 일련번호를 가진다. 한국어판 옮긴이의 주석은 주석 번호 바로 뒤에 *를 넣어 표시하였다.

7. 원서에서 인용된 책이나 논문이 주석에 밝혀져 있는 경우, 그 책이나 논문이 한국어판으로도 출판되었다면 해당 한국어판 서지 사항을 [ ]에 넣어 제시했다.

8. 원서에 표시된 부호들은 가급적 바꾸지 않고 그 부호를 그대로 번역판에도 사용하고자 했다.

9. 서양 사상의 여러 개념어들의 번역은, '옮긴이 후기'에서 밝혔듯이 가급적 원서의 번역어를 따랐다.

차례

한국어판 지은이 서문 —————— 6
뫼비우스의 띠를 절단하기 위하여

1부 역사·철학·정치

들뢰즈-과타리와 역사 —————— 16
『자본주의와 분열증』 읽기

공리와 명령 —————— 67
들뢰즈-과타리의 레닌

'원국가'의 사정거리 —————— 91
이슬람 국가 이후에 묻는다

모순은 효력을 잃었는가 —————— 113
들뢰즈, 바디우에 의한 헤겔 변주

2부 '도래할 민중'의 이야기

이야기와 주름 —————— 162
들뢰즈의 서술적 지성

분열과 종합 —————— 192
과타리, 벤야민, 라이프니츠

무한소의 정치 —————— 218
맑스의 '역사' 개념 재고

'절대빈곤' 쪽으로 —————— 250
영도의 프롤레타리아트

3부 '노동'과 유토피아의 행방

렌탈 라이프 포스트포디즘 시대의 노동	290
노동과는 별개의 방식으로 『경제학 비판 요강』에서 『살아있는 화폐』로	318
노동과 예술 벤야민과 클로소프스키	353
가능세계의 들뢰즈 네그리가 말하는 『맑스의 위대함』	365

후기	386
옮긴이 후기	392
각 글의 출처	399

:: 한국어판 지은이 서문

뫼비우스의 띠를 절단하기 위하여

『들뢰즈와 맑스』가 한글로 읽힐 수 있게 되어 기쁩니다. 제가 이 책에 썼던 내용의 연장선상에서, 지금 제가 생각하고 있는 바에 대해 몇 편의 영화 작품을 참조하여 써보려고 합니다.

〈프리 가이〉(2021, 미국, 숀 레비 감독)는 온라인 게임(프리 시티) 안의 등장인물 '가이'가 '각성'하여 '프리 시티'의 구석에 은폐되어 있는 '라이프 잇셀프'의 세계로 '탈출'한다는 스토리의 영화입니다. 가이는 인공생명으로 원래 '라이프 잇셀프'의 캐릭터였습니다만, 게임 제작사 '스나미 스튜디오' 사장 앤트완이 밀리와 키이스가 개발한 '라이프 잇셀프'를 훔쳐 '프리 시티'에서 사용하고 있었습니다. 밀리가 '라이프 잇셀프'를 개발한 이유 중 하나는 현실의 경쟁과 폭력에 빠진 남성 주도형 사회로부터 도피하고자 하는 바람 때문이었습니다. '라이프 잇셀프'는 판타지적 요소를 담은 자연적이고 온화한 세계로 설정되어 있습니다. 가이의 캐릭터 설정에 폭력적 요소(특히 유해한 남성성)가 포함되어 있지 않은 것은 밀리가 이상으로 삼는 남성상이 반영되어 있기 때문이라고 생각합니다. 밀리와 함께 '라이프 잇셀프'를 공동 제작한 키이스는 밀리를 사랑하고 있습니다만, 밀리는 그것을 깨닫지 못하고 있습니다. 가이의 캐릭터를 설정할 때 키이스는 가이에게 '이상적인 여성을 찾고 있다'는 속성을 주는데, 이 '여성'으로 밀리를 염두에 두고 있었다는 것이 영화 후반부에 밝혀집니다. 키이스와 밀리는 서로를 이상적인 존재로 삼았던 것입니다. 게임이라는 가상 세계를 매개로 현실 세계에서 서로에 대한 생각이 전해진다는 간접화법의 방식('□□라고 ○○가 말했다')이 이 작품에 극적 효과를 발생시킵니다. 가이가 게임 안에서 밀리에게 말하는 '나는 너에게 보내는 사랑의 편지'I'm just a love letter to you라는 말은 그 상징입니다. 밀리와 키이스가 구축한 '라이프 잇셀프'의 세계에는 폭력이 없습니다. 하지만 그 세계는 두 사람에게 이상적인 인물 이외의 존재를 허용하지 않는다는 의미에서, 영화 〈프리 가이〉에는 폭력 소거의 흔적이 새겨져 있습니다.

〈프리 가이〉를 제작하면서 레비 감독은 〈트루먼 쇼〉(1998, 미국, 피터 위어 감독)를 참조했다고 합니다. '씨 헤이븐' 섬에서 태어나 결혼하고 취직해 살고 있는 트루먼은 항상 카메라로 촬영되고 있었고, 그 모습이 (작품 안의) 리얼리티 쇼인 '트루먼 쇼'로 방영되고 있었습니다. 그리고 그걸 알아차린 트루먼이

섬을 탈출한다는 스토리의 영화입니다. 마치 트루먼은 타인의 비밀을 엿보고 싶다는 시청자 모두의 죄를 한 몸에 짊어진 인물, 혹은 그러한 시선이 만들어낸 우상인 것처럼 보입니다. 〈프리 가이〉에서 가이가 자아(실존)를 각성한 것처럼, 자신이 살아가는 세계의 리얼리티를 의심하기 시작한 트루먼은 '제정신을 잃은 것인지 모르겠지만, 아무래도 세계가 나의 주위를 돌고 있다는 느낌이다.'라는, 칸트의 '코페르니쿠스적 전회'를 방불케 하는 말을 하고 있습니다. 트루먼은 '자기 자신 = 세계의 중심'이라는 감각에 함몰되자 이를 의심하기 시작합니다. 이러한 의심은 글로벌 자본의 강화된 순환과 침투에 의해 최근 10년 동안 소멸되고 있습니다. 소비하는 사적 소유를 전제로 한 이기적인 개인주의가 자명한 것이 되고 있기 때문입니다. (개個, individu라는 범주는 최후last에 나온 최신last의 것임에도 불구하고, 우리는 항상 개個에서 출발하여 가산可算적으로 집단을 생각합니다. 하지만 이것은 전도된 것입니다. 처음 나타난 것이 '인류'라고 부를 수밖에 없는 막연한 모임集으로, 이 모임을 '전체'나 '집단'이라고 칭할 수는 없습니다. '부분'이나 '개'個라는 개념이 성립되어 있지 않으면 이 개념들도 존재하지 않기 때문입니다. 처음의 모임은 '하나'도 '다'多도 아니고, 동일성도 차이도 없습니다. 이 애매모호한 연속체가 차례차례 칼질에 잘려 나가 흩어지는(소외되는) 과정이 역사라고 역사적 유물론은 생각합니다.)

반대로, 〈프리 가이〉에 등장하는 조용하고 온화한 세계인 '라이프 잇셀프'는 '나=세계의 중심'이라는 공리에 기반하고 있는 것처럼 생각됩니다. 자기 자신에게 편하고 좋은 무언가로 세계 전체를 조작하고 바꾸어 만들고자 하는 욕망은 이 공리로부터 연역되는 것 아닐까요. 〈트루먼 쇼〉와 〈프리 가이〉를 분리하는 시간의 경과가, 이 세계 '바깥'이 사라지거나 '출구'가 보이지 않게 되기까지의 프로세스였던 것이 아닐까, 그렇게 저는 생각하고 있습니다.

'내가 세계의 중심'이라는 공리에는 음모론적 세계관(나의 세계를 위협하는 존재가 나에 대한 방해물이 되고 있다)도 포함됩니다. 그리고 이 공리를 교묘하게 조종하면서 스스로 자신을 계속 재생산하는 시스템이 자본주의입니다. 자본주의의 '바깥' 혹은 '출구'를 찾을 수 없어서 절망해 자살한 영국의 철학자 마크 피셔는, 『자본주의 리얼리즘』(2009)[1]에서 이 문제에 대해 생각하면서 〈패럴랙스 뷰〉(1974, 미국, 앨런 J. 파큘라 감독)[2]를 참조하고 있습니다. 〈패럴랙스 뷰〉는, 자신이 속을 리 없다고 생각하는 자야말로 음모론에 빠지기 쉽다는 역설을 그리고

---

1. * 마크 피셔, 『자본주의 리얼리즘』, 박진형 옮김, 리시올, 2024.
2. * 한국에서는 〈암살단〉이라는 제목으로 DVD로 출시되었다.

있습니다. 영화 제목에서 '시차'視差. parallax view는, 주인공 프레디가 지금 눈앞에 있는(본 기억이 있는) 풍경을 마주하면서 예전에 일어났던, 음모 조직에 의한 정치가의 암살 현장에 자신도 있었다는 기억을 떠올리는 순간을 가리킵니다. 과거와 현재가 '시간의 결정'結晶(들뢰즈)처럼 겹치면서 그는 지금 여기서 과거의 참극이 반복되고 있음을 알아차립니다. 그리고 과거의 암살에서는 사건을 외부에서 관찰하고 있었지만, 지금은 자신이 암살자의 위치에 서 있음을 알아차립니다. 이 반복에 의한 차이가 '시차'입니다. 분명히 밖에 있었던 것이 안에 있다, 객관적으로 해명하려고 했던 음모에 도리어 말려들고 있다 – '시차'는 뫼비우스의 띠와 같은 반전 현상입니다. 음모론에 빠지기 쉬운 자의 특징은 사회에 대한 무관심(또는 반역심)과 자기에 대한 기묘한 자신감의 공존에 있습니다. 이 특징은 오늘날의 사회에서 '자기 자신 = 세계의 중심'임을 자명하게 생각하는 인물상과 부합합니다. 소비하는 사적 소유권에 기초를 둔 이기적 개인주의에는 사회에 대한 무관심(오히려 악의)과 등을 맞댄 자기애를 양성하는 경향이 있기 때문입니다.

피셔는 『자본주의 리얼리즘』에서 빈곤층 출신인 사람이 자신의 처지를 상품화하여 성공하는 사례로 갱스터 랩을 들고 있습니다. 자본주의의 피해자가 그것의 외부로 나가려 하기보다는 그 내부에 머물러서, 오히려 그것을 강화한다는 것입니다. 그렇다면 사람들을 사적 소유에 근거한 소비적 개인 주체로 바꾸는 자본주의 경제의 원리로부터, 음모론에 (비판적이라고 하면서도 무의식적으로) 가담하는 인간 역시 생기는 것은 아닐까요? 이 책에서 피셔는 〈패럴랙스 뷰〉에 대해서도 언급하면서 이 작품을 '메타 음모적인 작품'이라고 부릅니다. 음모를 폭로하려다가 헛수고로 끝나기는커녕, 폭로하려는 프레디의 행동이 반대로 해당 음모에 기여하는 모습을 그리고 있다는 의미에서입니다. 자본주의 사회에서의 경제적 성공과 음모론의 연관이 여기에 있습니다. 또한 피셔는 〈패럴랙스 뷰〉의 마지막 장면을 〈트루먼 쇼〉의 그것과 비교하고 있습니다. 후자에서 지평선 위의 문이 실존주의적 자유를 시사하는 허무의 공간으로 열리는 것에 반해, 전자의 마지막 장면에 나타나는 문의 열림은, 음모에 의해 조직·관리되는 세계를 향해 열려 있는 그 문 너머에 음모가 소용돌이치는 자본주의 사회가 존재하고 있음을 암시하고 있다고 피셔는 말합니다. 이것은 원래 프레드릭 제임슨이 『지정학적 미학 — 세계 체제에서의 영화와 공간』[3]에서 지적한 것입니다. 피셔와 제임슨에 따르면, 패럴랙스 사내에 감도는 이상한 분위기(어떤 일에도 둔감하고, 언제나 조용한 공간에서 타인에게 무관심한 채 자신의 일을 무표

---

3. * 프레드릭 제임슨, 『지정학적 미학』, 조성훈 옮김, 현대미학사, 2007.

정으로 단조롭게 해내는 사원들의 모습)는 인간이 자본주의 시스템의 권력에 사로잡혀 그 권력의 자기 보존에 이용되고 조종되고 있다는 현실의 탁월한 표현입니다. 자본주의 시스템이 반복적으로 일으키는 여러 불상사나 사고(최근 일본에서의 사례를 들면, 만화 원작의 텔레비전 드라마화에 따른 갈등으로 원작자가 자살한 일이나, 점검 미비와 과밀한 스케줄 등에 의한 시레토코^{知床} 유람선 침몰 사고 등[4])의 책임을 지는 것은 경영자이자 임원이라는 특정한 개인입니다. 그러나 실제로 이 사건들을 일으키는 것은 비인칭 시스템 그 자체이며, 여러 개인은 그 희생자가 되고 있는 것에 지나지 않습니다. 이렇게 시스템의 구조는 계속 재생산되며, 개인들은 자본을 위해 또는 자본을 대신하여 죽어갑니다. 자본주의 사회에서 음모의 주모자는 특정 개인이 아니라 비인칭 시스템입니다. 〈패럴랙스 뷰〉는, 테러리즘과 같이 눈에 띄기 쉽고 리버럴liberal에 의해 쉽게 비

---

4. * 『섹시 타나카 씨』라는 만화가 TV 실사 드라마가 되는 과정에서, 만화 원작자는 원작을 훼손하지 말아달라고 요청했으나 방송국과 방송 작가는 이를 무시하고 많은 변형을 가했다고 한다. 하지만 시청자들의 반응은 좋지 않았고, 이에 원작자가 드라마 각본화에 참여하기도 했으나, 시청자들의 반응은 더 싸늘해졌다고 한다. 방송 작가는 이에 대한 책임을 원작자에게 돌리며 원작자를 비난했고, 사이버상에서 시청자들로부터 인신 공격을 당하면서 마음의 상처를 입은 원작자는 결국 2024년 1월 자살하고 말았다. 시레토코 유람선 침몰 사건은 2022년 4월 일본 홋카이도 시레토코 연안에서 시레토코 유람선 소속 유람선 카즈 1호가 침몰한 사고이다. 탑승자 26명 중 살아 돌아온 사람은 없다.

판될 수 있는 폭력이 아니라, 사회의 표면에 나타나는 그 가시적인 폭력들로 우리의 눈을 현혹하는 동시에 스스로는 사회의 배경에 숨어서 비밀리에 우리에게 작용하여 우리를 '나는 자유다…'라는 확신에 차 있는 채로 죽게 만드는 자본주의라는 대문자 '폭력', 바꾸어 말하면 비인칭의 음모를 그린 작품입니다. 〈프리 가이〉에서 볼 수 있는 밝고 온순한 '라이프 잇셀프' 세계의 거주자들은, 그 배후에서 작용하는 '폭력-음모'에 의해 지탱되어 살고 있는 것입니다. 그렇다면 〈프리 가이〉를 우리가 살고 있는 세계의 알레고리로 읽어낼 수 있을지도 모릅니다. 이 책의 독자가 저와 함께 그러한 뒤틀린^{裏腹} 세계(뫼비우스의 띠)를 절단하는 길을 생각해 주신다면 기쁘겠습니다.

2024년 3월 31일
마쓰모토 준이치로

1부 역사·철학·정치

들뢰즈-과타리와 역사
『자본주의와 분열증』 읽기

공리와 명령
들뢰즈-과타리의 레닌

'원국가'의 사정거리
이슬람 국가 이후에 묻는다

모순은 효력을 잃었는가
들뢰즈, 바디우에 의한 헤겔 변주

들뢰즈-과타리와 역사

『자본주의와 분열증』[1] 읽기

'도주'에 의한 자본주의 : 역사를 다시 기술하는 〈역회전〉

혁명적 잠재력이 어떻게 현동화(現動化)[2]하는가를 해명하자면, 그것은 전(前)의식 상태에서 작용하는 원인이라기보다는 오히려 어떤 정확하고 적확한 순간에 현실적으로 일어나는 '욕동에 의한 절단'이다. 이 절단은 욕망을 유일한 원인으로 하는 분열이고, 인과관계로부터의 단절을 의미한다. 이 단절은 실재하는 것에 밀착된 역사의 다시 쓰기를 강제하고, 모든 것이 가능하게 되는 기이하게 다의적인 순간을 만들어낸다.(AO

---

1. * 두 권으로 구성된 『자본주의와 분열증』의 1권은 『안티 오이디푸스』, 2권은 『천 개의 고원』을 가리킨다.
2. * actualization의 일본어 번역어. 한국에서는 현행화, 현재화 등으로 주로 번역되지만, 이 책은 일본에서의 번역어를 소개한다는 측면에서 좀 어색하긴 하지만 '현동화'라는 일본식 단어를 고치지 않고 그대로 두었다.

453~454)³

 '기이하게 다의적'으로 '모든 것이 가능하게 되는', '인과관계'로부터 '단절'된 '순간'인 '혁명적 잠재력'이 우리들에게 '강제'하는 '역사의 다시 쓰기.' 이는 질 들뢰즈와 펠릭스 과타리에 의해 시도된 '실험'인 『안티 오이디푸스』의 근본적인 주장 중 하나일 것이다. 그리고 이 기획은 『천 개의 고원』에 이르기까지 일관된다. 이 '어떤 정확하고 적확한 순간'이란 대체 무엇이며, 언제 어떻게 우리들에게 도래하는가. 여기서 '혁명'이란 무엇을 지시하고 있는가.

 여기서 '혁명'으로서의 '어떤 정확하고 적확한 순간'이란, 자본주의 사회 내부 모순을 체현하는 '계급'의 한 편인 '프롤레타리아트'가 그 모순의 최고 단계에 달했을 때 저절로 봉기하는 필연적 '순간'은 아니다. 여기서 '혁명'의 담당자는 속성('~임')으

---

3. 이하 『안티 오이디푸스』(Gilles Deleuze et Félix Guattari, *Anti-Œdipe*, Éditions de Minuit, 1972), 『천 개의 고원』(Deleuze et Guattari, *Mille Plateaux*, Éditions de Minuit, 1980)으로부터의 인용은 각각 AO, MP라고 축약하여 해당 페이지수를 본문 안에 표기한다. 일본어판도 참조했다. [*한국어판 번역: "혁명적 잠재력의 현행화는 이 잠재력이 물론 포함되어 있는 전의식적 인과성 상태보다는 어떤 정확한 순간에 리비도적 절단의 실효성에 의해, 말하자면 심지어 현실계에 역사를 다시 쓰도록 강요하고 모든 것이 가능한, 이상하게 다의적인 이 순간을 생산하는 인과성의 단절에 의해 더 잘 설명된다."(질 들뢰즈·펠릭스 과타리, 『안티 오이디푸스』, 김재인 옮김, 민음사, 2014, 621쪽.)]

로서의 '프롤레타리아트'가 아니다. 왜냐하면, 『안티 오이디푸스』에서 '계급'은 우선 기성 신분제 계급에서 탈코드화한 것으로 포착되며(AO 303), 자본주의 사회의 '계급'은 '오로지 하나'밖에 존재하지 않는다고 언급되기 때문이다(AO 302). 그 이름은 '부르주아지'다(AO 302). 따라서 여기서 '혁명'을 담당하는 것은 계급 밖에 있는 사람들과 '계급-외부'hors-classe다(AO 303). 그렇다면 여기서 말하는 '혁명'은 자본주의 사회 내에서의 '정권 탈취'라기보다는 오히려 자본주의 사회 그 자체로부터의 자본과 노동의 '도주'다.

'혁명'은, 그 말에 종래 포함되어 있었던, '필연사관'으로 뒷받침된 함축적 의미connotation를 ― 이후 『천 개의 고원』에서 사용된 용법으로 말하자면 ― '-1'(MP 31)한 것이다. 여기서 채용되고 있는 입론立論의 구성은, 기본적으로 '모순'에 '혁명'의 원동력을 두는 노동자 중심의 구상과 종말론적 혁명 구상에 대해 비판적인 거리를 두고 있다. 여기서 들뢰즈-과타리의 독자에게 잘 알려진 논의가 대척적으로 발견된다. 즉, 예전의 균제均齊되어 있던 '노동자'의 형상이나 '계급'의 형상에는 포함되지 않는, 오히려 그것으로부터의 일탈로 규정되는 '마이너리티'의 '도주'에 '혁명적 잠재력'을 의탁한 논의 구성 말이다. 따라서 여기서 '혁명'révolution은 '인과관계로부터의 단절 = 역사의 다시 쓰기'라는 의미에서 역사의 '역회전'逆回轉, révolution이라는 뉘앙스를 전면화한다. 그래서 그것[혁명]에서는 '기이하게 다의적'으로 '모든 것이 가능하게' 된다.

『안티 오이디푸스』에서의 위와 같은 논점에 근거를 두면서, 『천 개의 고원』에서 [들뢰즈와 과타리는] 역사의 인과관계로부터 해방된 무수한 사건들의 '이것임'heccéité에 의거하여 '개체화'(MP 318)하는 양상들이 스스로 존립성을 확립한 상태를 '고원'이라고 부른다(MP 32). 그것은 역사를 구성하는 '질료-소재'로서의 '생성 변화하는 질료-소재'를 사용함으로써(MP 428) 역사로부터 '누출-일탈'해 가는 '힘'을 계측하기 위해서, 질료에 형상을 압착하는 '형상-질료' 도식에서 벗어나 질료-소재의 연속적 변화를 따르는 '질료(소재)-힘' 도식으로 논점을 이행하는 것이기도 하다(MP 509~512).

그리하여 중요한 물음, '모순'이라는 개념을 사용하지 않고 어떻게 자본주의를 기술할 수 있는가라는 물음이 도출된다. 들뢰즈-과타리에게 '혁명'의 담당자는, '계급-외부'로 '누출-도주'하는 선상線上의 벡터로부터 역사를 향해 '사건'적으로 출현하는 것이다. 그러한 사람들의 도래는 '사회 내부의 모순'으로부터 유래하지 않는다. '사회는 그 내부 모순들에 의해 규정된다는 주장은 틀렸다(특히 맑스주의의 경우). 그것이 옳을 때는 큰 척도로 사물을 보는 경우에 한한다. 미시정치의 관점에서 보면 사회는 도주선에 의해 규정되는데, 그 도주선은 분자적이

다.'(MP 263~264)[4]

이 맑스주의에 대한 비판에 '그러면 모순에서 유래하지 않는 자본주의(분석)란 어떠한 것인가'라는 물음이 되돌아올 것이다. 들뢰즈-과타리는 이 물음에 응답하고자 한다. 『안티 오이디푸스』와 『천 개의 고원』에서는 '모순'이 아닌 '우발성'이라는 어휘로 자본주의, 그리고 자본주의 아래의 노동자가 기술되고 있다. 그리고 거기에 '역사가' 맑스가 있다. '모순'이 아니라 '우연'에 정위定位하여 자본주의를 분석하는 맑스, '자본주의 메커니즘에 몰두했'던 맑스가 있다.[5] 그래서 앞에서의 비판에도 불구하고, 이후 들뢰즈는 다른 인터뷰에서 "『안티 오이디푸스』와 『천 개의 고원』은 맑스로, 맑스주의로 완벽하게 관통되고 있는 작품입니다. 현재 저는 제 자신을 완전히 맑스주의자라

---

4. * 한국어판 번역 : "사회는 그 사회의 모순들에 의해 규정된다는 주장은 잘못된 것이다(특히 맑스주의의 경우가 그러하다). 사태를 거시적으로 보았을 때나 올바른 주장일 뿐이다. 미시정치의 관점에서 볼 때 사회는 그 사회의 도주선들에 의해 규정되는데, 이 도주선들은 분자적인 것이다."(질 들뢰즈·펠릭스 가타리, 『천 개의 고원』, 김재인 옮김, 새물결, 2001, 412쪽.)
5. Deleuze, «Gilles Delleuze et Félix Guattari»(entretien avec Michel-Antoine Burnier) in L'île déserte et autres textes : Textes et entretien 1953-1974, édition préparée par David Lapoujade, Édition de Minuit, 2002 (ジル・ドゥルーズ, 「資本主義と慾望について」, 杉村昌昭訳, 『無人島 (1969~1974)』, 小泉義之 監修, 河出書房新社, 2002年에 수록). 들뢰즈가 지적한 "자본주의에 몰두했던 맑스"라는 논점을 전개한 長原豊, 『われら瑕疵ある者たち ― 反「資本」論のために』, 靑土社, 2008年을 참조.

고 생각하고 있습니다.'라고 말했던 것이다.6 또한 '인과관계로부터의 단절 = 역사의 다시 쓰기', 즉 '기이하게 다의적'으로 '모든 것이 가능하게 되'는 역사의 '역회전-혁명'을 향해, 우발성의 시각에서 이루어지는 자본주의 분석이 맑스로부터 계승되고 있다고 말해도 좋다. '자본주의의 빛을 비추어 모든 역사를 소급적으로 파악하는 것은 정당하'(AO 163)7며, 또한 '자본주의는 모든 사회조직체의 음화陰畫'(AO 180)8라고 되어 있기 때문이다.

그렇다면 '욕망을 유일한 원인으로 하는 분열'이라는 '인과관계로부터의 단절'로서 '일어나는 "욕동에 의한 절단"'이, '실재하는 것에 밀착한 역사의 다시 쓰기를 강제'하고 '모든 것이 가능하게 되는 기이하게 다의적인 순간을 만들어낸다'는 논점을 상기한다면, 앞에서 언급한 '도주'와도 관련하여 '인과관계로부터의 단절' 또는 '우연성'으로서의 '세계사'를 기술하기 위한 조건으로서 자본주의 분석이 요청된다. '무엇보다도 우선 세계사는 우발적 사건의 역사이지 필연성의 역사가 아니며, 여러 종

---

6. «je me souviens» de Gilles Deleuze in *Le Nouvel Observateur*, n° 1619, Du 16 Au 22 Novembre 1995.
7. * 한국어판 번역 : "역사 전체를 자본주의의 조명 아래 회고적으로 이해하는 일은 정당하다."(『안티 오이디푸스』, 246쪽.)
8. * 한국어판 번역 : "자본주의가 모든 사회구성체의 음화(陰畫)"(『안티 오이디푸스』, 267쪽).

류의 절단과 경계선으로부터 이루어지는 역사이지 연속되는 역사는 아니'(AO 163 등)[9]기 때문이다. 그리고 자본주의 자체가 '우발성' 내지 '마주침'이라는 사건에 의해 생겨났기 때문이다 (AO 265 등). 혹은 들뢰즈가 앞에서 인용한 인터뷰에서 '초기 자본주의는 노동자와의 마주침을 기다리고 있었으며, 노동자는 거기에서 선행하는 시스템 형태에 합류했습니다. 모든 본원적 축적은 이 사태를 의미하고 있습니다.'[10]라고 말하고 있는 것을 보면, 『안티 오이디푸스』와 『천 개의 고원』에서 문제는 '우연의 마주침'으로부터 자본주의 작동 양태를 기술記述하는 것이었다고 할 수 있다.

그리고 앞에서 역사 (재再)기술의 문제에 관해 '인과관계로부터 단절'하는 '이 절단은 욕망을 유일한 원인으로 하는 분열'이라고 쓰여 있었던 것을 상기하면, 그 문장에는 '욕망'이란 '우발'적이라는 의미가 함의되어 있다. '자본주의가 어느 정도로 욕망의 교차점이고, 그 하부구조인 경제 그 자체가 어느 정도로 욕망이라는 현상과 밀접하고 불가분한지 알기 위해서는, 자본주의의 기원에 있는 우연성의 총량을 생각해 보면 충분할

---

9. * 한국어판 번역: "무엇보다, 세계사는 우발들의 역사이지 필연의 역사가 아니며, 절단들과 극한들의 역사이지 연속성의 역사가 아니다."(『안티 오이디푸스』, 246쪽.)
10. Deleuze, «Gilles Deleuze, Félix Guattari», *L'île déserte et autres textes*, 앞의 책 (ドゥルーズ, 「資本主義と慾望について」, 『無人島 (1969~1974)』, 앞의 책).

것입니다.'[11]라는 들뢰즈의 말은 '욕망' 나아가 '자본주의'가 '우연성'과 밀접한 관계를 맺고 있음을 시사한다.

다음으로 명확해진 것은, '모든 것이 가능하게 되는 기이하게 다의적인 순간'에 의해 '강제'되는 '역사의 다시 쓰기'라는 '역회전-혁명'적 사태가 일어나기 위한 평면이 이미 『안티 오이디푸스』에서 맹아적으로 준비되어 있었다는 점, 그리고 그 근저에 '자본주의' 그 자체의 '우발적'인 탄생이 있으며 이 우발성과 욕망은 밀접한 관계를 가지고 있다는 점이다. 『천 개의 고원』에서는 이 우발적 마주침이 일어나는 평면이 '내재평면' 혹은 '존립평면'[12]이라고 불릴 것이며, '이것임'과 '개체화'라는 개념을 열쇠로 삼아 이 '마주침'이 '사건'론으로 세련되어지는 전망이 열릴 것이다. 이러한 전망 아래, 이 장에서는 들뢰즈-과타리의 '우발성'과 '마주침'에 의한 자본주의 작동 양태와, 나아가 그것과 병행하는 '우발'적인 세계사를 기술記述하고자 한다.[13]

---

11. 같은 글 (같은 글).
12. * 원서에는 일본어로 번역된 이 개념어의 원어가 나와 있지 않지만 'le plan de consistance'의 번역어라고 판단된다.
13. 여기서는, 『안티 오이디푸스』와 『천 개의 고원』 사이의 문체 상, 논점 상의 이동 — 불연속성 — 을 강조하기보다는 연속성에 근거한 관점(視點)을 제시하고자 한다.

우발과 허구

삶生의 가장 근원적인 수준에서 코드와 유전자의 작용은 우연alea에 맡겨진다. 그것은 병과 결함, 기형이 되기 이전인 정보 시스템의 변조 내지 '오인'誤認이다.… 이 우발성 위에서 돌연변이와 진화 프로세스가 도출된다. 마찬가지로 이 우발성 위에서야말로 생명은 인간의 출현과 함께 결코 자신의 장場에 낙착落着할 수 없는 생체에 도달한다. 그것은 '방황'하고 '오류'를 저지르도록 운명 지어져 있기에, 문제시되어야 할 것은 특이하게 유전적인 이 오류인 것이다.(푸코, 「생명: 경험과 과학」)

들뢰즈-과타리가 『안티 오이디푸스』와 『천 개의 고원』에서 시도한 '실험'과 그 실험 준비로서 구축한 '가설' 내지 '허구'를 이해하기 위한 보조선補助線으로서, 푸코가 생전에 마지막으로 인쇄를 허가한 「생명: 경험과 과학」[14]에서의 논의를 여기서 살펴보고자 한다. 그리고 이 시점時點의 푸코의 논의에서 소급하여 들뢰즈-과타리의 『안티 오이디푸스』와 『천 개의 고원』의 틀을 '우발적인 마주침' 및 그것과 밀접한 '실험-가설'의 허

---

14. Michel Foucault, La vie l'expérience et la science, in *Dits et écrits*, Gallimard, 1994, vol. IV, pp. 763~777 (ミシェル・フーコー, 「生命 — 經驗と科學」, 廣瀬浩司訳, 『ミシェル・フーコー 思考集成 10』, 筑摩書房, 2002年, pp. 289~307).

구仮構라는 관점을 통해 되돌아보고자 한다. 이 절의 맨 앞에 인용한 문단은, 푸코가 과학사가 조르주 캉길렘의 과학 인식론이 지닌 동시대적 인식을 논한 논고의 마지막 부분이다. 이 문단에서 푸코는 삶이란 오류에 불과하다고, 즉 생명이란 오류가 일어날 수 있는 것이며 오류에 맡겨져 있는 것이라고 쓰고 있다. 생체는 우발성으로 횡단되면서 '오류'의 역능을 부여받는다. 이 '오류'는 진리와 대척對蹠을 이루기보다는, 오히려 이 대척의 창조-발명을 우리들이 어쩔 수 없이 '운명'으로 삼아야 하는 우발성이다. '진리'는 이 근원적 오류에서 파생한다. '개념이란 생명 자신이 이 우발성에 대해 부여하는 해답임을 인정한다면, 오류는 인간의 사고 및 역사 형성의 근원이라고 생각해야 한다. 진위의 대립, 진위에 부여된 가치, 사회 전체와 제도 전체를 이 분할과 결부하여 고려한 권력의 효과는 모두 생명에 고유한 오류 가능성에 대한 뒤늦은 응답에 지나지 않을지도 모른다. "오류"는 약속된 완성의 망각과 지체가 아니라 인간의 생명과 종種의 시간에 고유한 차원을 형성한다.' '오류'로서의 우발성에서 '진리'의 원천을 도출하는 이 관점은 니체의 계보학적인 사고의 연장선 위에 위치 지어져 있다. 푸코 자신이, 이 텍스트에 니체를 끌어온다. '진리란 더할 나위 없이 깊숙한 거짓이라고 니체는 말했다. 니체에 가까우면서도 먼 캉길렘이라면 이렇게 말할 것이다. 진리란 생명의 긴 연대기에서 더욱더 새로운 오류라고. 더 정확히 말하면 진위의 분할과 진리에 부여된 가치는 생명이 발명할 수 있는 가장 특이한 삶의 양식을 형성하는 것인데, 이는 생명이 그 궁극의 기원 이후 오류 가능성을 자기 자신 안에 포함하고 있기 때문이라고. 캉길렘에게 오류란 생명 및 인간의 역사가 얽혀 있는 항상적인 우연이다.' '오류-우발성'을 뒤집어쓰고 진리를 생산하는 것이 생체가 가진 역능力能이다. '인간'은 '오류-우발성'에 의해 삶을 촉발하며, 삶의 특이성을 해방할 수 있는 이 '오류-우발성'으로부터 삶에서의 '진리' 또는 '개념'을 생산하고 다듬어 나간다. '오류란 생명 및 인간의 역사가 얽혀 있는 항상적인 우연이다.' 이 말을 들뢰즈-과타리의 눈으로 다시 읽으면, 들뢰즈-과타리가 『안티 오이디푸스』와 『천 개의 고원』에서 시행할 '실험'을 준비하는 '가설' 또는 '허구'의 필요성이 이해된다.

　『안티 오이디푸스』에서 마주침의 문제계로서 초점화되는 것은, 이미 언급했듯이 자본주의에서의 마주침, 즉 '사유재산'과 '상품생산' 또는 '자본가가 소유한 변환 가능한 재화의 몇 가지 흐름과 '자신의 노동력밖에 소유하지 못한 노동자들의 몇 가지 흐름'(AO 164), '노동자'와 '자본', '생산자들의 흐름'과 '화폐의 흐름'(AO 266) 등 여러 가지로 표현되는 둘의 마주침이다. 그리고 그 둘의 요소들이 마주치는 '역사적 조건'으로서 들뢰즈-과타리는 다음과 같은 사정을 열거하고 있다. '생산' 내지 '자유로운 노동'의 흐름이 '전제군주 기계'(이른바 '봉건제 사회')로부터 '문명(자본주의) 기계'(이른바 '자본제 사회')로 누출漏出되는 과정에서, (1) 사기업화에 의한 토지의 탈영토화, (2) 사유私有에 의한 생산수단들의 탈코드화, (3) 가정과 조합組合의 분리에 의한 소비재의 사적인 사용, (4) 노동에도 기계에도 사용 가능한 노동자의 탈코드화이다. 다른 한편 자본 쪽에서는 (1) 추상적인 통화에 의한 재화의 탈영토화, (2) 상인자본에 의한 생산의 다양한 흐름의 탈코드화, (3) 금융 자본과 공공 부채에 의한 모든 '국가'의 탈코드화, (4) 산업자본의 형성에 의한 생산수단의 탈코드화가 관찰된다(AO 267).

최종적으로 '노동'과 '자본'이라는 두 개의 계열로 질서 있게 정돈될 수 있다. 이상의 다양한 '흐름'의 변화 – 탈코드화 – 및 그 마주침에 의해 형성된 자본제 사회에서 등장하는 '자본가'는, '전제군주'와는 그 지위status를 달리한다. 이 점을 들뢰즈-과타리는 '전제군주 기계는 공시적이지만 자본주의 기계의 시간은 통시적이다. 자본가들은 이를테면 역사를 창조적으로 구축해 가는 일련의 과정에서 점차 등장한다.'(AO 264)[15]라고 표현한다. 이는 이른바 시계열적時系列的인 역사, 진보와 발전이

---

15. * 한국어판 번역 : "전제군주 기계는 공시적인 반면, 자본주의 기계의 시간은 통시적이다. 자본가들은 일종의 역사의 창조성을 정초하는 계열 속에 번갈아 등장하는데, 참 낯선 구경거리이다."(『안티 오이디푸스』, 381쪽.)

라는 19세기적인 역사관이 산업자본주의와 함께 생겨난 사태를 의미한다. 그러나 여기서 미셸 푸코가 『말과 사물』에서 제시했던바, 인간에게 관통된 '시간' – '유한성'을 바탕으로 한 '노동', '생명', '언어'의 변용의 틀 안 – 에, 다시 말해 푸코가 말하는 의미에서의 '역사'에 들뢰즈-과타리가 자본주의 그 자체를 기입하거나 '다시 쓰기' 하려고 시도하는 『안티 오이디푸스』의 사정거리射程를 볼 수 있다.

푸코에게 '역사'란 시계열적인 사상事象의 '계기-전개'가 아니라, 오히려 표면表, tableau 내지는 공간에 미세한 균열이 일어나는 것이었음을 상기한다면, 들뢰즈-과타리의 '역사 다시 쓰기'는 이른바 '진화-발전'의 시계열상上에서 일어나는 목적론적인 의미에서의 '혁명'을 가리키는 것은 아니다. 오히려 공간 내지 평면 – 『천 개의 고원』에서의 '존립평면' 내지 '내재평면' – 위에서의 '자본'과 '노동'이라는 두 가지 요소의 우발적인 '마주침'을 가리키고 있다고 이해할 수 있다. 이러한 의미에서 들뢰즈-과타리와 푸코는 연계되어 있다. 『천 개의 고원』에서 비판되는 '역사'와는 별개의 푸코적인 의미에서의 우발적인 '역사' – 『천 개의 고원』에서의 '사건' – 가 이미 문제시되고 있었던 것이다. 그런데 들뢰즈-과타리는 위에서 말한 자본주의 '발생'의 '역사적 조건' 속의 한 쪽인 '노동'의 탈코드화를, 통사적 구분으로서의 이른바 '로마 시대'에서도 보고 있다. 로마 시대에서도 (1) 재산의 사물화에 의한 부동산 흐름의 탈코드화, (2) 거대한 재산 형성에 의한 통화 흐름의 탈코드화, (3) 상품생산의 발전에 의한 상업 흐름의 탈코드화, (4) 재산 상실과 프롤레타리아트화에 의한 생산자들의 탈코드화라는 사태가 나타났다. 그러나 그것들은 '전제군주 기계' 체제 아래에 있었기 때문에 '노예제의 산출'에 지나지 않았다(AO 264)고 한다(그리고 이 문단 안의 주석에는 맑스에 대한 참조가 지시되어 있다). 한편, '자본' 계열에서 자본주의적인 것이 발생하는 '역사적 조건'은 통사적 시대구분으로서의 '봉건제' 시기에 이미 갖추어져 있었다고 하면서, (1) 사유재산, (2) 상품생산, (3) 통화들의 합류, (4) 시장의 확장, (5) 도시의 발전, (6) 금납^{金納} 지대^{地代} 또는 계약 노임^{勞賃}의 출현이라는 사태가 열거된다. 그리고 그것들 또한 봉건적 하중과 연관이 강화되거나 급기야는 원시적 봉건제 단계 내지는 노예제가 재건되기까지 하는 등의 사정을 이유로, 그 자체로서는 오히려 '자본주의 기계'의 등장과는 반대의 귀결을 이끌게 되었다는 것이다(AO 264). 이러한 통사적 원근법으로부터 이탈했던 지점에서 『천 개의 고원』의 '고원' 개념이 확립되었고, 이러한 의미에서도 『안티 오이디푸스』에서 언급된 '역사 다시 쓰기'의 역사는 통상의 역사와 다르다.

이렇게 들뢰즈-과타리의 말에는, '필연성의 역사가 아니라 각종 절단과 경계선으로부터 이루어'지는, 비연속적이며 '각종 우발적인 사건의 역사'로서의 '세계사'를 기술하는 '실험'을 준비하기 위한 '가설'적 틀이 엿보인다. 『안티 오이디푸스』에서 그것은, '욕망하는 기계들'이 편력하는 '기관 없는 신체' 위에서 '야만기계', '전제군주 기계', '문명자본주의 기계'의 '뒤얽힘-접합' 양식이라는 가설적 모델이다. 『천 개의 고원』에서 그 틀은 '영토화-재영토화-탈영토화'의 세 가지 조합 개념으로 기술되는 '추상기계'의 기계적이고 집단적인 '이중의 배치arrangement'가 된다. 정주-유목, 포획-도주, 국가장치-전쟁기계, 홈패인 것-평평한 것 등이 '뒤얽히고 접합하는' 양식이라는 가설적 모델이다. 또한 『안티 오이디푸스』에서 제시되었던 모델과 『천 개의 고원』의 모델과의 상이함은, 전자가 '생산' 양태에 중점을 두고 있는 것에 비해 후자는 예술·인문과학적 영역을 넘어 사회·정치적 영역, 나아가 광물과 동식물, 생물 영역도 관통하는 넓은 의미에서의 '교통' 내지 '번역'의 양태로 역점이 이동하고 있다 — 그러나 이는 들뢰즈-과타리가 자본주의 분석에서 생산부문으로부터 유통부문으로 중점을 이동한 것은 아니다 — 는 데에서 찾을 수 있을 것이다. 이처럼 제시된 '가설'적 모델은, 그것이 통상의 '역사'를 '실험'의 '재료-소재'로 삼고 있다는 점에서, 그리고 그것들을 가지고 '역사'의 '외부' 또는 '계급-외부'로의 '누출-도주선'을 발견하려는 '실험'이라는 점에서 차라리 '허구' 내지 '우화'fabulation라고 불리는 것이 적절하다는 생각이 든다. 역사가 '허구'라는 것은 아니다. '가설'로서 '허구'를 세움으로써 이루어진 '실험'을 통해 역사 안에서의 무수한 마주침과 우발성 또는 '고원'이 발견된다는 것이다. 푸코에게 '개념'은 우발성에 의해 생기는 '허구'였지만, 들뢰즈-과타리에게 그것은 동시에 우발성과 마주치기 위한 '허구'이기도 하다. '우발-오류'에 의해 촉발되어 세워진 '가설-허구'에 의해서, 다시 말해 '우발적인 세계사'를 이른바 '역사'의 모든 곳에서 검색走査할 수 있다는 이 상호관계 안에서 허구와 우발은 포착될 수 있다. 그리고 이미 말했듯이 자본주의는 그러한 '세계사'를 가능하게 하는 '마주침'으로 태어날 터이다.

노동과 자본의 마주침 : 몇 가지 가설

0. 방법으로서의 질적 분석

노동과 자본의 '마주침'은 어떠한 우연성인가. 그것은 '자본축적'에 관한 두 시기이다. 우선 '재화가 가치를 갖지 않아서 그것을 모을 수 있는 유리한 기회'인, 구체적으로는 '재산-토지의 권리 증서 축적'이 이루어지는 시기가 있다. 다음으로는 '이 재화의 가격이 올라 산업투자에 유리하게 된 조건 아래에서 재화를 매각하는' 시기이자 '산업투자에 유리하게 되는 조건들로서 ' "가격혁명", 노동자의 과잉축적, 프롤레타리아트 층의 형성, 원료 자원(땅)에의 접근성, 도구·기계적 생산에 유리한 조건' 등의 시기가 있다(AO 267~268).[16] 그래서 여기서는 맑스의 『자본론』에서의 '이른바 본원적 축적' 및 ─ '노동자의 과잉축적, 프롤레타리아 층의 형성'에 관하여 ─ '노동력 상품'이 '역사'적 우연성의 양상으로서 밀접하게 논의되고 있다. '모든 우연적 contingentes 요인이 이 마주침의 연결들conjonctions에 유리하게 움직인다. 이러한 사태의 형성에 의해 많은 마주침rencontres이 있었던 것, 이 이름 붙일 수 없는 사태〔의 형성에 의해〕! 그러나 이 마주침의 연결 효과-결과는 바로 자본제 생산의 점점 심화되는 통제인 것이다.'(AO 268)[17] 자본주의는 우발적이지만, '그러나(그러므로)' 그 생산양식을 침투시켜 간다. 이 '그러나(그러므로)'라는 접속이, '자본주의는 "오작동에 의해서만 순조롭게 작동한다"(AO 274)는 원리를 알고 있었다'라는 『안티 오이디푸스』의 정식正式이다. 또 하나 중요한 점은, 두 가지 요소의 '우발-마

---

16. * 한국어판 번역: "첫째 시간에는 재화가 그다지 비싸지 않은 유리한 정세(봉건 체계의 해체)에 재산, 가령 토지의 권리 증서들의 축적이 있어야만 한다. 둘째 시간에는 특히 이익을 가져오는 조건(〈가격혁명〉. 풍부하게 남아도는 일손, 프롤레타리아의 형성, 원료 자원에 대한 쉬운 접근, 도구와 기계의 생산에 유리한 조건들)에서 이 재화가 높은 값에 판매된다."(『안티 오이디푸스』, 385쪽.)
17. * 한국어판 번역: "모든 종류의 우발적 요인들이 이 결합들에 우호적이다. 이름 붙일 수 없는 이 일의 형성을 위해 얼마나 많은 만남들이 있었던가! 하지만 결합의 결과는 실은 자본에 의한 더 깊은 생산 통제이다."(『안티 오이디푸스』, 385쪽.)

주침'을 강조하는 『안티 오이디푸스』의 이러한 논의는, 맑스가 『자본론』에서 논했던 산업자본주의에서의 '노동력의 상품화'를 함의하고 있다는 점이다. '자본주의의 빛을 비추어 모든 역사를 소급적으로 파악하는 것의 정통성'이라고 말할 때의 '자본주의'는 '산업자본주의'를 지시한다. '자본주의 혹은 그 절단의 정의, 즉 탈코드화하고 탈영토화한 흐름들의 마주침의 연결은 상인자본에 의해서도 금융자본에 의해서도 정의될 수 없다. 그것들은 탈코드화와 탈영토화와는 별개의 흐름, 별개의 요소에 지나지 않기 때문이다. 그렇기에 산업자본에 의해〔정의된다〕'라고 쓰여 있는 것이다(AO 268)[18]. 그래서 위에서 언급한 문장인 '그러나 이 마주침의 연결 효과-결과는 바로 자본제 생산의 점점 심화되는 통제인 것이다'는, '산업자본주의'를 성립시키는 역사적 '우연성-마주침', '이른바 본원적 축적'을 '그러나(그러므로)' 필요-필연으로 삼고 있다. [들뢰즈-과타리는] 세계 규모에서 반복되는 자본축적의 양태를, 아민 Samir Amin 등의 논의를 근거로 '본원적 축적은 자본주의의 여명에 한 번만 일어나는 것은 아니다. 그것은 항상적인 동시에 끊임없이 재생

---

18. * 한국어판 번역:"자본주의 내지 자본주의 절단의 정의, 즉 탈코드화되고 탈영토화된 모든 흐름의 결합은 다른 흐름들 중의 몇몇 흐름이요 다른 요소들의 몇몇 요소에 불과한 상업자본 내지 금융자본에 의해서가 아니라 산업자본에 의해 정의된다."(『안티 오이디푸스』, 385쪽.)

산되고 있다'고 말하고 있으며(AO 275)[19], 이 관점은 『천 개의 고원』에서도 일관된다.[20] 『안티 오이디푸스』에서 '반복되는 본원적 축적'이라는 논점은 '기계에 의한 잉여가치'와 '인간에 의한 잉여가치' – 이 두 가지 잉여가치가 코드가 아닌 '흐름'flux의 잉여가치를 구성한다 – 사이의 영원한 불일치 – 나중에 보게 될 끝나지 않는 '이윤율 저하 경향' – 라는 관점에서 분석되고 있다(AO 270~276). 나아가 자본주의 작동의 핵심에 '이윤율 저하 경향'을 영원하게 만드는 '반反생산'이 통합된다 – 그래서 반생산주의인 '무위dés-œuvrement의 공동체'(장-뤽 낭시)의 재검토가 요청된다 – 는 논의가 이루어진다. 또한 『천 개의 고원』에서는 이 '본원적 축적'이라는 폭력이 '포획장치' 또는 '국가'에 의한 '이중 폭력' – 폭력에 피해를 입는 대상을 산출하면서 그 폭력을 자본제의 보이지 않는 '전제-메타수준'으로까지 밀어 올리는 – 의 기제와 밀접하게 논해진다(MP 558~559). '이른바 본원적 축적'에 관해서는 나중에 '역사'와의 관계에서 다시 논하기로 하고, 지금은 더 앞

---

19. * 한국어판 번역: "원시 축적이 자본주의 여명기에 한 번에 생산된 것이 아니라, 영속적이며 끊임없이 재생산된다는 점은 정말이지 진실이다."(『안티 오이디푸스』, 384쪽.)
20. 『천 개의 고원』에서 '본원적 축적'은 제13고원 「포획장치」에서 스톡(stock)의 '삼위일체 – 토지-노동-화폐 – 의 정식'에서 고찰된다. 또한 『안티 오이디푸스』, 『천 개의 고원』 양쪽 다에서 보이는바, 자본축적과 병행하는 본원적 축적의 재생산이 이른바 '제3세계' – 주변뿐만 아니라 이른바 '선진국' – 중심에서도 프롤레타리아 층을 만들어낸다는 논점 역시 중요하다.

으로 나아가기로 하자.

여기서 철학자 질 들뢰즈가 가장 잘 하는 기술, 즉 본성상 다른 두 개의 요소가 혼합된 상태를 '질적으로 분할하는' 기술이 과타리와의 협동에서도 발휘된다. 마조흐와 사드 사이에 어떤 필연적인 결합 관계도 발견되지 않았듯이, 혹은 스피노자의 『윤리학』의 서술 체계에서 개체 간에 '나쁜 마주침'이 발생하지 않았듯이,[21] 여기에서도 자본제 사회에서 자명하게 드러나는 '노동'(salaire) 관계에서의 두 요소, 즉 '노동력'과 '화폐-자본'이 '본성상의 차이'를 가지고 있음에도 우발적으로 마주치는 양태가 분석되고 있다. '노동력(이라는) 상품'의 우발성에 기생하는 자본주의를 구성하는 두 가지 요소인 '노동력'과 '자본'을 분리하고, 각각 그 자체로 포착하는 것에 의해, 즉 '모순'에 의하지 않은 '질적 분할'에 의해 『자본론』의 맑스가 여기로 회귀한다. 여기서 맑스는 이른바 '유물사관'으로부터 해방되어 '우발성의 세계사'로 자본주의를 기술하는 '역사가', 나중에 『천 개

---

21. Deleuze, *Présentation de Sacher-Msoch*, Éditions de Minuit, 1967 (ドゥルーズ,『ザッヘル=マゾッホ 紹介』, 堀千晶訳, 河出文庫, 2018年) [질 들뢰즈,『매저키즘』, 이강훈 옮김, 인간사랑, 2007]. Deleuze, *Spinoza et le probléme de l'expression*, Éditions de Minuit, 1968 (ドゥルーズ,『スピノザと表現の問題』, 工藤喜作, 小柴唐子, 小谷晴勇訳, 法政大學出版局, 1991年) [질 들뢰즈,『스피노자와 표현 문제』, 한영종·권순모 옮김, 그린비, 2019]. 또한 '악과의 마주침'에 관해서는 蓮實重彦,「遭遇·강도·否定 − ドゥルーズとスピノザ」,(『現代思想』, 1974年 1月号)를 참조.

의 고원』에서 언급되는 의미에서의 '역사가'이다. 맑스가 어떻게 회귀하는지를 보기 위해서, [들뢰즈와 과타리는 '우발성'의 '역사가' 맑스의 논의를] 질적으로 분할시켜 각각 독자적으로 논한다. (1)『안티 오이디푸스』에서의 논의[는 다음과 같다]. 코드의 잉여가치가 아니라 흐름의 잉여가치로 정위^{定位}되는 '자본주의의 공리계'. 이 공리계를 표현하게 되는 '이윤율 저하 경향 법칙'과 '화폐의 이원성' 논의를 경유한 '자본-화폐', (2)『천 개의 고원』에서의 논의[는 다음과 같다]. '형상-질료' 도식이 아니라 '소재-힘' 도식에 근거하여 논해지는, 들뢰즈-과타리에 의해 회귀한 맑스의 '생산력과 생산관계' 도식의 반복으로서의 '노동력'을 둘러싼 의론. 이 논의들을 잠깐이나마 살펴보기로 한다. 이 두 가지 점에 근거하여, 우발성에 입각해 회귀한 '유물사관'이,『천 개의 고원』에서 논의되는 '비신체적 변형으로서의 배치'나 '명령어' 등의 논점을 경유하면서 '내재평면'을 확립하기 때문이다.

1. '자본주의 공리계'의 표현으로서의 '이윤율 저하 경향'과 화폐의 이원성

『안티 오이디푸스』에서 들뢰즈-과타리는 맑스의 '이윤율 저하 경향의 법칙'을 '자본주의의 공리계'를 표현하는 것으로 해석한다. 이 방침은『천 개의 고원』에서도 유지된다(MP 578~579). '공리계'란 단적으로는 '코드에서의 잉여가치'를 '흐름

에서의 잉여가치'로 변용하는 장치, 바꾸어 말하면 자본의 '출생' 형태로서의 '화폐의 이원성'(AO 269)이다. '자본주의는 화폐가 화폐를 낳고 가치가 잉여가치를 낳을 때 출생하여 친자^{親子} 자본이 된다.'(AO 269)[22] '이윤율의 저하 경향이 끝나지 않는〔= 일치-해소되지 않는〕다는 것은 명백하다.'(AO 271) 왜냐하면 자본과 노동력 사이에는 어떠한 공통 척도도 존재하지 않기 때문이다. 만약 그러한 '척도'가 있다고 해도 그것은 '순수한 허구'이다(AO 273). 자본주의 자체가 이 '허구' 혹은 '오작동에 의한 순조로움'의 기술을 다 알고 이용하고 있다는 점이 중요하다. 들뢰즈-과타리는 이 사정을 설명하기 위해 '문자(식)'로서 미분의 비(Dy/Dx)를 제시한다. 'Dy'가 노동력 혹은 가변자본의 유동^{流動}을, 'Dx'가 자본 그 자체 혹은 불변자본의 유동을 구성하고, $x+dx$는 자본의 출생-친자 형식이다. 결국 잉여가치는 이 'Dy'와 'Dx'의 '마주침의 연결^{conjonction}'에 의해 생산된다(AO 270). 그러므로 자본주의의 근본적인 우발성 및 그 생산양식을 침투해 가는 '공리계'로서의 작동이 미분의 비에서 충분하게 표현된다. '경향적 저하는 극한을 가지지 않는다. 생산량으로 본 생산 흐름의 변화의 한계에 대해서는 미분의 몫을

---

22. * 한국어판 번역: "자본은 돈이 돈을 낳거나 가치가 잉여가치를 낳을 때 혈연 자본이 된다."(『안티 오이디푸스』, 387쪽.)

계산할 수 있지만, 문제가 잉여가치가 생산되는 생산의 흐름과 노동의 흐름〔의 변화의 한계〕인 경우에는 그럴 수 없다.'(AO 273)[23] 이로부터 '자본주의는 자신의 끝-극한을 갖지 않는다.' 또는 '극한을 스스로 옮겨놓으면서 이 극한을 재생산한다.'는 주장이 맑스를 참조하며 도출된다(AO 273).[24] 여기서 중요한 점은, 자신의 극한을 재생산하는 '자본주의 공리계'의 작동에서도 보이는 노동과 자본이라는 두 요소의 '우발적인 마주침'이, 맑스가 밝힌 '이윤율 저하 경향'에서 심도 깊게 읽히고 있다는 점이다. 이 두 요소 사이에 '어떠한 공통 척도도 존재하지 않는' 한, 이 두 요소는 만나지 못하고 있다. 문제는 '지양'이나 '모순'이 아니라 우발성, '본성의 차이'에 준거한 위에서 이루어지는 자본주의의 '출생'을 기술하는 것이다. 그리고 이 '본성의 차이'에 의거할 때, 생명에서 무기물까지 관통하는 '소재-힘' 도식의 연속적인 변화로써 '노동력'을 역사적으로 기술하는 것이 가능해진다.

---

23. * 한국어판 번역: "경향적 저하에는 종결이 없다. 총생산량 관점에서 생산의 흐름과 변주의 극한이 문제라면 미분계수는 물론 계산 가능하지만, 생산의 흐름과 잉여가치의 원천인 노동의 흐름이 문제라면 미분계수는 계산 불가능하다."(『안티 오이디푸스』, 392쪽.)
24. * 한국어판 번역: "자본주의가 모든 사회의 외부 극한이라면, 그 까닭은 자본주의가 스스로 외부 극한을 갖고 있지 않고, 다만 스스로 자본이면서 자본이 만나지는 않지만 자본이 늘 이전함으로써 재생산하는 내부 극한만을 갖고 있기 때문이다."(『안티 오이디푸스』, 392쪽.)

노동과 자본 사이에 '본성의 차이'가 있음을 보여주는 두 요소의 우발적 마주침이 잉여가치의 끝없는 발생으로서의 '저하 경향'에서도 발견되리라고 예상된다. 화폐도 또한 이 이원성을 표현한다. [화폐는,] 탈코드화되고 한편으로 생산수단을 가지지 않는다는 의미에서 '이중적으로 자유로운' 노동자를 임노동 관계 ― 앞에서 보았던 미분 비의 한 항인 'Dy' ― 에 계속 체류시키는 '재영토화'의 기능을 가지는 동시에, 코드들의 잉여가치를 '흐름'flux의 잉여가치로 '탈영토화'하는 기능을 가진다. 잉여가치 내지 이윤은 '노동력의 가치와 노동력에 의해 창조되었던 가치의 차이'에 의해서가 아니라 '이 두 흐름 사이의 통약通約 불가능성 ― 그렇다고 하더라도 서로 내재內在해 있는 ― , 이 두 흐름을 표현하는 화폐의 두 측면 사이의 어긋남'[25]에 의해 정의된다(AO 283). 이 이원성을 들뢰즈-과타리는 (1) '한편에는 교환가치의 무력한 화폐의 기호들, 각각 소비재와 사용가치에 관한 지불수단의 흐름, 화폐와 공정公定 구역의 생산물 사이의 일대일 대응관계'가 있고, (2) '다른 한편에는 자본의 강력한 기호들, 융자의 흐름, 지금 여기에서는 실현될 수 없으나 장기적 계

---

25. * 한국어판 번역 : "잉여가치는 가치와 노동력에 의해 창조된 가치 사이의 차이에 의해서는 정의될 수 없다. 오히려 서로 내재하는 이 두 흐름의 통약 불가능성에 의해, 이 두 흐름을 표현하는 화폐의 두 양상 간의 어긋남"(『안티 오이디푸스』, 402~403쪽).

산 내지 예측력을 보여주며 추상량^{抽象量}들의 공리계로서 기능하는 생산 미분 계수의 시스템'이 있다고 구별하고 있다(AO 271).[26] (1)이 재영토화의 기능에 대응하고, (2)가 탈영토화의 기능에 대응한다. 여기서 『안티 오이디푸스』의 자본주의에 대한 양면적인 평가를 볼 수 있다. 자본주의는 탈영토화와 동시에 재영토화를 일으키고, (1)에서 그 공리계의 작동을 볼 수 있다. 그리고 이 이원성 장치로서의 화폐를 통제하는 것이 ─ 『천 개의 고원』에서는 포획장치라고 불리는 ─ '국가'이다. 『안티 오이디푸스』에서의 이 관점은, 『천 개의 고원』에서 화폐의 기원을 국가에 의한 세수^{稅收}에서 구하는 논의에까지 일관된다(MP 552~553). 이 화폐의 이원성에 의해서, 유통 부문 또는 시장에서의 '교환'은 '통화'^{通貨}를 통해 국가라는 포획장치에서 실현된다. 또한 '세계화'의 현상 분석에서도 이 논점은 유효하다. 거기서 문제는 맑스의 '가치형태'론이 '착취'와 '수탈' 중 어느 쪽에 가까운가라는 논점에 있지만, 지금은 이에 대한 논의는 제쳐두기로 한다.[27] 자본제 내부에서 교환은 언제나 '합법' 또는 '등가'

---

26. * 한국어판 번역 : "전자의 경우에 교환가치의 무력한 화폐 기호들, 소비재들 및 사용가치들에 상대적인 지불수단들의 흐름, 화폐와 생산물들의 선택 폭 간의 일대일 대응 관계", "후자의 경우에 자본 권력의 기호들, 융자의 흐름들, 생산의 미분계수들의 체계가 있는데, 이 세계는 여기서 지금 실현될 수 없으며, 추상량들의 공리계로서 기능하는, 장기 경제 전망 능력 내지 장기 평가"(『안티 오이디푸스』, 389쪽.)

로 (표상)된다. 들뢰즈-과타리는 화폐-교환을 '수탈'론을 통해 전개한다. 자본제 내부에서의 교환으로 정위^{定位}된 '착취론'은, 자본제 그 자체의 성립이라는 '법-외' 폭력의 수준에서 정위되는 '수탈'의 측면과 합쳐지는데, 들뢰즈-과타리는 이를 '화폐의 이원성'을 통해 사고하고 있다.

또 소비재와의 일대일 대응의 기능을 담당하는 '구매력'으로서의 '통화'는 탈영토화한 '흐름'의 '회귀-환류^{還流}'로 포착된다. '돌연변이의 능력을 가진' 것으로도 형용되는 '화폐의 이원성'은, 그럼에도 불구하고 '다른 한편에서 통화는 환류를, 즉 이 통화가 노동자와 생산 요인들로의 배분에 의해 구매력을 획득하자마자 각각의 재화와 맺는 관계를 표현한다.'(AO 282)[28] 이

---

27. 이 점에 관해서는 Gayatri Chakravorty Spivak, *The Critique of Postcolonial Reason*, Harvard University Press, 1999 (ガーヤットリー・チャクラヴォルティ・スピヴァク,『ポストコロニアル理性批判 — 消え去りゆく現在の歴史のために』, 上村忠男, 本橋哲也訳, 月曜社, 2003年) [가야트리 스피박,『포스트식민 이성 비판』, 태혜숙·박미선 옮김, 갈무리, 2005] 및 Antonio Negri, *Marx beyond Marx*, Autonomedia, 1991 (アントニオ・ネグリ,『マルクスを超えるマルクス —『経済学批判要綱』研究』, 清水和巳, 小倉利丸, 大町愼浩, 香内力訳, 作品社, 2003年) [안토니오 네그리,『맑스를 넘어선 맑스』, 윤수종 옮김, 중원문화, 2012] 그리고 Michael Hardt and Antonio Negri, *Empire*, Harvard University Press, 2000 (アントニオ・ネグリ, マイケル・ハート,『〈帝国〉— グローバル化の世界秩序とマルチチュードの可能性』, 水嶋一憲, 酒井隆史, 浜邦彦, 吉田俊実訳, 以文社, 2003年) [안토니오 네그리·마이클 하트,『제국』, 윤수종 옮김, 이학사, 2001]을 참조.
28. * 한국어판 번역 : "화폐의 다른 양상은 환류를 재현한다. 말하자면 화폐가 노동자들 내지 생산요인들에 분배됨으로써 구매력을 획득하자마자 재화와 맺

'흐름과 환류의 상호 내재하면서도 통약 불가능'한 관계에서도 우발적 마주침이 표현되고 있다. 이 점은 『천 개의 고원』의 제13고원 「포획장치」에서 일종의 집합적 조작[29] – '마술 내지는 신비'라고 불리는 – 으로 다뤄진다. 거기서는 '분배와 보수라고 이해되는 한에서 임금^{勞賃}은 구매라고 말할 수 없다. 반대로 구매력은 임금에서 생긴다.'(MP 556)[30]라고 말해진다. 『안티 오이디푸스』에서 이 '마술'은 '무^{無}로부터의 ex nihilo 창조'라고 불리고, 자본제 내부에서 잉여가치는 '합법적인' 등가교환으로 나타나기 때문에 '누구도 훔치지 않'고 '누구도 소외되지 않는다.'(AO 283) 여기서도 앞에서 언급한 포획장치에 의한 '이중의 폭력'이 작동하고 있어서, 그렇기에 들뢰즈-과타리에 의한 '화폐'론은 '수탈'에 정위^{定位}되어 이루어지고 있다. 따라서 '이윤들은 수입〔구매력 – 인용자〕 창조의 흐름을 재가^{裁可}하면서가 아니라 거기에서 일탈하면서, 그것〔구매력〕과 나란히 흘러나온다.'(AO 283[31]) 이상

게 되는 관계, 그리고 이 소득들이 현실적 재화로 변환되자마자 상실하게 되는 관계를 재현한다."(『안티 오이디푸스』, 403쪽.)

29. 『안티 오이디푸스』에서도 전개되고 있는 포획장치로서의 '집합론'에 관해서는 Jean-Claude Dumoncel, *Le pendule du Deleuze : Une introduction à l'anti-Œdipe*, Cahiers de l'Unebevue, E.P.E.L, 1999를 참조.

30. * 한국어판 번역: "배분과 보수로 간주되는 임금을 구매라고 말할 수는 없다. 반대로 구매력은 임금에서 파생된다."(『천 개의 고원』, 856쪽.)

31. 『안티 오이디푸스』의 관점에서 들뢰즈-과타리는 임금투쟁과 노동자의 생활보장 요구를 문제 삼지는 않고 있다. [* 한국어판 번역: "왜냐하면 〈이윤들은 환류 속을 흐르지 않고, 수입을 창조하는 흐름과 나란히, 이 흐름에서 벗어나

을 근거로 『천 개의 고원』에서 '소재-힘' 도식에 의거하여 논의되는 '노동력'을 잠시 살펴보기로 한다.

2. '소재-힘' 도식으로서의 생산력과 생산관계

들뢰즈-과타리는 '교환주의자'가 아니다.(AO 224~226 등) 그곳[『안티 오이디푸스』]에는 '노동가치설', 특히 『자본론』 제1권 제3편 「절대적 잉여가치의 생산」의 '절대적 잉여가치'설에 충실한 들뢰즈-과타리가 있다. 이 자세는 맑스에 대한 준거가 상대적으로 『안티 오이디푸스』보다 적다고 생각되는 『천 개의 고원』에서도 유지된다. 『안티 오이디푸스』에서 중요하게 규정된 '코드화-탈코드화'의 양태가, 『천 개의 고원』에서는 협의의 인간적 틀을 넘어 무기물도 포함한 '생명'에게서까지도 발견되는 '잉여가치' 개념에 의해 (재)규정되고 있기 때문이다. 생명의 돌연변이 현상을 논하는 제3고원 「도덕의 지질학」에서 '어떠한 코드도 자유로이 변이할 수 있는 여러 보조물을 갖고 있을 뿐만 아니라 동일한 하나의 분절적 단편ségmentarité[코드의 구성요소 - 인용자]은 두 번 복제되고 두 번째의 복제는 자유롭게 변이할 수 있게 된다. … 여기서 일어나고 있는 것은 어떤 코드

고 이 흐름을 승인하지 않으면서 흐르기〉 때문이다."(『안티 오이디푸스』, 404쪽.)]

에서 별개의 코드로의 번역이 아니다. 오히려 코드의 잉여가치 혹은 파생적 커뮤니케이션이라고 부를 수 있는 특이한 현상이 생기고 있다.'(MP 70)[32] 또는 '예술'을 논하는 제11고원 「리토르넬로」에서도 '코드 변환이 일어나게 될 때 거기에 있는 것은 단순한 부가가 아니라 항상 새로운 [코드로서의] 평면, 그리고 잉여가치의 성립이다.'(MP 386)[33], '생명의 장에는 필시 존립성의 이득, 즉 잉여가치가 포함되어 있다.'(MP 414)[34], '영토의 배치는 탈코드화를 수반하고, 배치를 촉발하는 탈영토화와 불가분하다.(새로운 타입의 두 가지 잉여가치)'(MP 414)[35] 등으로 언급된다. 또한 '생명' 현상의 코드화와 탈코드화의 착종으로 '자신의 지층 위에서조차 유기체는 탈영토화된다. 유기체는 유기체의 자립성을 보증하도록 유기체를 이끄는 여러 내부 환경을 내포

---

32. * 한국어판 번역 : "모든 코드는 자유롭게 변이될 수 있는 덤(supplément)을 갖고 있다. 게다가 하나의 절편은 두 번 복사될 수 있어서 두 번째 사본이 자유롭게 변이한다. … 여기서는 한 코드를 다른 코드로 번역해봤자 아무 쓸모도 없고(바이러스는 번역자가 아니다) 오히려 우리가 유전자의 잉여-가치, 측면 소통이라고 부르는 특이한 현상이 더 큰 역할을 한다."(『천 개의 고원』, 109쪽.)
33. * 한국어판 번역 : "코드 변환이 일어날 때마다 단순히 가산(加算)이 아니라 반드시 잉여가치라는 새로운 판이 성립한다"(『천 개의 고원』, 596쪽.)
34. * 한국어판 번역 : "'생명의 장'은 무엇인가를 자문해 보면 이것에는 의문의 여지 없이 고름의 이득이, 다시 말해 잉여가치(탈지층화의 잉여가치)가 포함되어 있는 것을 알 수 있을 것이다."(『천 개의 고원』, 637쪽.)
35. * 한국어판 번역 : "영토적 배치물은 탈코드화를 동반하며, 이러한 배치를 촉발하는 탈영토화로부터 벗어날 수 없기 때문이다."(『천 개의 고원』, 638쪽.)

하고 있기 때문이다.'(MP 70)[36]라고 진술되고 있다는 점에서, 푸코의 '오류-우연성으로서의 생명'과 연관된 생체의 근원적 우발성이 포함되어 있다. 이러한 생명의 '잉여가치'와 밀접한 '(탈)코드화' 및 '영토화'의 양태 규정은 나아가 언어와 기호계라는 인간적 영토로까지 확장된다. 생체의 우발성이 '비신체적 변용'으로서의 '언어행위의 집단적 배치'와 '신체의 기계적 배치'(MP 112)의 마주침으로 규정되는 '날짜-사건'이라는 형태에서 모습을 드러내고 있기 때문이다(MP 103~112).

맑스에게 인간이 존재하고 노동한다는 것의 과잉을 의미했던 '절대적 잉여가치'는, 그리하여 '(탈)코드화' 및 '영토화' 개념에 의해 재규정된다. 생명에서 무기물까지 연속적으로 변화하는 '소재-힘' 도식으로 전개되는, 들뢰즈-과타리에 의한 '생산력과 생산관계'론이다.

'어떠한 코드도 자유로이 변이할 수 있는 여러 보조물을 갖고 있을 뿐만 아니라 동일한 하나의 분절적 단편은 두 번 복제되고, 두 번째의 복제는 자유롭게 변이할 수 있게 된다'에서 볼 수 있듯이, 코드의 구성요소로서의 '분절적 단편'은 그 자체

---

36. * 한국어판 번역 : "자기 고유의 지층 위에서 하나의 유기체는 탈영토화된다. 자신의 자율성을 보장해주면서 동시에 자신을 외부와의 우연적 관계들의 집합 속에 내어놓는 내부 환경을 더 많이 포함하면 할수록 더욱더 탈영토화된다."(『천 개의 고원』, 111쪽.)

로 변이하는 내용이자 동시에 표현이다. 또 각각이 그 하위 구분으로서 형식-실질의 이중 분절을 당하고 있기 때문에 내용의 형식은 표현의 실질, 표현의 형식은 내용의 실질이다. 그래서 소재와 힘은 상호 구성되지만, '대응도 부합符合도 지니지 않는' 불가분의 것이다.(MP 58~59) 『천 개의 고원』에서의 '유물론'은 이중으로 분절된 표현과 내용의 상호성에 근거한다. 그래서 내용과 표현이 구별되는 경우, 그것은 형태적 내지 형상적이 아니라 «distinction réelle»(MP 59), 즉 '실재적 구별'에 의해서이다. 이는 스피노자 『윤리학』 제1부 정리 10 및 그에 대한 '주석'備考에서 채용되고 있다. 생산력의 발전이 기존 생산관계를 질곡으로 만들면서 새로운 생산관계가 생겨나듯이, 표현과 내용은 '존립성의 집합' 즉 '존립평면'에서 상호 반전-생성변화할 것이다. 존립평면의 집합은 비非등질적인 성분이 모여 강화되고, 형상-질료의 규칙적 연속으로 바뀌어 계층의 단락 또는 역회전의 인과관계를 일으키며 이질적인 소재와 힘 사이에 포획관계가 이루어지는 경우에 성립한다. '마치 기계적 계통의 흐름〔물질의 흐름에 내재하는 배치의 연속변화 – 인용자〕 그리고 탈지층화적인 횡단성이 요소, 차원, 형상과 질료, 몰mole[그램분자]적인 것과 분자적인 것을 관통하여 질료를 해방하고, 힘을 포획하는 것처럼.'(MP 414)[37] 거기에서 소재 내지 질료는 형식 혹은 형상이라는 주형에 주입되는 부정형不定形의 것이 아니라,

소재 각각이 가진 '이것임' – 자신의 특이성에 근거한 개체화 – 에 따라 형식-질료를 형성하고 그 자신에 있어서 표현-내용의 상호 반전을 내재적으로 담당한다. '중요한 것은 … 법칙에 복종하는 질료보다 노모스〔질서 – 인용자〕를 가진 물질성에 따르는 것, 질료에 특성을 강요할 수 있는 형상보다는 여러 정동을 구성하는 표현의 물질적 특징에 따르는 것이다.'(MP 508)[38] 인간-물질의 구분 혹은 인간의 역사를 넘어서는, 생산관계를 기초 짓는 생산력의 사례로서 '금속의 역사'가 서술된다. '야금술은 물질을 다시 녹여熔融 재이용할 가능성을 가지며, 그렇기에 물질에 주괴鑄塊라는 형식을 부여할 수 있다. – 금속의 역사는 스톡stock과도 상품과도 다른 이 특별한 형식과 불가분하고, 화폐 가치는 이로부터 생겨난다. 더 일반적으로 말하자면, '환원적'이라는 야금술의 관념은 준비된 물질로부터의 물질성의 해방 및 구체화되어야 할 형상으로부터의 변형의 해방이라는 이중의 해방을 표현한다. … 거기에는 여러 형상의 계기로 바뀌어 연속 전개하는 형상이 있으며, 여러 물질의 변화로 바뀌

---

37. * 한국어판 번역:"마치 기계적 문 또는 탈지층화하는 횡단성이 요소, 차원, 형상과 질료, 그램분자 상태와 분자 상태를 가로질러 질료를 풀어놓고 힘을 받아들이는 것처럼 보인다."(『천 개의 고원』, 637쪽.)
38. * 한국어판 번역:"법칙에 종속된 질료보다는 노모스를 가진 질료성에, 질료에 특성을 강요하는 형상보다는 다양한 변용태를 구성하는 표현의 물질적 특질에 따라야 하는 것이다."(『천 개의 고원』, 784쪽.)

어 연속 변화하는 물질이 있다.'(MP 511 – 강조는 인용자)³⁹ 생산력 또는 잉여가치의 변주로서의 '(탈)코드화' 및 '영토화'에 의거한 금속-화폐 형태론적 관점은, 물질-인간의 구분을 넘어 자본과의 우발적 마주침을 준비하는 '이중으로 해방된' 노동자에 관해서도 적합하다. 거기서부터 임금노동자의 '기원'이 '국내' 노동자에 정위된 '정주'^{定住}의 관점이 아니라 '이민'^{移民} 내지 '유목'의 관점에서 논해질 수 있다.

> 우리는 항상 이 정의로 되돌아간다. – 기계적 계통류는 자연·인공(의 구별 – 인용자)과는 관계없는 인공적이자 자연적인 물질이다. 특이성과 표현 특징을 담당하는, 운동하고 흐르고 변화하는 물질이다. 이 정의로부터의 명백한 귀결은, 이러한 흐름으로서의 물질에 대해 그대로 따를 수밖에 없다는 것이다. 필시 따른다는 동작은 그 장소에서만 가능하다. 대패질을 하는 직인은 나무와 나무의 섬유^{纖維}에 장소의 변경 없이 그대로 따

---

39. * 한국어판 번역 : "야금술은 물질에 주괴(鑄塊)-형태를 부여해 물질을 다시 이용해 재사용할 수 있는 가능성을 갖고 있다. 금속의 역사는 이처럼 저장이나 상품과는 전혀 다른 특별한 형식과 불가분의 관계를 맺고 있으며, 화폐 가치는 이로부터 파생된다. 좀더 일반적으로 말해 '환원자'(réducteur)라는 야금술의 관념은 준비된 물질로부터의 물질성의 해방과 구체화할 형상으로부터의 변형의 해방이라는 이중의 해방을 표현하고 있다. … 다양한 형상의 계기들은 연속적으로 전개되는 형상에 의해, 다양한 물질들의 변화는 연속적으로 변주되는 물질에 의해 대체되는 경향이 있다."(『천 개의 고원』, 788쪽.)

른다. 그러나 이러한 따르기 방식은 보다 일반적인 과정의 특수한 일부에 지나지 않는다. 왜냐하면 직인은 또한 별도의 방법으로 따르도록, 즉 필요한 섬유를 가진 나무를 그것이 있는 장소까지 찾으러 가도록 강제되기 때문이다. 만일 그렇지 않으면 그것을 가지고 오도록 하는 수밖에 없지만, 이 경우는 상인이 반대 방향에서 노정路程의 일부를 떠맡기 때문에 직인은 자신이 이동하는 것을 면제받는 것에 지나지 않는다. 그러나 직인은 동시에 재료를 채집하지 않으면 직인으로서 불충분하다. 재료 채집자와 상인과 직인을 분리시키는 조직은 이미 직인을 불구로 만들어 '노동자'가 되게 하는 것이다. 그렇기에 직인을 물질의 흐름, 즉 기계적 계통에 따르도록 정해진 자로 정의할 수 있을 것이다. 직인이란 물질의 흐름이다. 물질의 흐름을 따라가는 것은 이동하는 것, 방랑하는 것이다.(MP 509~510)[40]

---

40. * 한국어판 번역: "우리는 항상 다음과 같은 규정으로 되돌아오게 된다. 즉 기계적 문이란 인공적이거나 아니면 자연적인 물질성이다. 또는 동시에 이 양자로서, 특이성과 표현의 특질을 가지면서 운동하고 흐르고 변화하는 물질이다. 이러한 규정으로부터 당연히 다음과 같은 결론을 유추할 수 있다. 즉 이러한 흐름으로서의 물질에는 그대로 따르는 수밖에 없다는 것이다. 물론 이처럼 순종함으로써 이루어지는 조작은 한 장소에서 진행될 수밖에 없다. 가령 대패질하는 장인은 위치를 바꾸는 일이 없이 나무에, 나무의 결에 따른다. 그러나 이러한 식의 순종법은 좀더 일반적인 과정의 특수한 단계에 지나지 않는다. 왜냐하면 노동자는 또 다른 방법으로도 순종할 것을 요구받기, 즉 필요한 섬유를 가진 나무가 있는 데까지 찾아다니도록 강요받고 있기 때문이다. 그렇

여기서는 자본주의하의 '노동자'와는 구별된 '직인'이 '이동체'로서 물질에 순응한다고 정의된다. 자본주의 '이전' 상태는 '자본주의의 빛을 비추어 소급적으로' 포착되는 '우발적 세계사'에 의해 발견된다. 그런 한에서 여기서의 '직인'은 소급적으로만 포착되는 '노동자'의 전신前身이다. 이로부터 물질의 흐름에 순응하는 자로서의 '직인'의 이동과는 다른 제2의 '이동'이 구별된다. '농민 또는 유목민이 계절과 토지의 빈곤화에 대응하여 토지를 변화시키는' '이동', '그러나 계절이 변하여 숲이 재생되고 토지가 회복되면 출발점으로 회귀하도록 미리 정해진 회전을 실행하고 있'는 것과 같은 '이동'을 실행하는 '이동 목축민'이 그러한 제2의 이동을 담당한다. 그리고 '상인' 또한 '상품의 여러 흐름이 출발점과 도착점의 회전에 종속되어 있는 한에서 이동 목축민'이라고 한다.(MP 510)[41] 여기서는 자본주의의 '기원'을 '상인자본'으로 발견하려는 관점이 비판되고 있다.

지 않으면 나무를 가져오도록 시켜야 할 것이다. 이 경우 장인들이 직접 나서지 않아도 되는 것은 상인들이 반대 방향에서 필요한 행정의 일부를 떠맡아 주기 때문이다. 그러나 장인들은 동시에 채집가일 때만 완전한 장인일 수 있다. 재료 채집가와 상인과 장인을 분리시키는 조직화는 장인을 불구로 만들어 '노동자'로 만들어버린다. 따라서 직공은 물질의 흐름, 즉 기계적 문에 순종하도록 정해진 자로 규정할 수 있을 것이다. 직공이란 편력자, 방랑자인 것이다."(『천 개의 고원』, 785~786쪽.)

41. * 한국어판 번역 : "상인조차도 상품의 다양한 흐름이 출발점과 도착점의 회전(찾으러 간다-갖고 온다, 수입한다-수출한다, 산다-판다)에 중속되어 있는 한 이동 목축민인 것이다."(『천 개의 고원』, 786쪽.)

세계사를 소급적으로 포착하는 것을 가능하게 하는 '자본주의 … 는 … 산업자본주의에 의해 정의된다'는 '가설'로부터 논의가 개시되고 있기 때문이다. 『안티 오이디푸스』에서의 이 시좌^{視座}는 『천 개의 고원』에 이르기까지 일관한다. 여기서[이 책에서는 모든 것이 '소재-힘'의 상^相으로 포착된다. 그리고 이 상의 파악에 의거하여, ' "이동 목축민"이 진정한 이동자가 되는 것은 토지와 목초의 회로가 피폐하거나 매우 확대되어서 회로에서 흐름이 일탈해 갈 때뿐이다.'(MP 510)⁴²라는 말이 이해된다. 이 '회로'는 자본제의 생산-소비-분배 '회로'의 알레고리이다. 여기서 언급되는 '진정한 이동자'는 '상인'이고, 자본주의라는 '회로'가 '매우 확대'되었을 때, 이 '회로'에서 '일탈'하거나 더 나아가 도주해 가는 생산력으로서의 '흐름' 또는 '기계적 계통류-물질'이 자본주의하의 프롤레타리아이다. '노동자'란 물질의 '흐름' 한복판에 있는 '이동체'라는 정의가 앞의 인용으로부터 도출된다. '회로가 매우 확대되어서 회로에서 흐름이 일탈해 간다'는 것이란, '흐름으로서의 물질에 대해'서 형성되는 '직인'의 정의와 다르지 않다.

  이동체라는 의미에서의 프롤레타리아라는 가설, 현재의 자

---

42. * 한국어판 번역: "토지나 목초의 회로가 고갈되거나 회로가 너무 확장된 탓에 회로로부터 흐름이 빠져나갈 때만 진정한 이동민이 될 수 있다."(『천 개의 고원』, 786쪽.)

본주의라는 결과에서 보았을 때 잃어버린 그대로의 '가설' 혹은 '허구'로서의 '기원'을, 들뢰즈-과타리는 전쟁기계와도 결부시킨다. 「유목론 또는 전쟁기계」라고 제목을 붙인 제12고원의 '국가의 전쟁을 총력전으로 만드는 요인은 자본주의와, 즉 전쟁에 관련된 재료·산업·경제에 투자되는 고정자본 및 육체적 정신적인 인구로서 투자되는 가변자본과 밀접하게 결부된다'(MP 524)[43]라는 한 구절, 그리고 그 구절에 부가된 폴 비릴리오의 『속도와 정치』를 참조하라는 주석을 보라. 그에 더해 제14고원 「매끈한 것과 홈 파인 것」에서는, 맑스의 『자본론』에서의 자본주의하의 '추상노동'이 '전쟁기계'의 '홈 파임' 또는 '국가장치'로의 회수로서 논의된다. 거기서 맑스의 '절대적 잉여가치'가 등장한다.

추상노동, 그 결과의 배가, 그 분업화의 문제가 최초로 출현하는 것은 핀 공장에서가 아니라 공공사업의 작업 현장 또는 군대의 조직화(인간의 규율훈련만이 아니라 무기의 공업생산에서도) 등에서다. … 전쟁기계는 아마 처음으로, 홈이 파이고,

---

43. * 한국어판 번역 : "국가의 전쟁을 총력전으로 만드는 요인들은 자본주의와 밀접하게 결합되어 있다. 즉 전쟁 관련 시설, 산업 그리고 전쟁 경제에 대한 고정 자본의 투자, (전쟁을 수행하는 동시에 희생자가 되는) 육체적·정신적 측면에서의 인구라는 가변 자본에 대한 투자와도 밀접하게 결합되어 있는 것이다."(『천 개의 고원』, 807쪽.)

효과에 있어서는 배가시키며, 분업이 가능한, 추상적 노동시간을 산출하게 된다.…'노동'의 물리적 사회적 모델이 국가장치의 발명품으로서 국가장치에 속하는 이유는 두 가지다. 우선 첫째, 노동은 어떤 잉여의 성립에 의해 처음으로 출현한다. 즉 스톡으로서의 노동밖에 존재하지 않는 것이다. 노동은 (엄밀한 의미에서) 이른바 잉여노동과 함께 개시된다. 둘째, 노동은 시공간의 홈 파임화라는 보편적인 조작·자유 활동의 예속화·매끈한 공간의 폐절 등을 수행한다. 국가의 본질적 기획인 전쟁기계의 정복이 노동의 기원이자 수단도 된다는 것이다.(MP 611~612)[44]

맑스에 의한 '추상노동'으로서의 '잉여노동'은, 매끈한 공

---

44. * 한국어판 번역: "추상적인 노동, 이러한 노동의 효과의 증가, 작업의 분화와 같은 문제는 핀 공장과 관련해 최초로 나타난 것이 아니라 공공 사업 현장과 군대 조직(인간의 훈육뿐만 아니라 무기의 공업적 생산에서도) 등에서 나타났다.…이 때문에 아마 전쟁 기계가 처음으로, 홈이 파이고 효과 면에서는 한층 더 배가시키고 또 작업 속에서는 분화시켜 나갈 수 있는 추상적인 노동 시간을 만들어냈을 것이다.…물리적-사회적 〈일〉 모델은 두 가지 이유에서 국가 장치의 발명품으로서 이 장치에 속한다고 할 수 있다. 한편으로 일은 잉여의 성립에 의해서만 나타나기 때문에 저장으로서의 일밖에 존재할 수 없다. 실제로 노동이란 (엄밀한 의미에서) 잉여 노동이라고 불리는 것과 더불어서만 시작된다. 다른 한편 노동의 시간-공간의 홈 파기라는 일반화된 조작, 자유로운 행동의 예속, 매끈한 공간들의 소멸 등을 수행하는데, 바로 국가의 핵심적인 기획 즉 전쟁 기계를 정복하려는 기획은 노동의 기원과 수단도 되기 때문이다."(『천 개의 고원』, 934~935쪽.)

간에서의 '자유로운 활동'을 홈 파이게 하고 (잉여) 노동을 전인격적으로 '포획'하는 양태 — 앞에서 보았던 '이중의 폭력' — 로서, '전쟁기계의 홈 파임화'에 맞추어 언급되고 있다. 이와는 대척적으로 '전쟁기계'는, 『독일 이데올로기』에서 이른바 '교통' — 교통은 교역·전쟁을 포함한다 — 을 담당하는 '탈코드화와 탈영토화의 첨단에 의해 정의'된다. 그리고 그것은 '소재-힘' 도식에 구현된 '구체적인 배치'로서 작동하는 '추상기계'(MP 636)라고 이해된다.

이 시점에서 『자본론』 제1권 제3편 제6장 「불변자본과 가변자본」에서 맑스가 전개한 '기계'론을 '기계도 또한 잉여가치를 산출한다'는 사태(AO 275~278)의 연장선 위에서 이해할 수 있다. 거기에서 '기계'란 '과거의-죽은 노동'의 보존과 전송을 맡은 장치라고 맑스는 말하고 있다. 이에 인간-노동자의 '산 노동'이 부가되는 것에 의해 잉여가치가 산출된다. '살아있는 노동'이 '과거의-죽은 노동'을 되살린다. 또는 '산 노동'과 '죽은 노동'의 접속에 의해 잉여가치가 산출된다. 과거의 죽은 시간 또는 노동을 재생시키기 위해 '산 노동'이 요청된다. '산 노동'은 그래서 그 자체로서는 무가치하다고 말해도 좋지만, 한편으로 그것 없이 착취는 수행될 수 없다. 그리고 그것 없이는 잉여가치가 어디에서 생기는가를 결정하는 것도 불가능하다. 『천 개의 고원』은 맑스의 통찰이 (1) 잉여가치는 위치의 결정이 불가능하고, (2) 기계가 그 자체 잉여가치를 만들어 내며 자본의 유통이 가변자본과 불변자본의 구분을 애매하게 한다는 두 가지 점에 있다고 정리한다. 이제 '산 노동'은 필요하지 않고 '기계에 의한 잉여가치'만으로 자본주의가 매끈한 공간을 창조하고 있는 것처럼 보이는 상태, 자본이 '절대' 속도에 도달한 것처럼 보이는 상태가 찾아왔다는 것이 『천 개의 고원』의 인식이다.(MP 614) 여기서의 문제는 소급적으로 기술되는 '우발적 세계사'이고, 그것은 '자본과 노동의 마주침'에서 성립한다. 거기서부터 유물사관을 다시 구상해 보고자 한다.

긍정과 도주 : 단절의 역사적 기술을 향하여

각각의 속성의 양태는 그것이 양태가 되어 있는 속성 아래에서 신이 고찰되는 한에서만 신을 원인으로 하고, 신이 어떤 다른 속성 아래에서 고찰되는 한에서는 그렇지 않다.(스피노자 『에티카』 제2부 정리 6)

'노동력을 포함한 상품들의 생산-유통-소비-(재)생산이라는 자본주의의 원환을 완결된 것으로 간주하지 않고, 자본과 노동의 우발적 마주침을 기점으로 이 원환을 기술한다'는 『안티 오이디푸스』와 『천 개의 고원』의 시도에는, 『『자본론』을 읽는다』에 실린 에티엔 발리바르의 「사적 유물론의 근본 개념에 관하여」라는 논문이 기여하고 있다.[45] '잉여가치율의 '영원'한 저하 경향 법칙'으로서 '코드의 잉여가치'가 '흐름의 잉여가치'로 변용한다는 논의(그 논거는 '노동력'과 '자본' 사이에 '공통 척도가 없다'는 점에서 구해진다)도 발리바르에 의거했던 것이었다(AO 271). 그것에 더해서, '잠재적으로는 별개로 존재하고 있'는 '자유로운 노동자'와 '화폐-자본'이라는 두 요소의 '마주침은 일어나지 않을 수도 있었을 것이다.'라는 중요한 문장에 이어 두 요소에 대해 언급하는 문장, 즉 '요소의 한 쪽은 오래된 사회 신체를 구성하는 농지구조의 변용에 의존하고, 다른 쪽은 이 오래된 신체의 무수한 털구멍毛穴 안에 "난외欄外-여백"으로marginalement 존재하는 상인과 고리대금을 경유한다는 완전히 별도의 계열에 의존한다.'(AO 266)[46]는 문장에 붙은 주석에서도 발리바르가 인용된다. 이하에서 보는 발리바르 논의의 해당 부분은, '4절 이행의 이론을 위한 요소들' 중 '1. 본원적

---

45. * 에티엔 발리바르, 「4장 역사유물론의 기본 개념들에 대하여」, 『『자본』을 읽자』, 루이 알튀세르·에티엔 발리바르·로제 에스타블레·피에르 마슈레·자크 랑시에르 지음, 진태원·배세진·김은주·안준범 옮김, 그린비, 2025.
46. * 한국어판 번역 : "이 요소들 중 하나는 옛 사회의 몸을 구성하는 농지 구조들의 변형에 의존하며, 다른 하나는 이 옛 사회의 몸의 털구멍들 속에 여분으로 실존하는 그런 상인과 고리대금업자를 통과하는 전혀 다른 계열에 의존한다."(『안티 오이디푸스』, 384쪽.)

축적, 하나의 전사'의 자본과 노동의 '마주침'을 둘러싼 맑스의 고찰에 대한 주석의 일부이다.

> 자본주의 구조가 가지는 통일성은 한 번 구성되어 버리면 자신의 배후에서는 발견되지 않는다. – 뒤로 되돌아가지 않는다. … (필요한 것은) 그것들의 마주침에 따른 연결의 결과에서 출발하여 〔소급적으로〕 규정^{同定}된 요소들과, 이 결과와 개념적으로 관계없는 – 결과는 별개의 생산양식의 구조에 의해 정의되고 있기 때문에 – 이 요소들 각각의 역사를 그 한복판에서 사고해야 하는 역사 영역과의 마주침이 이전부터 산출되고, 또한 엄밀하게 사고되는 것이다. 선행하는 생산양식에 의해 구성된 이 역사 영역에 있어서는, 그 계보를 더듬어 찾은 이 요소들은 정확히 '난외-여백'적인 상황, 즉 비결정적인 상황밖에 갖고 있지 않다.('(필요한 것은)'과 '마주침에 따른 연결', '마주침'의 강조는 들뢰즈-과타리에 의한 것이다 – 인용자)⁴⁷

---

47. * 한국어판 번역 : "일단 구성된 자본주의 구조가 소유하고 있는 통일성은 그 전 시대에서는 발견되지 않는다. … 그 결합의 결과물에서 출발하여 식별되는 이 요소들 간의 만남 및 이 요소들 고유의 역사를 생각해야 하는 터전인 역사장은, 생산되어(야만 하며), 또한 엄밀히 생각되었(어야만 한)다. 그런데 이 역사장은 그 개념에 있어 이 요소들의 결합의 결과물과는 아무 관계도 없다. 왜냐하면 이 결과물은 다른 생산양식의 구조에 의해 정의되기 때문이다. 선행하는 생산양식에 의해 구성된 이 역사장에서, 이 요소들은 계보는 찾을 수 있겠으나 정확히는 부수적 상황, 말하자면 비규정적 상황만을 갖고 있

여기서 발리바르가 쓰고 있는 것은 다음과 같다. (1) '자본주의의 구조'는 자신의 '통일성'을 자본주의의 '전사'前史에서는 갖지 않는다. (2) 그 '통일성'은 자본과 노동이라는 두 개 '요소'의 '마주침에 따른 연결' 및 (3) 이 요소들과 '그 요소들 각각의 역사를 사고'해야 하는 '역사 영역' 사이의 '마주침'에 의해 획득된다. 다만 (4) 이 요소들은 이 '마주침에 따른 연결의 결과'로부터 소급적으로 발견된 것이고, 또한 (5) 이 '결과'와 각각의 역사를 가진 요소들은 '개념'적으로는 어떤 관계도 없다('노동'과 '자본'은 '자본주의의 구조'에서 포착되는 것이기 때문에). 따라서 (6) 이 요소들은 역사적으로 '비결정적인 상황' 밖에 가지지 않으며, 그래서 (7) 자본주의의 '전사'로서의 '이른바 본원적 축적'은 '자본주의 구조의 통일성'이 부여된 것처럼 보이는 현재도 부단히 재생산되고 있다는 것이다. '전사'는 자본주의의 통일성에 의해 필요한 동시에 불필요한, 그리고 배제되기 위해 소환된 '난외-여백'이며, 이 '난외-여백'으로서의 '전사' 혹은 '비결정적 상황'이 노동과 자본의 '마주침'이 일어나는 '역사 영역'이다. 그리고 들뢰즈-과타리는 이 '마주침'을 '자본주의의 구조'로부터 소급적으로 찾아내게 된 '세계사' 안의 곳곳에서 발견하려고 한다. 그리고 이 '마주침'이 일으킨 상

다."(『안티 오이디푸스』, 384쪽)

황을 '구조'에서 소급적으로 파악하려는 시좌視座를 제시할 때, 발리바르와 들뢰즈-과타리가 공유하고 있는 것은 스피노자에 의한 '인과성' 비판이다. 그것은 알튀세르파에서는 라캉파 정신분석의 무의식과 관련된 것으로, '무의식은 그 효과-결과에서 실재한다.'[48]는 테제로 변주된다. 이 '무의식'의 징후가 구조에서의 '전사'의 발현이며, 투쟁-개입의 계기가 된다. 또한 들뢰즈는 이것을 '표현'에 근거한 '종합적 방법'의 문제 계열에서 정리整序하는데[49], 여기서는 '우발적 세계사'에 관련되는 한에서만 스피노자와 접촉한다.

『에티카』 제1부 정리 10 '실체의 속성 각각은 그 자체에 의해 사고되어야만 한다.'의 '주석'備考은, 각 속성들을 그 자체에 따라 사고하는 것을 '실재적 구별' — 이 '실재적 구별'은 『천 개의 고원』에서 '표현'과 '내용'의 구별로 나타난다 — 이라고 규정하고 있다('속성 각각은 그 자체에 의해 사고되어야 한다'는 영역이 '내재평면'이다). 이 '속성'을 '자본' 및 '노동'이라는 '자본주의의 구조'를 구성하는 '요소'로 포착할 수 있다. 그렇다면 '요소' 각각의 '실재적인 구별'에 의해, (아직 그것이라고 규정되지 않은 그

---

48. Louis Althusser, "Troi notes sur la théorie des discours"(1966), in *Écrits sur la psychanalyse : Freud et Lacan*, IMEC, 1993, p.129.
49. 들뢰즈에 의한 스피노자의 '표현'론을 둘러싼 논의는, 國分功一郞, 「綜合的 方法の諸問題 — ドゥルーズとスピノザ」(『思想』, 2003年 6月号)를 참조.

요소들의) '마주침'에 따라 소급적으로 규정된 역사적 요소가 그 요소들 자체로서 파악되는 것에 의해, '자본주의의 구조가 가지는 통일성'이 '이 요소들 각각의 역사를 그 한복판에서 사고해야 하는 역사 영역과의 사이'에서만 성립하는 것을 볼 수 있다. 들뢰즈-과타리의 '우발적인 세계사'는 '자본주의' — 이것에 비추어 세계사가 파악될 수 있다 — 를 성립시키는 '노동'과 '자본'의 '전사'적 '마주침'으로부터 더 소급하여 세계사 전역에서 이와 같은 '전사'적인 '마주침'을 발견해 간다는 구상에 근거한다. 들뢰즈-과타리가 『천 개의 고원』에서 비판하는 '역사와 이러한 의미에서의 '전사'는 구별된다. 그리고 이러한 '전사'는, 단서^{端緒}에서도 목적에서도 일탈한 강도^{强度}의 상태를 가리키는 '고원' 또는 사물 각각의 '이것임'에 의거한 '개체화-사건'이 일어나는 '내재평면'이라고 불린다. 그것은 인과성에 근거한 시계열적인 사상^{事象}들의 연속이 아니다. 자본주의에 의해 소급적으로 파악된 '우발적인 세계사'다. 거기서 중시되는 것은 '비신체적 변형' 행위로서 상황에 개입하는 '명령어'다. 그 '명령어'들은 '날짜' 또는 '사건'으로서 역사에 출현한다 — 1923년 11월 20일, 독일에서의 새로운 화폐 교부 포고 또는 레닌의 1917년 7월 4일 등이다. 이 집단-언표적 배치 또는 '사건'은 자본제 사회에 내재하거나 병행해 나가는 '비결정적인 상황' 또는 '전사'의 영역에서, 따라서 '자본제 사회'의 언제 어디에서나 일어난다. 자본주의에서 '잉여가치가 어디에서 생기는지 결정 불가능하다'는 것과 병행하여, 이 '사건' 혹은 앞에서 인용한 '혁명적 잠재력'의 현실화는 언제 어디에서 생길지 알 수 없으며, 그래서 언제 어디에서도 생길 수 있기 때문이다(AO 454). 그것이 자본주의 공리계로부터의 '도주' 내지 '누출'의 선분 중 하나이다. 또한 '명령어'를 구성하는 분절적 단편이 광물로부터 생물을 경과하여 언어, 나아가서는 인간의 집단적 배치에까지 이르는 이중 분절을 행하고, 표현에서 내용으로 또는 그 역逆으로 연속적으로 변화하는 '소재-힘' 도식으로 관통되어 있다는 것을 상기한다면, 들뢰즈-과타리가 '사적 유물론'을 '우발성의 유물론'으로 회귀시키는 것이 이해된다. 여기서 '역사'는 목적론과 필연성으로부터 도주한 '고원'이기 때문이다. 그리고 이들은 이 '고원'으로서의 역사를 향해 자본주의 그 자체를 '도주'시키고자 한다.

자본주의 성립을 위해 필요하거나 불필요한 '전사'는, 자본주의의(또는 자본주의라는) 결과의 내부에서만 발견될 수 있다. 그러나 이 '결과'에는 '전사'라는 자본주의의 '원인' 혹은 오히려 '조건'이 내재하거나 병행한다. 요소 각각의 실재적인 구별, 즉 '자본'과 '노동'의 마주침의 결과로부터 소급적으로 규정된 역사적 요소들 각각을 파악함으로써, 그것들 사이에는 어떠한 필연적 결합 관계도 발견될 수 없다는 것 - '비결정적 상황' ─ 을, 따라서 또한 그것들의 결합에는 ─ 우발적으로 마주치지 않는 한 ─ 끊임없이 부조화가 생긴다는 것을 알 수 있다. 자본〈과〉노동 각각을 '그 자체에 의해' 긍정적으로 파악하는 것, 그리고 '실재적인 구별'에 있어서 이 〈과/와〉에 의한 접속 그 자체가 단서도 목적도 갖지 않는다고 해석하는 한에서 '역사 영역'에서의 우발적 연결이 드러난다. 이 연결이 〈과/와〉라는 '본성의 차이'이다. 이 〈과/와〉를 그 자체에 의해 긍정적으로 파악하면, 거기에는 무수한 '마주침'의 가능성, '모든 것이 가능하게 되'는 '기이하게도 다의적인 순간'이 열린다. 그때 자본주의의 성립에 있어 일어나는 '우발적 마주침'이 자본주의의 빛으로 비추어 파악할 수 있는 '세계사'에 북적거리고 있다는 것을 이해할 수 있다. 이것이 자본주의 그 자체를 '도주'시킨다는 명제의 내실이다.

이리하여 『천 개의 고원』에서 상호 구성하는 〈소재─힘〉 도식에 근거한 내용─표현의 구별을, 내재평면에서의 사물들 각각이 그 자체에 의해 파악된다는 스피노자적인 의미에서의 '실재적 구별'로 들뢰즈─과타리가 규정했던 것의 의의를 이해할 수 있다. 『안티 오이디푸스』에서 제시되었던 '혁명적 잠재력을 현동화現働化하'는 순간, '인과관계로부터의 단절'로서의 '절단'이 '현실적으로 일어나'는 '정확하고 적확한 순간'이란 이 〈과/와〉의 출현 순간을 지시하고 있었던 것이다. 따라서 '구별'이란

'절단'이다. 그리고 '이 단절은 실재하는 것에 밀착한 역사의 다시 쓰기를 강제하고 모든 것이 가능하게 되는 기이하게 다의적인 순간을 산출한'다. 이것이 들뢰즈-과타리에 의한 우발성의 유물사관이다. 거기에서는 '실재적 구별'에서 우발적으로 '혁명적 잠재력'이 현동화된다. 내재평면에서 배치를 담당하는 표현과 내용은 상호 연속 변화하는 의미에서 같은 것이고, 따라서 형태적으로가 아니라 '실재적으로' 구별된다. 스피노자가 『에티카』 제2부 정리 6에서 '각각의 속성의 양태는 그것이 양태가 되고 있는 속성 아래에서 신이 생각되는 한에서만 신을 원인으로 하고, 신이 어떤 다른 속성 아래에서 생각되는 한에서는 그렇지 않다.'라고 할 때의 '신'을 내재평면으로 해석할 때, 이 '실재적 구별'의 함의가 명확해진다. 내재평면에서는 '만약 세계사를 소급적으로 파악하게 하는 자본주의 그 자체가 자본과 노동의 우발적 마주침으로 성립했다면, (그렇다면) 세계사의 어디에서도 마주침이 마찬가지로 생겨난다.'는 '만약 … 라면^{si} …, 그렇다면 … 이다^{donc} …'의 논리가 작동하고 있다.[50] 내재평면에

---

50. 이 가정 내지 조건절 "만약 … 라면"(si …)과 귀결절 "그렇다면 … 이다." (donc …)의 조합에서 전개되는 스피노자-들뢰즈의 '종합' 및 그 '실재적 구별'과의 관계에 대해서는 國分功一郞, 「綜合的 方法の諸問題」, 『思想』, 앞의 책을 참조. 또한 알튀세르는 이 논리를 마키아벨리에게서 발견하고 있다. 市田良彦, 「ルイ・アルチュセールはどのように仕事をしたか」(『批評空間』, 1995年, 第二期 第五号, 太田出版)을 참조.

서는 '자본주의(라는 원인)가 세계사(라는 결과)를 산출시킨다'는 인과성은, 세계사 – 앞에서 말했듯이 '전사'의 의미에서 – 라는 '결과'에서 자본주의라는 '원인'의 성립 조건인 '마주침'을 발견하고 거꾸로 자본주의라는 '결과'에서 그 '원인'을 발견하는 것을 가능하게 한다. '자본주의의 빛으로 비추어 모든 역사를 소급적으로 파악한다'를, (1) '원인(자본주의)으로부터 결과(세계사)'라는 인과관계로 바꾸어 쓸 수 있다. 이 관계를 (2) '결과(자본주의)로부터 원인(세계사)'으로 (다시) 전도轉倒시키면서 다시 (3) '원인(세계사)으로부터 결과(자본주의)'로 나아간다. 이때 (1)은 자본주의에 의한 자기 자신에 대한 오인-전도였다는 것이 드러난다. 이렇게 노동력을 포함한 상품들의 생산-유통-소비-(재)생산이라는 자본주의의 원환이 완결되었다고 보는 것이 아니라 자본과 노동 각각을 그 자체에 의해 긍정적으로 파악하여 자본과 노동의 우발적인 마주침을 기점으로 이 원환을 기술하는 것, 그래서 자본과 노동의 마주침을 필연으로서가 아니라 무수하게 가능한 다른 마주침과 함께 기술함으로써 자본주의를 역사로 귀환시키는 것, 그것이 『자본주의와 분열증』의 목적이었다. 이 «si … donc … »을 들뢰즈-과타리는 맑스에게서 발견한다(AO 266). [그것은] 1844년의 『경제학 철학 초고』 제3초고 「욕구, 생명, 분업」이라는 절의, '만약 … 라면, 그렇다면 너에게 … 'c'est don cá toi si … 라고 말하는 산업 환관宦官의 악마와의 계약에서 나타난다. 이 '환관' 즉 자본제 사회에서의 '생산자'는 이웃을 향해 '만약 네가 원한다면, 그렇다면 네게 주겠다. 하지만 필수적인 조건이 있다…'라고 속삭인다. [그는] 폭력을 겪는 대상을 산출하면서 그 폭력을 자본제의 전제로서 밀어 올리는 국가장치, 또는 미리 저장stock되는 것으로서만 '과잉'이라고 지명名指하면서 노동을 수탈하는, 포획장치와 동일한相同 폭력을 행사하는 자본주의의 '개념적 인물'이다. 이 일화를 언급하는 들뢰즈-과타리는 자본주의의 공리계가 «si… donc…»의 논리를 활용하는 기술을 익히고 있으며 맑스도 또한 그것을 깨닫고 있었다고 주장한다. 더욱이 «si… donc…»은 바로 그 자본주의에도 적용되어야 한다. 자본〈과〉 노동은 그것들이 '본성의 차이'에서 질적으로 구별될 수 있기에 우발적으로 마주친 것이다.

역사를 자본주의로 회수하는 것이 아니라 역으로 자본주의를 역사로 귀환시키는 것. 그리고 노동〈과〉 자본 쌍방이 '자본주의'라는 결합-배치로부터 '도주'하는 사태를 조직하는 것. 들뢰즈는 『천 개의 고원』에 관해 '이 책은 각 고리ring가 다른 고리와 결합 가능한 파쇄破碎된 고리의 집합이라고 생각하고 싶다.'고 말한다.[51] 파쇄된 고리의 '떼어냄'과 '이음'의 기술을 자

---

51. Deleuze, *Pourparlers*, reprise, Édition de Minuit, 2003, p. 39 (ドゥルーズ

본주의의 원환에 대해서도 시행하는 것.

『記號と事件 1972~1990』, 宮林寬訳, 河出文庫, 2007年) [*한국어판 번역: "그것은 조각난 원환들의 집합 같은 것입니다. 각각의 원환은 다른 원환 속으로 침투할 수 있습니다." 질 들뢰즈, 『대담』, 신지영 옮김, 갈무리, 2023, 55~56쪽].

공리와 명령

들뢰즈-과타리의 레닌

포획

『천 개의 고원』[1]에서 들뢰즈-과타리는 잉여의 창조와 그 축적 기제를 '포획장치'(MP 555/하 193)라고 부른다. 포획장치는 세 개의 집합(생산력, 임금, 생산물)으로 이루어지는 기제로서 분석된다(MP 554~557/하 192~196). 그 과정은 다음과 같은 것 아닐까.

집합 A는 '순수한 사용 가능성' 혹은 '분해할 수 없는 흐름'

---

1. Gilles Deleuze et Félix Guattari, *Mille Plateaux*, Éditions de Minuit, 1980. ジル・ドゥルーズ, フェリックス・ガタリ, 『千のプラトー －資本主義と分裂症』, 宇野邦一, 小沢秋広, 田中敏彦, 豊崎光一, 宮林寛, 守中高明訳, 전2권, 河出文庫, 2010年. [질 들뢰즈·펠릭스 가타리, 『천 개의 고원』, 김재인 옮김, 새물결, 2001.] 이하 약어 MP로 표기하고, 원서 해당 페이지·일본어판 해당 페이지를 표기한다. [* 내주의 '상', '하'는 두 권으로 출간된 인용 문헌의 상권과 하권을 뜻한다.]

이다. 이는 정확히는 집합이라고도 부를 수 없는 생산력들의 막연한 집합이고, 아직 사회적 가치를 부여받지 못하고 있다. 이 흐름을 분할하고 사회체에 배분하기 위해서는 그 흐름에 대응하는 요소들의 집합이 필요하다. 이 집합이 B이다. 이는 '명목임금'이라고 불린다. A는 B에 의해 분할되어, 개개의 구체적 생산물과 여러 가지 재화가 된다. 이 생산물과 재화의 집합이 C이다.(MP 556/하 195) 흐름은 분할되고 생산물·재화로서 유통되며, 사회체 내의 어딘가로 배분된다. 그렇다면 이상의 과정에서 생산력의 담당자는 어디에 위치하는 것일까.

생산력의 담당자를 우선 '노동자'라고 부르도록 하자. 노동자는 노동 임금으로 여러 가지 생산물(C)을 구매한다. 임금은 통화로 지불된다. 통화는 구매력이 있어서 노동자는 자신이 제공한 노동에 어울리는 평가를 얻고 있는 것처럼 보인다. 그렇지만 이 통화는 명목임금(B)은 아니다. 그것은 구매력밖에 가지지 않는 '실질임금'으로서의 B'이다. B'는 B보다 '필연적으로 열등하다.' 혹은 B와 B'에는 '어떤 종류의 차이'가 있다(MP 556/하 195). 왜일까. B는, C에 직접 접합하고 대응 또는 비교되면서 언제나 이미 구매력밖에 가지지 않는 통화(B')가 되기 때문이다. B가 애초에 분해 불가능했던 A를 분할하는 역능을 가진 것에 비해, B'는 이미 분할이 끝난 C에 일대일 대응하는 요소에 지나지 않는다. B가 B'가 되는 이 직접 실행되는 접합이, 포획장치에 의한 '일반 기호론적인 조작'(MP 555/하 193)의 핵심이다. 그리고 이 '어떤 종류의 차이'가 잉여이다. 노동자는 이 잉여분과는 전혀 관계가 없으며, 다만 C의 요소들과 일대일 대응하는 구매력을 갖춘 통화를 사용할 뿐이라고 말할 수 있지 않을까.

B는 자신의 접합(일대일 대응)이 이루어지는 지점에서 B′가 된다. 노동자가 생산물을 구입하는 그 행위가 B를 구매력밖에 가지지 않는 통화로 만든다. 그러면 그 통화에 구매력이 있음을 보증하는 것은 무엇인가. 또한 그 통화를 사용해도 좋다는 신용을 부여하는 것은 누구인가. 국가이다. 사용 가능한 통화를 발행하고, 그 구매력에 신용을 부여하는 것은 국가이다. 여기에는 기묘한 순환이 있다. 노동자가 생산물을 구매할 수 있는 것은 부여된 통화에 구매력이 있기 때문이다. 그렇지만 통화의 구매력이 보증되는 것은 노동자가 부여받은 통화를 사용하여 생산물을 구매했기 때문이다.

국가는 통화와 생산물이 비교·대응되는 구매라는 행위를 통해 통화에 신용을 부여하고, 따라서 구매력만을 부여한다. 이것이 포획운동이다. 포획장치는 이 비교·대응 조작을 개입시킴으로써 미리 정해진 잉여를 B와 B′의 차이에 구체화시켜 사후적으로 획득한다. 그래서 노동자와 노동임금 사이는 착취와 같은 관계가 아니며, '도둑질하는 자도 도둑맞은 자도 존재하지 않는다.'(MP 557/하 196). B와 C를 직접 접합하는 것, 또는 B를 B'로 직접 변화시키는 것에 의해 잉여를 (B와 B'의 차이로서) 실현시킨다. 이것이 포획의 조작이다. 노동자로서는 이 과정 전체를 둘러보는 것이 불가능하다. 잉여는, 화폐에 구매력만을 부여하고 생산물을 구매 가능한 생산물(즉 상품)로 변화시키는 구매 행위를 경유하면서 창조된다. 명목임금의 실질임금으로의 변화에 의해, 그 둘 사이의 격차 = 차이의 창조라는 '신비'(MP 556/하 195), 그러나 결국은 '어떠한 신비도 없는'(MP 557/하 196) 조작을 거쳐 포획장치는 잉여를 창조하고 축적한다. 또한 포획이 구체적으로 어디에서 일어나는지 가리켜 보이는 것은 불가능하다. '포획은 이 장치 전체에 침투하고 있고, 시스템의 어디에도 국소화될 수 없는 연결로서 작동한다.'(MP 557/하 197)[2] 잉여는 이 과정을 주행하는 프로그램에 미리 기입되어 있지만, 구매 가능성으로의 변화를 거쳐 구현된 후에만 획득된다. 국가가 부여한 통화의 구매 가능성으로서의 신용을, 구매 행위에 의해 사후에 산출하면서 미리 보증하고 있었던 것으로 만든다는 순환을 통해서 말이다.

---

2. * 한국어판 번역: "포획은 이 장치 전체에 침투하고, 국소화할 수 없는 결합 체계로 작용한다."(『천 개의 고원』, 857쪽.)

공리

정확하게 말하면 '노동자'는 자본주의 사회에서 등장한 범주Kategorie다. 자본주의에서 잉여의 창조와 축적은 탈코드화된 흐름으로서만 이루어진다. 그렇다면 그곳에서 국가는 어떻게 변모하는가. 또 포획장치는 어떻게 작동하는가. 여기서 질문되는 것은, 포획 기능에서 국가와 자본주의의 병행성이다. 이 기능을 겨냥한 언표행위의 배치가 '공리'이다.

사회체는 여러 가지 코드(습관과 전통, 습속)로 이루어져 있다. 이 사회체를 초월적으로 통제하는 국가의 배치가 초코드화이다. 자본주의에서는 사회체 전 영역이 유동화하고, 국가도 또한 탈코드화를 주로 하는 배치로 이행한다. 자본주의 기계는 탈코드화된 노동과 부의 접합으로부터 구성되는데, '자본주의 공리계'라고도 불린다. 국가는 공리계의 지배 아래, 공리계에 동형同形적이면서 다양한 형태를 가지고 기능한다.(MP 567, 568/하 210, 212) 국가 형태들 안에서도 특히 국민국가는 공리계의 실현 모델이다.(MP 570/하 215) 공리l'axiome란 어떤 공리계의 무모순성-정합성la consistance에 저촉하지 않는 한, 실제의 코드와 사물을 등질적인 추상량으로 직접 취급하여 기술記述하는 언어에 의해 구성되는 '조작적 언표'(MP 577/하 224)이다. 추상량이란 코드의 제약을 벗어나 시장 내를 유통하는 생산물, 즉 상품이다. 자본주의 공리계는 모든 사물을 상품으로 간주하고 세계를 기술하며 조작한다. 자본이란 앞 절에서 보았듯이 '미리 기입된 잉여'이다. 구체적으로는 자본주의 기계에서 잉여는 노동과 부라는 탈코드화된 두 개의 흐름의 접합을 통해 포획된다. 자본주의 공리계란 탈코드화된 여러 흐름을 직접 접합하는 포획장치이다. 잉여 축적의 운동에 정합하는 consistant 한, 자본주의 공리계 내의 공리들(언표) 사이에 모순은 없다. 공리계와 동형적인 국가는 복지를 증대시키기도 하고(공리의 부가), 역으로 잘라버리기도 한다(공리의 제거). 그러나 그것들은 모두 자본축적의 운동을 유지하기 위한 정책(공리)인 한에서 상호 자립적이고, 또 무모순 consistant이다. 화폐에 구매력만을 부여하는 것으로 포획장치가 잉여를 포획할 때, 생산물은 상품어商品語를 말하는 상품으로서만 나타난다. 화폐란 생산물과 직접 접합하는 순간에 생산물을 상품으로 비물체적으로 변형시키는 조작자적 기호이다. 자본주의 공리계가 모든 사물을 상품으로 취급하는 것 자체에 의해, 사물은 상품으로 된다. 여기서는 기술記述이 직접적인 조작이고 개입인 것이다.

공리계에 대항하는 수단은 있을까. 로베르 블랑제의 『공리계』[3]에 의거하면서, 들뢰즈-과타리는 공리계로부터 탈출하는 결정 불가능한 명제와 셈할 수 없는(가산적이지 않은 non dénombrables) 집합을 [공리계와] 대치시킨다(MP 590/하 243). 그것은 어떠한 것들일까. 어떤 공리계 내에 모순하는 두 개의 언표(명제)가 있다면, 그 둘 모두의 진위를 증명할 수 없는 경우 그것들의 명제는 결정 불가능하다. 또한 공리계는 셈할 수 있는(가산적dénombrable) 모델을 포함하기 때문에(AX 88) 연속체le continu는 공리계로부터 벗어난다(MP 576/하 358). 가산적 무한(자연수)보다도 고농도의 무한(실수實數)으로 해석되는 한(AX 88), '연속체'를 들뢰즈-과타리가 말한 '셈할 수 없는 집합'이라고 이해해도 좋을 것이다. 다만 연속체가 셈할 수 없는 집합이라는 것은, 그것을 셈하는 조작에 의해 나타난다. 연속체를 부분들로 분할하여 공리계 내에 포획하는 조작은, 그와 동시에 공리계 내의 여차여차한 장에 지정되지 않고 벗어나는 결정 불가능한 (비)부분도 제시한다. 유일하고 동일한 무한(연속체)이, 말하자면 '포획'과 '도주'라는 상호 환원 불가능한 두 개의 양상으로 분기하는 것이다. 나는 이를 유일하고 동일한 무한(연속체)의 두 양상으로의 '변주'라고 부른다. 이들 결정 불가능한 명제의 창조 혹은 셈할 수 없는 집합의 구성이 '혁명적 연결들'des connexions révolutionnaires로서 '공리계의 연접連接들'les conjugaisons de

---

3. Robert Blanché, *L'axiomatique*, Presses Universitaires de France, 1955. 이하 약어 AX로 표기하고 해당 페이지 수를 표시한다.

l'axiomatique과 대치한다.(MP 591)

변주

«révolutionnaires»에는 '전회'轉回라는 의미도 있다. 이것은 공리계에 대한 대치는 공리 내지 포획 논리의 반전으로 규정된다는 것을 보여준다. 또한 «conjugaisons»에는 '활용'이라는 의미도 있다. 이는 자본주의의 유일한 공리계가 자기의 여러 가지 변주variations로써 '구체적인 여러 변수variables concrétes에만 의존하는'(MP 569) 국가들을 '실현 모델'로 구현시킨다는 것을 보여준다. 어떤 동사가 그 부정(무한)법l'infinitif의 문법적 활용들을 통해 구체적으로 사용되듯이 말이다. [이는] 국가들이 공리계와 '동형'으로 되는 이유이기도 하다.

공리계를 벗어나는 명제들을 창조하는 '혁명적' 언표행위는 어떤가. 자본주의 공리계는 포획 조작 – 생산물의 상품으로의 비물체적 변형을 노리는 '셈할 수 있는 것-계산le compte' – 을 통해 형태상 다양한 국가들을 구현시키는 동시에, 또 무한한 〈1〉로서의 자신을 그것들에 체현(사상寫像)한다. 그러나 거꾸로 이 조작 자체가 셈할 수 없는 부분(그래서 비非-부분)으로서의 다수 다양체la multiplicité 역시 제시한다. 포획과 도주는 유일하고 동일한 무한이고, 그러나 상호 환원 불가능한 두 개의 변주이다.

철학사에서는 '1-다^{多}'라는 익숙한 범주가 있다. 이 범주를 사용하면, 들뢰즈-과타리의 논리 구성에서 일과 다는 유일하고 동일한 무한의 두 개의 양태로의 변주이다('1'에 '제국'을, '다'에 '다중'을 대입한 것이 네그리-하트일지도 모른다). 다만 들뢰즈-과타리의 논리는 '1-다'로 끝나는 것은 아니다. 변주의 논리는 혁명적 언표행위를 포획 논리에 따라서, 단지 그 방향을 반전시켜 생산하기 때문이다. 그것이 '명령어-슬로건'le mot d'ordre이다. 명령어는 공리계 또는 포획 논리의 역전 형태로서 작동한다. 이것이 나의 가설이다.

우선, 공리는 포획장치와 마찬가지로, 〈자본〉의 기호론적 형태를 구성하는 조작적 언표'(MP 577)이다. 또한 생산물을 화폐와 직접 접합하여 상품으로 변형시키는 '일반기호론'적 포획장치와 마찬가지로, 명령어도 또한 비물체적 변형의 조작이다. 더구나 포획이 시스템의 어디에서도 국소화될 수 없는 조작인 것과 마찬가지로, 결정 불가능한 것 또한 셀 수 없는 것이기에 시스템 안에 자신의 장소를 지정할 수 없기 때문에 공리계를 벗어난다. 다만 거기에는 공리계에의 포획인지 공리계로부터의 도주인지 '방향'le sens의 차이^{相違}가 있다. 그렇다면 유일하고 동일한 비물체적 변형에서 공리(포획)와 명령의 차이는 어떠한 것일까.

기호의 개입은 어떻게 물체를 비물체적으로 변형시키는가. 공리(포획)에서 생산물은 상품으로 생성된다. 그것은 같은 물체에 별도의 이름을 부여한다는 의미에서 무로부터 유로의 비물체적 변형이다. 사전에 기입되었던 잉여가 사후에 실현되어 무로부터 유가, 구체화된 잉여가 생겨난다. 다른 한편, 명령어는 사전事前에 놓인 전제前提를 해제하여, 잠재하는 다른 사전事前을 사후事後로 도래시키기 위해 새로운 사건을 일으킨다. 무슨 말일까.

예를 들면 비행기 공중납치 때 납치범들의 성명聲明은 여객기를 감옥으로 비물체적으로 변화시킨다(MP 102). 여객기는 운송수단이다. 이 전제가 해제된 여객기는, 이번에는 '감옥'이라는 잠재해 있었을 다른 사용법의 범주로 이동한다. 어떤 사용법에서 다른 사용법으로 물체를 이행시키기 위해, 명령어는 유(물체)로부터 무(비물체)를 일으킨다(변형시킨다). 무는 〈출현하는 사건l'événement〉이다. 세계에는 여러 가지 물체밖에 존재하지 않는다. 물체들 사이의 관계(출현하는 사건)는 물체(관계항)에 대해 외재적이다. 그런 의미에서 사건은 물체들의 영역에서는 무이다. 여러 물체는, 현상과는 다른 물체의 질서를 재배치하는 조건이다. 그러나 여러 물체밖에 없는 이상, 재배치를 일으키는 원인이 거기에는 없다. 따라서 원인이란 물체(유)가 아니라 물체 사이의 관계(무)이고, 명령이 일으키는 〈사건〉이다.

명령은 유로부터 무를 일으키고 유를 배치 전환한다. 원인이란 물체들 사이를 이행시키기 위한 대의大義, la cause이다. 다만 그것은 잠재하는 '사전(물체의 현상과는 다른 용법)'의 '사후(미래)'로의 (재)배치를 준비하는 의사(準)-원인la quasi-cause이다. 잠재하는 (그러나 새로운) 배치를 현재로부터 미래를 향해 일으키기 때문에, 여기에서 대의는 잠재적(가상적) 혹은 허구적(우화적fabuleux)이다.[4]

전회轉回

명령어는, 공리계 내의 기성 질서에서는 고려-계산le compte 되지 않은(셈할 수 없는) 잠재하는 물체들의 새로운 배치를 일으킨다. 그것은 동형同形의 대응 상寫像을 일으키는 공리적 언표의 '활용'에 대치되는 사용, 공리계의 반전 내지 '전회'적인 사용이다. 그러나 명령이 물체들의 새로운 배치를 일으키는 이상, 그것은 공리계로부터의 탈출만은 아닐 것이다. '혁명'적 언표행위도 또한 자본주의 공리계와는 다른 무모순성, 또는 차라리 존립성la consistance으로 세계를 기술하면서 변형하는 프로그램(강령le programme)을 미리 자신에게 기입하고 있는 것은 아닐

---

4. Deleuze, *Logique du sens*, Éditions de Minuit, 1969 (『意味の論理学』, 小泉義之訳, 전2권, 河出文庫, 2007년) [질 들뢰즈, 『의미의 논리』, 이정우 옮김, 한길사, 1999]은 준-원인이(/을) 일어나는(/일으키는) 사건으로서 '의미'(le sens)를 포착하고 있다.

까. 그렇지 않다면 공리를 탈출하려는 운동은 그것을 회수하고자 하는 공리계에 대해 어떻게 자신의 존립을 지킬 것인가. 들뢰즈-과타리가 명령어를 통해 혁명을 수호한 레닌을 참조하고 있는 만큼, 이 물음은 중요하다. 레닌, 트로츠키, 스탈린 앞에 놓인 정세에 따라 표현하면, 혁명은 배반당할 것인가 수호될 것인가라는 물음이다.

이렇게 문제는 공리계로부터의 도주로부터, 공리계에 대항하는 공리계인 한에서의 존립성으로 논점을 이동시킨다. 이 문제는 도주를 주제로 논한 『천 개의 고원』보다도 오히려 아래의 『안티 오이디푸스』[5]의 기술記述에서 더 명확하게 제시되고 있다.

> 혁명적 잠재력이 어떻게 현동화하는가를 해명하자면, 그것은 전의식 상태에서 작용하는 원인이라기보다는 오히려 어떤 정확하고 적확한 순간에 현실적으로 일어나는 '욕동에 의한 절단이다. 이 절단은 욕망을 유일한 원인으로 하는 분열이고, 인과관계로부터의 단절을 의미한다. 이 단절은 실재하는 것에 밀

---

5. Deleuze et Guattari, *Anti-Œdipe*, Éditions de Minuit, 1972. 『アンチ・オイディプス：資本主義と分裂症』전2권, 河出文庫, 2006年. [질 들뢰즈·펠릭스 과타리, 『안티 오이디푸스』, 김재인 옮김, 민음사, 2014.] 이하 약어 AO로 표기하고, 원서 해당 페이지·일본어판 해당 페이지를 표시한다.

착된 역사의 다시 쓰기를 강제하고, 모든 것이 가능하게 되는 기이하게 다의적인 순간을 만들어낸다.(AO 453~454/하 301)[6]

여기서의 '인과관계'는 물체들의 기존 배치를 가리킨다. 욕동은 이 배치의 항상성을 자르고 모든 것을 가능하게 한다. 그 순간, 물체들이 새롭게 배치되는 '혁명적 잠재력'을 폭발적으로 해방하고, '의사擬似(준準) 원인-대의'를 수여 받는 계기가 열린다. 절단은 〈다〉를 〈1〉로부터 탈출시키는 것만은 아니다. 〈다〉와 〈1〉은 유일하고 동일한 무한의 잠재력이라는 확인에 그치는 것도 아니다. 모든 것이 가능하게 되는 순간(계기)에 있어서의 실재에 밀착한 역사의 다시 쓰기, 자본주의 공리계에 대치하는 새로운 〈1〉에 의한 존립성을, 절단은 〈다〉에 '강제'한다.

이 '강제'는 『의미의 논리』의 '준원인'에서부터 『천 개의 고원』의 '명령어'를 경과하여, 『철학이란 무엇인가』[7]의 '반反-실현

---

6. * 한국어판 번역: "혁명적 잠재력의 현행화는 이 잠재력이 물론 포함되어 있는 전의식적 인과성 상태보다는 어떤 정확한 순간에 리비도적 절단의 실효성에 의해, 말하자면 심지어 현실계에 역사를 다시 쓰도록 강요하고 모든 것이 가능한, 이상하게 다의적인 이 순간을 생산하는 인과성의 단절에 의해 더 잘 설명된다."(『안티 오이디푸스』, 621쪽)
7. Deleuze et Guattari, *Qu'est-ce que la philosophie?* Éditions de Minuit, 1991. 『哲學とは何か』, 財津理訳, 河出文庫, 2012年. [질 들뢰즈·펠릭스 과타리, 『철학이란 무엇인가?』, 이정임·윤정임 옮김, 현대미학사, 1995.] 이하 약어 QPh로 표기하고 원서 해당 페이지·일본어판 해당 페이지를 표시한다.

(대항-실천la contre-effectuation)'에 이르기까지 변주하면서 존속한다. '반-실현'이란, '사물의 상태'로서 현동화하는 현재l'actuel로부터 거슬러 올라가 잠재하는 카오스에 존립성을 (재)배치하는 것이기 때문이다.(Qph 126~127/268~269)[8] 그러면 존립성혹은 '함께 존재하고, 서 있다'라는 의미에서 '공립성'共立性이라고도 번역할 수 있는 «consistance»란 무엇인가.

『철학이란 무엇인가』의 모티브 중 하나는 '친구'이다. 일반적으로 '철학'philosophie은 '사랑'愛, philos과 '앎'知, sophia으로 분해되어 '앎에의 사랑'으로 해석된다. 그러나 『철학이란 무엇인가』는 철학을 '앎에의 사랑'이라고 포착하기보다는 오히려 «philos»를 '우정', '우애'로 해석하면서 철학의 성립에는 타자(혹은 다른 것)인 친구와의 대화가 불가결하다는 것을 강조한다. 이 다른 '친구'는 인물 형상으로서만이 아니라 '과학'과 '예술'이라는 형태에서도 나타난다. 상호 이타적이면서, 또는 이타적이기 때문에, 그것들은 '친구'가 되고, 공존·공립적 관계에 들어가 사고의 향연을 전개한다. 그 하나의 양식이 '철학'이다. 이 향연을 전개하는 장은 '뇌'라고 불린다. 거기에서 철학과 과학과 예술은 통일되는 것도, 어느 쪽으로 환원되는 것도 아니다. 그것

---

8. 이러한 이해에 관해서는 Jean-Jacques Lecercle, *Deleuze and language*, Palgrave Macmilan, 2002 [장 자크 르세르클, 『들뢰즈와 언어』, 이현숙·하수정 옮김, 그린비, 2016]를 참조.

들은 상호 이타성을 증대시키는 것에 의해서만 존립·공립한다. 그러한 의미에서 뇌는 하나의 '존립 평면'le plan de consistance이다. 또한 뒤집어 생각하면, 사고^{思考}란 '친구'들과 함께 이 존립 평면을 탐구하는 과정이라고 말할 수 있다.

연주(해석)

『철학이란 무엇인가』는 알랭 바디우의 철학에 대해서도 언급하고 있다. 그는 들뢰즈-과타리의 친구인 것일까.

예전엔 분명히 논적이었다. 1976년, 바디우는 『안티 오이디푸스』를 비판한 문서인 「흐름과 당: 『안티 오이디푸스』의 여백에」를 발표했다.[9] 이 문서는 『안티 오이디푸스』를 독해하기보다는 오히려 그 책이 끼치는 담론적 효과에 대한 비판을 목적으로 집필되었다. 그 글에서 바디우는 『안티 오이디푸스』를 각자의 욕망의 자발성을 긍정하는 역설적인 칸트주의 담론으로 이해한다. 욕망의 자발성을 칭송하는 '무구^{無垢}의 격률'(FP 84)은 '언제나 너의 행위의 격률이 엄밀하게 누구에게도 관련 없도록 행위하라'라는 탈정치적 효과로 반전한다는 것이다.(FP

---

9. Alain Badiou, The flux and the party : In the margins of Anti-Oedipus, translated by Laura Balladur and Simon Krysl, in *Polygraph*, Vol. 15~16, 2004, pp. 75~92. 이하 약어 FP로 표기하고 페이지를 표시.

79) 각자의 욕망의 긍정은 타자의 욕망에 간섭하지 않도록 온당하게 처신한다는 역설(타자의 존중respect이라는 이름으로 이루어지는 타자에 대한 경원敬遠, respect)에 빠진다는 것이다. 이 비판에는, 『안티 오이디푸스』의 담론적 효과만을 말한다면 확실히 수긍할 수 있는 부분이 있다. 물론 『안티 오이디푸스』에 대해 다른 방식의 독해가 이루어질 수 있다. 다만 그것[다른 방식의 독해]은 들뢰즈-과타리의 논의를 '일대 다'의 변주로만 포착하는 독해는 아니다. 그와 같은 독해야말로 바디우의 비판이 경고하고 있는 것이다. 또한 [바디우의 비판을] 그렇게 포착하는 한에서만, 이 적[바디우]이 들뢰즈-과타리의 '친구'가 되는 순간-계기le moment를 볼 수 있을 것이다.

유일한 모티프의 무한하게 다양한 변주에, 나는 상황에 따라 역사적으로 수행되는 한에서의 연주-해석l'interprétation을 대치시켜 보고 싶다. 변주는 하나의 모티프와의 관계에서 수행되지만, 연주는 어떤 하나의 작품과의 관계에서 수행된다.

앞에서 보았듯이, 명령어는 공리의 반전反轉적인 사용이다. 여기서는 '변주'의 논리가 작동하고 있다. 이 반전에 의해 자본주의 공리계 내부에 있으면서 그로부터 탈출하는 비非-부분이 출현한다. 이것이 '사건'이다. 또는 이 반전 작용 그 자체가 들뢰즈-과타리가 말하는 마이너스로의 생성 변화이다. 이를 나는 상황을 향한 사건의 출현을 둘러싼 '해석' 항쟁의 한 수단으로 다시 포착하고자 한다.

명령어는 레닌에게 어떻게 기능하고 있는가. [레닌에게 명령어는] 말과 대상의 간격, 언어와 사물의 차이에 개입하고, 말의 새로운 의미를 둘러싼 '해석' 항쟁으로부터 민중을 계급투쟁으로 휘말려 들어가게 하는 경로를 연다. 기존 공리계의 안쪽으로부터 그 공리계로부터 독립한 (비)부분을 재촉하여 공리계 그 자체를 확장시킨다는 구상에 근거한 바디우의 철학을 나는 이와 같은 명령어의 사용법을 설파하는 체계로 파악한다.

공리계적 집합론, 특히 폴 코엔의 이른바 '강제법'forcing에 의거한 집합론을 채용한 바디우의 사고에서 '해석'은 어떻게 나타나는가. 그것은 '상황'이라고 불리는 집합('백과전서'라고 불리는)에 내재하는 부분집합이면서 그 상황에는 귀속되지 않는 한에서 셈할 수 없는 부분집합, 부분이 될 수 없는 부분('셈 바깥'員數外, surnuméraire이라고도 불리는)으로서의 집합에서 출발하여, 상황 안의 여러 기존 항을 조합시켜 '진리'라고 불리는 새로운 집합(유類집합이라고 불리는)을 강제(촉성促成, forcer)하는 유類 생성적générique 수순으로서 논해진다.[10] 이 (비)부분을 바디우는 '사건'이라고 부르고, 또 사건으로부터 진리를 촉

---

[10] Alain Badiou, *L'etre et l'événement*, Seuil, 1998 [알랭 바디우, 『존재와 사건』, 조형준 옮김, 새물결, 2013]. 이하 약어 EE로 표기하고 해당 페이지를 표시.

성하는 담당자를 '주체'라고 부른다. 주체가 촉성의 개시를 선언할 때, 진리의 '정치'가 시작된다. 이 주체에 의한 촉성을 바디우는 '해석적 개입'이라고 부른다.(EE 102) 진리는 그 정의상, 상황–백과전서(기존의 앎^{知}의 집합)에는 기입되지 않는다. 그것은 오히려 백과전서에 뚫려 있는 구멍(비지^{非知})이다.[11] 따라서 그 언명은 기존의 지에서는 의미가 불명확한 언어 사용으로 나타난다. 그것은 들뢰즈가 정의했던 철학의 사명(개념의 창조)과 비슷하다. 예를 들면 바울의 '주님은 부활했다.'와 같이 그 자체로 보면 매우 기괴한 언표 또는 불가해한 이언^{異言}, glossolalie이 그것이다.[12] 그 언명의 의미는 아직 확정되어 있지 않다. '[해석적] 개입이란, 자신의 의미를 자기 해제$^{解除, auto-résiliation}$하는 것이다.'(EE 224. 〔〕는 인용자. 이하 동일) 의미를 둘러싼 해석 항쟁, 더 정확히는 사건으로서의 의미$^{le\ sens}$를 상황 내에서의 의미$^{the\ meaning}$의 확정을 향해 서로 빼앗으려는 항쟁이 여기에서 시작한다.[13] 이 항쟁에서 자신의 언명의 의미를 쟁

---

11. Badiou, *Conditions*, Seuil, 1992, p. 201 [알랭 바디우, 『조건들』, 이종영 옮김, 새물결, 2006]. 이하 약어 CO로 표기하고 해당 페이지를 표시.
12. アラン・バディウ, 『聖パウロ — 普遍主義の基礎』, 長原豊, 松本潤一郎訳, 河出文庫, 2004年. [알랭 바디우, 『사도 바울』, 현성환 옮김, 새물결, 2008.]
13. «sens»와 «meaning»의 구별은 Lecercle, *Deleuze and language*, 앞의 책에 의거함. 따라서 나는 르세르클이 강조하는 정도로 바디우의 '사건' 개념과 들뢰즈의 그것 사이에 단절이 있다고는 생각하지 않는다. 다만 르세르클이 말하고 있듯이 바디우의 사건에 신비적·종교적 기색이 농후한 것도 확실하다.

취할 때, 우리들은 공리계로부터 탈출하면서 그에 대치할 수 있는 존립성도 획득할 수 있다. 의미의 항쟁은 '상황 언어'(기존 용어의 집합체)(EE 434)에 대치하는 '주체-언어'(EE 438)에 의해 상황(언어)을 내부에서 일그러뜨리는 대항적 실천이다. 동사를 그 부정법(원형) 그 자체로 변형시키는 실천이라고 말해도 좋다. 그것은 기존의 공리계 내부에서, 또는 내부에 그 공리계로부터 독립한 요소들의 집합을 촉성하고 공리계 그 자체를 확장시키는 과정이기도 하다.

그렇다면 공리계 내에서 그 공리계로부터 독립한 (비非)부분을, 국민국가와는 다른 활용형으로 출현한 공리계의 실현 모델 또는 '반反실현' 모델로서의 존립성(일관성)을 갖춘 것이라고, 새로운 '우리'를 구성하는 여백餘白 같은 것이라고 생각할 수 있지 않을까. 다만 이 가능성이 발견될 수 있는 것은 변주에서가 아니라 해석(연주)에서이다.

말과 대상의 기존 관계를 흔들어 배치 전환하고, 말의 새로운 의미를 위한 장을 열며, 기존 상황에 내재하는 여백을 수호한다. 이것이 해석 항쟁이다. 그렇지만 진리를 촉성시키는 과정, 상황 내의 여러 항을 조합시켜 가는 해석적 개입의 과정

Lecercle, «Cantor, Lacan, Mao, Beckett, même combat; The philosophy of Alain Badiou», in *Radical Philosophy*, no. 93, 1999를 참조.

은 전능함을 과시하는 이론은 아니다. 그것은 오히려 어떤 위험危險을 안고 있다(진리란 앎에 뚫려 있는 구멍이다). 진리의 촉성에는 상황 내의 여러 항을 조합시키고 기존의 상황 언어를 일그러뜨리는 작업이 포함된다. 그러나 진리는 여전히 허구–우화la fabulation이다. '진리'la vérité는 여차여차한 공리계 내에서 검증된 명제들의 '진véridicité/위僞, l'erroné'와는 무관하기 때문이다. 그것은 진위의 판정 기준을 결여한, 차라리 그 자체가 새로운 판정 기준을 수립하는 테제이다(EE 561). 따라서 진리는 전방前方의 미래를 선취하는 시제로서, '만약 진리가 있다고 한다면-있었던 것으로 될 것이다.'(프랑스어 문법의 '전미래' 시제)로서 탐구된다(CO 206).[14] 그것은 '이름이 고유의 방법으로 사물을 창조하는 사례이다.'(EE 415) 다만 그것은 유 집합(진리)의 모든 요소에 이름을 부여하여 각각의 장을 지정하는 것은 아니다. 주체 언어가 이름 붙인 지시 대상referent은 결정 불가능하여 식별 불가능한 요소, 상황의 부분집합이면서 무한집합

---

14. * 이 부분의 이해를 돕고자 바디우의 『조건들』 한국어판에서 해당 부분을 인용해 본다. "관건은, 아직 완료되지 않은 진리가 지식의 선취를 허용하는 지점이다. 존재하는 것에 대한 선취가 아니라 진리가 완료되었을 경우 어떠했을까 하는 것에 대한 선취 말이다. 선취의 이러한 차원은 진리에 관한 판단을 전미래 형태로 확립한다. 물론 하나의 진리에 대해서는 거의 말해질 수 있는 것이 없다. 그러나 진리가 존재했었을 조건하에서 벌어질 것에 대해서는, 거의 모든 것을 언표할 수 있는 촉성이 행해진다."(『조건들』, 276쪽.)

에 속한 요소이다(CO 204). '처음 이 지시 대상은 식별 불가능한 것이 여차여차한 것에 응하여 변화한다. 이 "여차여차"를 사고하는 기술 내지 이름 붙이는 기술은 없다. 다만 "식별 불가능한 요소의" 모두에 대해 이름이 있다는 것은 이해될 수 있을 것이다.'(EE 394) 코엔의 강제법은 유^{類} 생성적 집합의 모든 요소에 이름을 부여하고 식별하는 것이 아니라 단지 그러한 요소가 있다는 것, 그것만을 확정한다. 다른 한편 모든 요소에 이름을 붙이고 식별하려는 구상에 의거한 괴델의 '메타수학적' 수순(AX 67에 이에 대한 간소한 설명이 있다)은 '유 생성'과 대비하여 '구축주의'라고 불린다(CO 203).

명령

포획이 무에서 유를 만들 듯이 바디우는 이름(무)이 사물(유)을 창조한다고 말한다. 이 신학적 정식을, 상황 전체(모두)에 이름을 부여하려고 하는 의지로 귀결하는 〈악〉의 한 형태로서의 '테러'를 회피하면서[15], 구체적 항쟁 과정 안에서 사고해 갈 필요가 있다. 여기서 앞에서 말한 레닌의 명령어 사용을 살

---

15. Badiou, *L'éthique, essai sur la conscience du mal*, Éditions Hatier, 1993 (バディウ, 『倫理—〈悪〉の意識についての試論』, 長原豊, 松本潤一郎訳, 河出文庫, 2004年) [알랭 바디우, 『윤리학』, 이종영 옮김, 동문선, 2001].

펴보고 싶다.

1957년 『경제학 비판 요강』(그룬트리세)[16] 서문에서 맑스는 '예전에는 어구가 내용을 굴복시켰지만 지금은 내용이 어구에 승리하고 있다'라고 썼다. '예전'은 부르주아 성립 이전, '지금'은 그 성립 이후를 가리킨다. '어구'에는 '이데아'나 '형상', 나아가 '생산관계'를 대입시킬 수 있을 것이다. '내용'에는 '물질'이나 '질료', 나아가 '생산력'을 대입시킬 수 있을 것이다. 맑스에 따르면 혁명이란 '내용을 굴복시키'는 '어구'를 이데올로기로서 비판하고 언어와 사물, 이론과 실천, 나아가 인식과 현실의 일치를 겨냥하는 것이다. 그러나 언어도 또한 현실을 구성하는 일부인 이상, 이데올로기-현실이라는 대비를 파기할 필요가 있다. 차라리 자명해 보였던 기존의 상황(기성 언어에 의해 구성된)을 비판하고 말과 내용의 일치가 아니라 자신이 주장하는 말의 의미를 쟁취하는 과정으로서 투쟁을 재구상할 필요가 있다.

이에 말과 대상의 관계를 뒤흔들어 새로운 의미(내용)를 획득하는 실천으로서 명령어를 구사한 레닌을 참조하고 싶다. 예를 들면 레닌은 '평등이란 계급의 폐지를 의미하지 않으면 공허한 말이다. 우리는 계급을 폐지하고 싶은 것이다.'라고 말한다.[17] 이데올로기 비판이 아니라, 사소하다고 할 수 있는 '평

---

16. * 칼 맑스, 『정치경제학 비판 요강 I~III』, 김호균 옮김, 백의, 2000.

등'이라는 말의 의미를 둘러싼 투쟁을 민중이 휘말리는 계급투쟁을 향해 열어가는 사고가 거기에는 있다. 또한 '자유는, 자본의 멍에로부터 노동 해방을 요구하는 데에 자신을 종속시키지 않는다면 사기다.'라는 언명도 마찬가지이다. 그리고 말과 대상의 차이에 개입하고 그 의미의 새로운 한정적 사용을 쟁취하려는 이 실천은, 앞으로도 완벽하게(모두에게)는 이름 붙일 수 없는 지시대상으로서 아직 도달하지 않은 〈평의회〉soviet를 지시할 것이다. 자본주의 공리계 내부에 있으면서 자본주의 공리계로부터 독립한 공리계의 '반실현' 모델을 탐구하기 위한 단서를, 나는 들뢰즈-과타리, 그리고 바디우와 함께 다시 생각해 보고 싶다. 그리고 이 탐구를 나는 다시 '혁명'이라고 부르고 싶다. 다만 그것은 말과 내용의 일치를 노리는 것은 아니다. 차라리 바디우에 의지하여 감히 신학적으로 말하자면 '이름에 의해 사물을 창조하는' 과정이다. 또한 그렇게 했기에 '백과전서'에 기입되어 있던 '이론'을 도약시켰고 혁명이라는 사건이 러시아에 도래했던 것은 아닐까. 그렇지만 그것을 영도했던 당은, 그 이후엔 상황 모두에 이름을 부여하려는 테러의 정치로 얼어

---

17. 이하 레닌의 사례는 빅토르 쉬클로프스키 외 『レーニンの言語』(桑野隆 訳, 2005年)에서 가져옴. 또한 레닌의 정치 언어를 선구적으로 분석한 長崎浩,「言語の永久革命 － レーニンにおける政治言語の構造」(『日本の過激派―スタイルの系譜』, 海燕書房, 1988年 수록)를 참조.

붙었다. 그것은 불가피한 일이었을까.

1917년 7월 4일, '모든 권력을 소비에트로'라는 명령어는 삽시간에 망각되고 혁명 정부의 수호가 시작된다(같은 해 당은 자신의 임무를 끝낼 것이다.).[18] 이 망각 능력도 또한 명령어의 특징이다. 자본주의 공리계는 잉여의 축적이라는 정합성에 저촉하지 않는 한에서 얼핏 보면 모순되는 공리들을 조정한다. 그와 마찬가지로, 다만 그 반전反轉된 사용으로서 명령어는 이전의 명령을 삽시간에 망각시키고 이전의 그것과는 모순되는 새로운 명령을 내린다. 새로운 것의 (재再)도래와 그 존립을 수호하기 위해서이다. 이 명령어의 망각 작용이 혁명이라는 사건 '이후'를 생각하는 데에 시사적이라고 나에게는 생각된다. 국가라는 포획 장치에서 (반反)실현된 소비에트를 어떻게 (재)구상할 수 있는지, 또는 할 수 없는지 질문해 보고 싶다.

『천 개의 고원』에서 들뢰즈-과타리는 '전쟁기계'와 '리좀'의 혁명적 성질만이 아니라 그 위험성에 대해서도 말했다. 대등한 추론에 따라 '포획장치'와 '공리계'를 혁명적으로 사용할 가능성도 나온다. 이 글에서 나는 이 가능성에 관해 생각해 보았다.

---

18. シルヴァン・ラザルス, 「レーニンと党の形態」, 堀田義太郎訳, 『別冊情況 レーニン〈再見〉—あるいは反時代的レーニン』, 長原豊, 白井聡編, 情況出版, 2005年に収録. [실뱅 라자뤼스, 「레닌과 정당, 1902~17년 11월」, 『레닌 재장전』, 슬라보예 지젝·안토니오 네그리 외 지음, 이현우·이재원 외 옮김, 마티, 2010.]

'원原국가'의 사정거리

이슬람 국가 이후에 묻는다

원국가 세계사의 조건

주권국가는 영토를 지배하고 통치한다. 영토 없는 국가를 생각하는 것은 가능한가.

'없다'는 무엇을 의미하는가. 몇 개의 가능성이 있다. 여기서는 두 개를 들겠다. 하나는 영토 내의 국민이 자국 정부를 통치기관으로 인정하지 않는 경우이다. 정책의 실패와 공포에 의한 지배, 정권 부패 등 여러 가능성이 있다. 다른 하나는 다른 국가에 의해 국가로 인정되지 않는 경우이다. 국민이 주권을 인정하거나 적어도 주권에 따르고 있는 상태여도 다른 국가가 국가로 인정하는 것과는 다르다. 어쨌든 '없다'에 있어서는 국가와 영토 사이에 무한한 뉘앙스가 존재한다.

국가를 머리로 비유한다면 통합된 영토는 신체가 될 것이다. 머리는 신체를 포획하려고 잠복^{潛伏}한다. 그 잠복 양태는 특이하다. 국가는 역사의 외부에 위치하면서 역사를 내몰았기 때문이다.

독일 철학자 임마누엘 칸트는 『인륜의 형이상학』(1797년)에서 혼인의 딜레마를 논했다. 사랑하지 않으면 결혼의 의미는 없다. 결혼하지 않는다면 성적 행위는 사랑의 이름에 값하지 않는다.[1] 준법주의자에게 결혼은 그것이 성애 후에 이루어져도 논리적으로는 항상 이미 사랑에 선행하는 것으로서 출현하게 될 것이다. 사랑—그 정의가 어떠하든—이 발견되지 않은 경우에는 더욱 그렇다. 사랑 없는 결혼에서 성적 행위가 이루어진다면 그것은 법의 이름 아래에서 이루어지는 강간과 구별할 수 없다. 어쨌든 그에 의해 사랑이 성립하자마자, 항상 이미 결혼이 있다. 개개의 구체적 결혼은 잠복하는 〈결혼〉의 현동화라고 말해도 좋다.

국가 역시 이와 조금 비슷한 면이 있다. 역사상 실현되었던 여러 국가들은 잠재적인 〈국가〉의 현동화임과 동시에 그 어느 하나도 〈국가〉 그 자체는 아니다. 현동화한 개개의 국가들은 실제로 거기서 사람들이 살아가는 영토와 밀접하지만 〈국

---

1. カント, 「人倫の形而上学」第1部 第2編 第3章 第1項 第24~27節(『カント全集 第11卷, 樽井正義, 池尾恭一訳, 岩波書店, 2002年 수록)을 참조. [임마누엘 칸트, 『도덕형이상학』, 이충진·김수배 옮김, 한길사, 2018.]

가〉에는 그러한 영토 또는 신체가 없다. 바꾸어 말하면 〈국가〉는 역사 바깥에서 '신체-영토'를 포획하여 개개의 국가로서의 – 감히 기독교의 언어를 사용하면 – 몸을 얻는受肉다. 그리고 그 각각의 국가들 내부 혹은 국가들 사이에 여러 사건들을 불러일으켜 역사를 진전시킨다.

2014년 6월, 직접적으로는 이라크 전쟁과 시리아 내전에 구미 열강이 개입하고, 자스민 혁명이라 불리는 일련의 동향의 와중에, 소위 근대 국가는 아닐지 모른다고 해도, 이슬람 국가가 선언되었다.[2] 다른 국가로부터 국가로 승인되지 않은, 미승인 국가이다. 그것의 '영토'는 시리아와 이라크 양국을 넘어선 지역이 되었다. 이슬람 국가는 1916년에 오스만 제국령 분할을 둘러싸고 영국·프랑스·러시아 사이에서 맺어진 '사이크스 피코 협정'을 열강에 의한 중동 분할 및 지배체제의 표지Merkmal로 파악하고, 이 체제 타파의 일환으로 시리아와 이라크를 횡단하는 '국경'선을 그었다. 바로잡았다고 말해야 할까. 수니파의 일부 사람들 및 여러 지역들에서 그 의지에 합류하는 사람들에 의한 이슬람 국가 건설과 통치 또는 자기 통치라는 이 사건에서, 우리들은 영토 없는 〈국가〉가 세계사 안에 착지하려

---

2. 이슬람 국가라는 국가 건설 및 건설자의 의의에 관해 臼杵陽, 「「イスラーム国」を読み解く―その來歷と原理」(聞き手·土井敏邦, 『現代思想』, 2015年 3月 臨時增刊号 『特輯 シャルリ·エブド襲擊/イスラーム国人質事件の衝擊』 수록)을 참조.

는 순간에 입회하고 있었던 것일지도 모른다.

여기서 나는 '세계사'라는 개념을 사용했다. 세계사라는 개념을 성립시키는 것은 '국가'이기 때문이다. '세계는 하나'라는 공리가 없다면 세계사는 성립하지 않는다. 그리고 〈국가〉는 사람들을 세계 안과 역사상의 여러 시공^{時空} 안으로 집결시키고 통일시키며 종합한다.

바꾸어 말하면, 〈국가〉란 우리들에게 세계를 하나로 사고하도록 강제하는 힘의 다른 이름이다. 그리고 국가를 자칭하는 집단 내지 영역은 다른 국가들에게 승인되지 않는 한, 국가는 아니다. 바꾸어 말하면 그 체제가 어떠한 주권에게 지지받으려고 한다면, 그 형태가 어느 정도 기묘한 것일지라도, 모든 국가는 다른 국가와 동일한 장에 놓고 서로를 비교하게 된다.

예를 들어 저 국가는 야만적이라든가 이 국가는 민주적이라는 등으로 말할 때, 그 비교 행위 자체가 이미 〈국가〉의 틀에 맞추어 지정하는 행위임을 우리들은 알아채지 못한다. 또는 알아채지 못해도 좋다고 〈국가〉로부터 용인된다. 국가들을 비교하는 것 자체에서 우리들은 국가의 현동화에 가담하고, 〈국가〉의 작동에 말려든다. 더욱 위험한 것은 개개의 국가 안의 어떤 것이 아니라, 그 국가들을 이 세계에서 몸을 얻게^{受肉} 하고 경합시켜서 우리들을 서로 증오하게 만드는 〈국가〉이다. 그리고 이 위험을 피하는 것은 이미 누구에게도 불가능하다.

잠재적인 것의 현동화로서의 〈국가〉론은, 칸트까지의 언급을 빼면, 40년도 더 전에 질 들뢰즈와 펠릭스 과타리가 공저 『자본주의와 분열증』 제1권 『안티 오이디푸스』[3](1972년)에서 '원국가'라고 칭하여 분석한 운동의 일면一面이다. 종래의 맑스주의적 견해와는 달리, 국가는 계단식으로 성립하는 것이 아니라는 점에 그들은 역점을 두었다.

> 우르의 마을, 그것은 아브라함의 새로운 결연의 출발점이다. 국가는 서서히 형성되는 것이 아니라 주인의 출현에 의해 완전 무장하여 일거에 출현한다. 이것이 기원적인 〈원국가〉urstaat이며, 모든 국가가 그렇게 되기를 원하는 영원한 모델이다. … 그것은 기초가 되는 조직체이고 모든 역사의 지평선이다.(AO 하 11)[4]

---

3. ジル・ドゥルーズ, フェリックス・ガタリ, 『アンチ・オイディプス 資本主義と分裂症』 전2권, 河出文庫, 2006年. [질 들뢰즈·펠릭스 과타리, 『안티 오이디푸스』, 김재인 옮김, 민음사, 2014.] 이하 이 책으로부터의 인용은 약어 AO로 표기하고 인용 페이지를 표기.
4. * 한국어판 번역: "도시국가 우르는 아브라함의 출발점 또는 새로운 결연의 출발점이다. 국가는 점진적으로 형성되는 것이 아니라, 주인의 타격으로, 완전 무장한 채, 한 번에 돌출했다. 기원으로서의 원국가(urstaat), 모든 국가가 되고자 하는 영원한 모델. … 그것은 기초 구성체요, 모든 역사의 지평을 이룬다." (『안티 오이디푸스』, 371쪽.)

국가는 원시공산제→고대도시국가→자본주의→사회주의로 나아가는 선상에서 분기하며 역사적으로 서서히 형성되는 것이 아니라 오히려 '일거에 출현한다.' 이미 말했듯이 이 '기원'은 모든 역사적 사실로서의 기원을 의미하는 것이 아니라, 오히려 '역사의 지평선', 바꿔 말하면 세계사적 시점을 성립시키는 조건이라는 성질을 가진다. 그리고 역사상에 출현한 개개의 구체적 국가들 모두 추상적·잠재적 〈원국가〉를 '영원한 모델'로 삼는다. 세계사에서는 어떠한 정치적·사회적 운동 — 어소시에이션association이나 아나키즘도 포함하여 — 도 〈원국가〉의 접근을 피할 수 없다. 그들[들뢰즈-과타리]은 역사상으로 출현한 어떠한 국가도, 모두 〈원국가〉의 변형variation이라고 말한다.

이 국가는, 그 이전에 도래해 있던 것을 위에서 절단하지만, 그러나 다음에 올 조직체를 뒷받침한다. 여기에서도 이 국가는 별개의 차원에 속한 추상과 같은 것으로서, 언제나 일보 후퇴하여 잠재성에 침투되어 있다. 하지만 후속하는 국가 형태는 이 추상에 구체적인 실재를 부여한 것으로서, 그것만으로 이 추상은 더욱더 후속의 국가 형태 안으로 되돌아오게 된다. 국가는 자유로이 변환하지만, 아직까지 단 하나의 국가로서만 존재했다. 그래서 이로부터 여러 변환이 생기고 새로운 결연의 모든 변형이 나타나도, 이것들은 모두 같은 범주에 속해 있

다.(AO 하 15)[5]

맑스는 정권을 탈취한 이후의 코뮤니즘 국가의 양태를, 다른 국가와의 연관을 통해 본격적으로 논하지는 않았다. 그가 구체적인 구상을 보여준 것은 과도기로서의 프롤레타리아 독재까지이다. 20세기에 들어서서 레닌은 소비에트에 개입하여 프롤레타리아 독재를 감행하고 실현했다. 구상의 부재 때문에 가능했던 것일지도 모른다. 그 정치적·역사적 의의를 인정하는 동시에 더 덧붙여 말하자면, 스탈린과 히틀러를 경과한 후에 국가에 대한 물음을 다시 도마 위에 올리는 것은 세계 변혁을 진솔하게 지향하는 성실한 맑스주의자라면 당연한 일이었을 것이다. 이에 덧붙여 고려해야 할 점으로서, 들뢰즈와 과타리는 나치 독일에 의한 프랑스 점령(1940년), 이스라엘 독립(1948년), 알제리 독립 전쟁(1954년), 아랍연합공화국 설립(1958년), 문화대혁명(1966년), 1968년 5월 파리 〈혁명〉 등 여러 정치적 사건을 가까이에서 볼 수 있었다는 경위經緯가 있다. 이 경험들

---

5. * 한국어판 번역 : "이 국가는 예전에 있던 것을 덧 절단하지만, 후속 구성체들을 재절단한다. 여기서도 국가는, 늘 퇴각해 있으며 잠복에 사로잡힌 하나의 다른 차원에 속하며, 국가에 구체적 실존을 주는 후속 형식들 속에서 그만큼 더 돌변하고 회귀하는 추상과 같다. 국가는 변화무쌍한 모습을 갖지만, 지금까지는 유일한 국가만이 있었다. 그렇기에 변주들, 새로운 결연의 모든 이본이 나오지만, 이것들은 같은 범주에 속한다."(『안티 오이디푸스』, 374~375쪽.)

을 거듭하면서 좌파의 정치적 사고와 실천을 – 특히 라틴아메리카와 소위 '제3세계'의 좌파 활동가들의 실천을 근거로 – 꿰뚫어 보고자 했을 때 아마 〈원국가〉라는 시점視點이 나왔을 것이다. 그렇게 생각한다면 그들의 시점에서 일정한 타당성을 발견할 수 있다. 주목해야 할 점으로, 그들은 역사적으로 서로 얽혀 있는 추상적인 것과 구체적인 것의 복잡한 연관을 둘러싼 맑스 자신의 서술로부터, 앞에서 말한 잠재적 〈원국가〉와 현동화하는 국가라는 아이디어를 길어 올렸다는 점이다(맑스로의 회귀). 즉 냉전하의 사회주의 국가/자본주의 국가라는 구분을 물리치고, 그 형태가 어떠하든 모든 국가를 자본주의의 운동과의 연관 속에서 이해하는 시좌視座를 제시했다는 점은, 들뢰즈와 과타리[의 책]가 21세기인 지금도 여전히 맑스와 함께 다시 읽을 가치가 있는 맑스주의의 기본 문헌이 될 만한 이유 중 하나이다. 이러한 시야는 냉전 붕괴 이후 사반세기를 넘은 현재, 이슬람 국가와의 대비를 통해 종종 찬양되는 민주주의 국가에도 해당된다. 이 점을 이해하기 위해 맑스를 경유하고 싶다.

맑스는 유고 「[경제학 비판] 서설」(1857년)에 실린 '3. 경제학의 방법'에서 추상과 구체의 연관을 논한다.[6] 학문 즉 경제학은

---

6. カール・マルクス, 「経済学批判への序説」, 秋山憲夫訳, 『マルクス=エンゲルス全集』第13卷, 大月書店, 1964年에 수록. [칼 맑스, 「[정치경제학 비판 요강] 서설」, 김호균 옮김, 『정치경제학 비판 요강 I』, 백의, 2000.] 이하 약어 13으로 표

구체적인 것을 기점으로 고찰을 시작하지만, 그것을 성립시키고 있는 요소들을 고려하지 않으면 하나의 추상이 된다. 그렇다면 고찰의 단서端緒가 될, 구체적인 것을 구성하고 있는 더 기본적인 요소들 및 연관을 향해 하향하여 그 구체적인 것을 분해하고, 거기까지 도달하면 다시 거꾸로, 하향하여 얻게 된 여러 요소들의 규정들과 연관 지으며 구체적 총체로의 단서로 상향上向하면, 사고는 추상적 규정들로부터 구체적인 것을 재현하는 것이 가능할 것이다. 이러한 사고방식은 실재적인 것은 사고의 산물(결과)이라고 생각한 헤겔과 같은 궤적을 밟고 있다고 맑스는 말한다.

그 때문에 헤겔은 실재적인 것을, 자신 안에서 자신을 총괄하고 자신 안에서 침잠하며 자기 자신으로부터 운동하는 사고의 결과로서 파악하는 환상에 빠졌지만, 그러나 추상적인 것으로부터 구체적인 것으로 상승해 가는 방법은 다만 구체적인 것을 자기 것으로 하면서 그것을 정신적으로 구체적인 것으로서 재생산하는, 사고를 위한 하나의 방식에 지나지 않는다. 그러나 그것은 결코 구체적인 것의 성립 과정은 아니다. 예를 들어 더욱 간단한 경제학적 범주, 예컨대 교환가치는 인구

기하고 일본어판 해당 페이지를 표기.

를, 즉 일정한 관계들 안에서 생산하고 있는 인구를 전제한다. 또한 어떤 종류의 가족이라든지 공동체라든지 국가 등도 전제한다. 교환가치는 하나의 이미 주어져 있는, 구체적으로 살아있는 전체의 추상적인 일면적 관계로서밖에는 결코 존재할 수 없는 것이다. 이에 반해, 범주로서의 교환가치는 노아의 대홍수 이전부터 존재해 왔다. … 그러나 그것은 결코 직관과 표상 바깥 또는 표상 위에서 사고하고 자기 자신을 산출하는 개념의 산물은 아니다. 직관과 표상을 개념으로 가공한 산물이다. 사고되었던 전체로서 두뇌 속에 나타난 전체는 사고하는 두뇌의 산물이다. (13:628)[7]

---

7. * 한국어판 번역: "이러한 방식으로 헤겔은 현실적인 것을 자체 속에서 총괄되고, 자체 속으로 침잠하며, 자체로부터 운동해 나오는 사유의 산물로 파악하려는 환상에 빠진 반면, 추상적인 것으로부터 구체적인 것으로 상승하는 방법은 사유가 구체적인 것을 점취하고, 이를 정신적으로 구체적인 것으로 재생산하는 방식일 뿐이다. 그러나 결코 구체적인 것의 생성 과정 자체는 아니다. 예컨대 교환가치라는 가장 단순한 범주는 인구, 일정한 관계들 속에서 생산하는 인구와 일정한 종류의 가족 제도, 공동체 제도, 국가 제도 등을 전제로 한다. 교환 가치는 이미 주어진 구체적인, 살아 있는 전체의 추상적인, 일방적인 관계로서 존재할 수밖에 없다. 이에 반해 범주로서의 교환 가치는 아주 오래된 현존을 가진다. … 그러나 직관과 상상의 밖에서 또는 위에서 사유하고 스스로 잉태되는 개념의 산물이 아니라, 직관과 상상을 개념들로 가공한 산물, 두뇌 속에서 사유의 총체로 현상하는 바와 같은 전체는 세계를 유일하게 가능한 방식으로 점취하는 사유하는 두뇌의 산물(이다)."(『정치경제학 비판 요강 I』, 71~72쪽.)

고찰의 기점으로서 실재하는 구체적인 것과 상향을 거쳐 회귀한 그것은 같은 것이 아니다. 후자는 '사고된 전체로서 두뇌 안에 나타난 전체', '사고하는 두뇌의 산물'이다. 앞에서 인용한 들뢰즈-과타리의 〈원국가〉는 '그 이전에 도래해 있던 것을 높은 곳에서 절단하지만, 그러나 이후에 오는 조직체를 뒷받침한다.'라는 말을 맑스의 사고로 바꾸어 놓으면 '사고하는 두뇌'는 '그 이전부터 실재하는 구체적인 것을 향해 하향하는 한편으로 또 상향하지만, 그러나 이후에 온 조직체를 "사고된 전체"에 따라 실재하는 구체적인 것으로 점유한다.'가 될 것이다. 또 들뢰즈-과타리가 맑스에게서의 추상-구체라는 구분을 잠재-실재라는 구분으로 재파악하고 있다는 것은 '이 국가는 별개의 차원에 속한 추상과 같은 것으로 언제나 일보 후퇴하여 잠재성에 침투되어 있다. 하지만 후속하는 국가 형태는 이 추상에 구체적인 실재를 부여한 것으로서, 그것만으로 이 추상은 더욱더 후속의 국가 형태 안으로 되돌아오게 된다.'라는 그들의 말에서 이해될 수 있을 것이다. 들뢰즈-과타리도 또한 '3. 경제학의 방법'으로부터 지금 내가 인용한 것과는 다른 구절을 인용하면서 다음과 같이 논하고 있다.

> 맑스는 역사가 추상적인 것에서 구체적인 것으로 이행하는 양식이 존재한다는 것을 인정하고 있었다. '… 즉 간단한 범주

들에 의해 표현되고 있는 관계들에서는, 더욱 구체적인 범주에 의해 정신적으로 표현되고 있는 한층 다면적인 관련 또는 관계를 아직 정립하지 않고 미발전한 구체적인 것이 실현되고 있는 것도 있을 수 있지만, 다른 한편 보다 발전한 구체적인 것은 동일한 범주를 종속적인 관계로서 유지한다는 것이다.'〔13.629〕 국가는 우선 별개로 작동하는 부분집합을 통합하는 추상적인 통일체였다. 지금 그것은 힘들의 장에 종속되어 힘의 흐름을 조정하고, 힘들이 서로 지배하고 종속하는 자율적인 관계들을 표현한다. 국가는 이젠 벽돌처럼 유지되는 여러 영토성을 초코드화하는 것으로는 만족할 수 없다. 그것은 화폐와 상품과 사유재산의 탈코드화한 흐름을 위해 코드를 구성하고 발명해야 한다. 국가는, 이제는 그 자신이 하나의 혹은 복수의 지배계급을 형성하는 것은 아니다. 국가 그 자체가 독립적으로 된 지배계급에 의해 형성되고, 이러한 지배계급은 그들의 권력, 그들의 모순, 피지배계급과의 투쟁, 타협에 유용하도록 국가에 [자신의 지배력을 대리로] 위촉(委囑)하는 것이다. … 이제 국가는 초코드화하는 하나의 통일체를 산출하지 않는다. 이제 사회 시스템을 규정하지 않는다. 그것은 오히려 사회 시스템에 의해 규정되어, 자신의 기능의 작동이 이 시스템에 편입된다. 요컨대 국가는 여전히 인위적이지만 구체적이되어 '구체적인 것으로 이행'하고 동시에 지배적인 힘에 종속된

다.(AO 하 17~18)[8]

국가, 특히 자본주의의 운동이 역사상 구체적으로 실현시킨 국가는 '사고하는 두뇌의 산물'이다. 이른바 봉건제에서 자본주의로의 이행에서, 국가는 예전의 자신의 전제군주적인 측면을 표면적으로는 후퇴시키고, 반대로 자신에게 종속되어 있었던 복수의 힘의 흐름 속에 있는 어느 편에 자신의 주권을 양도한다. 이 사태는 '화폐와 상품과 사유재산'의 힘 쪽이 국가의

---

8. * 한국어판 번역 : "맑스는 역사가 추상적인 것에서 구체적인 것으로 가는 방식이 정말 있다고 인정하고 있었다. 〈단순한 범주들은 그 속에서 덜 발전된 구체적인 것이 실현될 수 있었을지도 모를 관계들을 표현하지만, 가장 구체적인 범주 속에서 정신적으로 표현되는 가장 복잡한 관련 내지 관계를 아직 정립하지 못했다. 반면 더 발전된 구체적인 것은 바로 이 범주를 하나의 종속된 관계로서 유지한다.〉 국가는 우선 서로 떨어져서 기능하는 부분집합들을 통합하는 이 추상적 통일체였다. 국가는 지금은 힘(力)들의 장에 종속되어, 이 힘들의 흐름을 조정하고 지배와 종속이라는 이 힘들의 자율적 관계들을 표현한다. 더 이상 국가는 유지되어 벽돌처럼 된 영토성들을 초코드화하는 데 그치지 않는다. 국가는 돈, 상품, 사유재산의 탈코드화된 흐름들을 위해 코드들을 구성하고 발명해야만 한다. 국가는 더 이상 스스로 하나 또는 여러 지배계급들을 형성하지 않는다. 자기 권력을 위해, 피지배계급들과의 모순들, 투쟁들, 타협들을 위해 국가를 대리로 내세우는 독립을 이룬 이 지배계급들에 의해 국가 자체가 형성된다. … 국가는 더 이상 하나의 초코드화하는 통일체를 생산하지 않는다. 국가 자신이 탈코드화된 흐름들의 장에서 생산된다. 기계인 한에서, 국가는 더 이상 사회 체계를 규정하지 않는다. 국가는 자신의 기능들의 놀이 속에서 구현되는 사회 체계에 의해 규정된다. 요컨대 국가는 인공적인 것이기를 그치지는 않지만, 구체적인 것이 되고, 〈구체화로 향하며〉, 이와 동시에 지배하는 힘들에 종속된다."(『안티 오이디푸스』, 376~377쪽.)

힘보다도 강대해졌다는 것을 의미하지 않는다. 그와는 달리 국가가 이들 힘을 차단하는 전제군주제적인 기능이 아니라 오히려 이들 힘이 한층 발전하도록 공헌하는 기능을 전경화했던 것이다. 자본의 월경越境의 전면적 전개가 상시화된 냉전 붕괴 이후의 세계를 냉전기에서 꿰뚫어 본 들뢰즈와 과타리는, 이미 19세기에 그것을 꿰뚫어 보고 있었던 맑스를 이 시점에서 추출했다는 의미에서 역시 혜안이 있었다. 맑스가 세계사와 자본주의의 불가분하게 밀접한 관계를 막연히 이해하고 있었던 것을 들뢰즈-과타리는 〈원국가〉론을 통해 뚜렷하게 했다고 말해도 좋다. 어쨌든 세계사에서 실현된 여러 '국가는, 여전히 인위적이지만 구체적이 되어 "구체적인 것으로 이행"하고 동시에 지배적인 힘에 종속된다'는 것을 이해할 수 있을 것이다. 조금 전에 자본주의의 운동 안에서는 국가의 전제군주적인 기능이 표면상 후퇴하는 것으로 보인다고 말했다. 이 '두뇌의 산물'이라는 의미에서 '인위적'이면서 '구체적'인 국가가 자본을 구성하는 여러 '지배적인 힘에 종속'될 때 전제군주는 회귀한다. 그것이 오늘날 역시, 또는 오늘날이야말로 작동하고 있는 민주주의 국가라고 들뢰즈와 과타리는 쓰고 있다.

민주주의에 대해서, 더욱 위선적이고 냉혹하며 타산적이 된 전제군주를 거기서 인정하지 않고 말할 수 있을까. 그것은 회계를 위에서 초코드화하는 것이 아니라 스스로 계산하고 코드화하지 않으면 안 되기 때문이다. … 전제군주 국가는 추상이다. 이는 확실히 여러 제국적인 조직체에서 실현되지만, 그것에 추상(초코드화하는 탁월한 통일체)으로서 실현되는 것에 지나지 않는다. 이 전제군주 국가는 나중에 도래할 형태 안에서 자신의 구체적인 내재적 실재를 획득하는 것에 지나지 않으며, 이들 형태가 전제군주 국가를 별개의 형상과 별개의 조건에서 다시 오게 만든다. 전제군주 국가는 그 이전에 도래했던 것으로서, 나중에 도래하는 것에 대해 공통의 지평선을 이루는데, 이 국가가 세계사의 조건이 되는 것은 그것이 역사 바깥에 존재하는 것이 아니라 냉혹한 괴물로서 항상 역사의 근처에 있는 한에서만이다. 이 괴물은 역사가 '머리' 속에서 또는 '두뇌' 속에서 존재하는 방식을 상징하고 있다. 이것이야말로 〈원국가〉이다.(AO 하 16~17)[9]

---

[9]. * 한국어판 번역 : "민주국가들을 보면, 거기서 전제군주는 회계를 초코드화하는 대신 스스로 계산하고 코드화해야 하니 그것이 더 위선적이고 더 냉혹하고 더 계산적이 되었음을 어떻게 인정하지 않을 수 있으랴? … 하지만 전제군주 국가는 추상이며, 이 추상은 물론 제국 구성체들에서 실현되지만, 거기서 추상으로서만 실현된다(초코드화하는 탁월한 통일체). 그것은 다른 형상들과 다른 조건들 속에서 그것을 회귀하게 하는 후속 형식들 속에서만 자신의 구체적·내재적 실존을 획득한다. 앞에 있던 것과 나중에 오는 것의 공통 지평으로서, 전제군주 국가가 세계사를 조건 짓는 것은, 단지 그것이 밖이 아니라 늘 곁에 있다는 조건에서, 역사가 〈머리〉 속에, 〈뇌〉 속에 존재하는 방식을 재현하는 냉혹한 괴물, 즉 원국가라는 조건에서이다."(『안티 오이디푸스』,

〈원국가〉는 '세계사의 조건'이다. 예를 들어 세계사의 '구조'를 추출할 수 있는 것처럼 보이는 것은 사고가 〈원국가〉에 젖어 있기 때문이고, 게다가 사고가 그것을 깨닫지 못할 정도로 '인위적'인 '민주주의' 국가가 '구체적'으로 기능하고 있기 때문이다. '사고하는 두뇌'가 종교와 정치 또는 신과 국가의 분리에 성공한 것처럼 보이는 바로 그때에 '전제군주'가 회귀한다. 흔히 신의 부재 또는 왕좌王座의 공위空位로 규정된 민주제 국가는 이 공위 자체를 신으로 두고 있다. 자연을 인위에 의해 재현하거나 복제하는 것이 완전하게 가능하게 된 것처럼 보일 때, 〈원국가〉는 완전히 작동한다. 이 역설적 사태의 파악을 가능하게 하는 것이 국가는 역사의 선상에서 서서히 형성되는 것이 아니라 반대로 '일거에 출현한다'는 시점이다. 각각의 국가 형태가 독재체제이거나 전체주의적이거나, 사회주의적이거나 민주주의적이거나, 표현의 자유를 수호하는 공화제이거나 어느 것이나 〈원국가〉의 '여러 가지 변형variation'이다. 이 시점에서 본다면, 냉전하의 동서에서 실현된 국가들 사이에 결정적인 차이는 없고, 또한 봉건제와 근대 자본주의 사이에도 적어도 '전제군주'가 작동한다는 점에 관해서는 단절이 없다. 노예제는 근대에서도 작용하고 있다. 오늘날 소위 선진국들에서 그것이

375~376쪽.)

어느 정도 감지하기 어렵다고 하더라도 말이다. 맑스주의에서 이 관점은 봉건제에서 자본제로의 이행을 어떻게 파악할 것인가에 관한 연구들과 관련될 것이다.

〈원국가〉론적인 시각에는 난점도 있다. 『자본주의와 분열증』 제1권이 나온 지 반세기 가까이 지난 현재, 당연히 제기되어야 하는 물음이 있다. 〈원국가〉론은 기존의 모든 국가를 자본축적의 운동과의 '세계사'적 연관에서 '일거에' 파악하는 것을 가능하게 했다. 그로부터 한 걸음 더 나아가, 그렇다면 우리는 어떠한 통치 형태를 반자본주의의 구상과 더불어 제기할 수 있을 것인가? 우리는 국가 폐기의 한 단계로 규정되었던 프롤레타리아 독재의 지점 또는 시점으로, 출발점 또는 막다른 골목으로 돌아와 버렸다. 〈원국가〉론은 프롤레타리아 독재의 다음 걸음은 반드시 전제군주의 회귀를 낳는다고 말하는 것과 마찬가지이기 때문이다. 설령 전제군주 또는 국가의 회귀가 불가피하다고 해도, 그 통치 형태에서 자본주의를 진정으로 극복하는 주권을 구상하는 것은 불가능한 것일까.

이 시점부터 나는, 이슬람 국가에 한정하지 않은 이슬람권의 앞으로의 정치적 동향에 주목하고 있다. 이슬람 연구자인 나카타 고^{中田考} 씨는 논고 「가치관을 공유하지 않는 적과의 대화는 가능한가 ― 이슬람 국가의 경우」에서 '이슬람에서는 권력 지배의 합법성의 기준이 서구의 법처럼 지상의 권력, "국가"

가 제정한 법의 내부, 국가 시스템의 내부에 있는 것이 아니라 지상의 권력을 초월한 계시의 성법 샤리아[10]의 준수에 있다. 바꾸어 말하면 "국가"의 정당성을 판정하는 기준은 '국가'의 외부에 있기 때문이다.'라고 논한다.[11] 신의 공석이라는 상태에서 결국은 신을 '인위적'으로 만들어 내는 국가형태와는 다른 국가형태의 가능성이 여기에 있다. 종교와 정치를 분리하면서, 세속화를 노리기에 역으로 신을 불러들이는 국가형태와는 달리, 처음부터 종교와 정치 또는 신과 주권이 다른 질서에 속해 있기에 역(설적)으로 신과의 – 부적절한 어법이지만 – 공존에서 진정한 세속화(사람들의 일상적인 삶 속에서 신이 숨 쉬고 있는 양태라고 이해되길 바란다)를 실현하는 국가형태의 가능성이다.

난점은 있다. 국가는 다른 국가와의 관계에서만 국가로 인정된다는 '세계사의 구조'가 초래한 작용은 그 정도가 지나치기 때문이다. 나카다 씨의 대화에 진솔한 자세로 공감하는 한편으로, 이슬람 국가의 건설 방식 그 자체가 서구 근대의 국가

---

10. * Sharia. 위키백과 한국어판에 따르면, "샤리아는 이슬람의 기본법으로 이슬람 공동체의 헌법이며 신적인 뜻을 삶의 모든 정황에 적용한 것이다. 신이 정해준 계시법(啓示法)으로서 종교적 의무, 개인과 사회생활, 상업, 형벌에 이르기까지 모든 것을 규정하고 있다. 이 율법 관념에서는 세속적인 법 영역과 종교적인 의무 관념이 불가분의 관계에 있고 사회규범은 무엇보다도 종교적 의무관념 그 자체이다."
11. 中田考,「價値觀を共有しない敵との對話は可能か － イスラーム国との場合」,『現代思想』, 앞의 책, p. 232.

건설 방법의 반복일지도 모른다는 의심 역시 내 안에서 사라지지는 않는다.[12] 어쨌든 이슬람 사람들과의 대화 및 공생의 모색과 병행하여 요구되는 것은, 우리가 싫어도 말려들고 있는 이 세계사 속에서, 그래도 역시 새로운 통치 형태의 구상과 실현을 목표로 두고 살아가려 노력하는 것이다.

교환

이슬람 국가 자금원의 하나로서 다른 국가와의 구속자 교환이 지적되고 있다. 모든 국가는 〈원국가〉의 변형이라는 논점의 연장선 위에서 의심해 보고 싶은 것은, 소위 인질 교환의 방법이 이른바 선진국들의 국민 경제의 근간 중 하나를 이루는 화폐 기능에서도 — 어느 정도 '야만'에서 거리가 떨어져 있는 것처럼 보여도 — 제거払拭되지 않는 것은 아닐까라는 점이다. 이 점에 대한 검토를 위해 맑스가 『자본론』 제1부 제1편 제1장 3절 '가치형태 또는 교환가치'(1867년)에서 전개한 가치 형태론을 경유하고자 한다.[13]

---

12. 臼杵陽, 「'イスラーム国'を読み解く」, 『現代思想』, 앞의 책 및 酒井啓子 「"それは誰のイスラームなのか"」, 『現代思想』, 앞의 책을 참조.
13. マルクス, 『資本論 1』(第1卷 第1分冊), 岡崎次郎訳, 国民文庫, 1972年을 참조. [카를 마르크스, 『자본 I-1』, 강신준 옮김, 길, 2008.]

화폐는 일반적 등가물이다. '일반적'이란 한 국가 영토 내의 모든 지점과 시점에서 국가가 인정한 화폐가 사용 가능하다는 것을 의미한다. 국가는 영토 내 모든 상품과 해당 화폐와의 교환 가능성을 보장한다. 맑스는 화폐가 이른바 화폐가 되기까지의 과정을 네 가지 형태로 나눈다(일반적 등가물이 제4형태). 그는 [이를 통해] 일반성이 일반성으로서 군림하는 기제를, 역사적으로도 이론적으로도 일반적으로는 말할 수 없는 복잡한 조작 — 앞에서 말한 하향과 상향의 조합 — 을 통해 가치형태의 변형 과정을 주시하여 추출했다. 바꾸어 말하면 여기서 고려되고 있는 화폐는 역사적으로 출현했던 개개의 화폐가 아니다. 앞에서의 〈원국가〉에 따르자면 〈원화폐〉다. 세계사의 〈세계성〉universality에 화폐의 〈일반성〉generality이 대응한다. 네 형태 안에서 제2형태('확대된 상대적 가치형태')의 국면에서는, 어떤 상품이 인접하는 다른 상품들과 연이어 교환되는 것만으로는 교환가치를 보장하는 일반성은 성립되지 않는다. 바꾸어 말하면 교환되는 상품은 아직 화폐로서 승인되고 있지 않다. 일반성이 성립하기까지의 과정 속에서 어느 정도로 피가 흐르고, 부정의(부등가)가 횡행하는지 상상하기는 어렵지 않다. 가치 형태론은 일반적 등가물의 이 이면을 명확하게 드러내는 시도이다.

일반적 등가물의 기제는 혼인 제도에서도 발견된다. 프랑스

소설가 피에르 클로소프스키는 『환대의 규칙』(1965년)이라는 간통을 둘러싼 픽션을 통해 혼인 제도(동성혼도 포함한 일부일처제)의 이면을 고찰한다. 혼인에는, 해당 제도 아래 놓인 공동체 성원 전원에 대해 '나는 이 자를 나의 성적 대상으로 독점한다'라는 의지를 선언하는 동시에 이 선언을 전 성원이 승인한다(또는 승인된 것으로 한다)는 측면이 있다. 독점이란 그것만의 가치를 그 인간이 가진다는 것이다. 바꾸어 말하면 결혼한 인간은, 그가 사랑하는 대상(부인 또는 남편)의 가치를, 이 공동체에 속하는 자라면 원칙적으로 누구에게라도 확증할 권리(실질적으로 성적 관계의 강제도 포함)를 양도하고 있다는 것이다. 그 또는 그녀의 결혼에의 의지는, 전 성원에 의해 승인되고 있기 때문이다. 바꾸어 말하면 혼인을 맺은 자는 공동체 내의 유통에서 그 가치를 확증한 상품이고, 가치를 전원에게 승인받는다면 상품은 화폐가 된다. 화폐는 일반적 등가물이다. 결혼제도의 이면에는 이러한 폭력이 부착되어 있다는 것을 『환대의 규칙』은 날카롭게 드러낸다.[14] 칸트도 이 점을 깨닫고 있었다. 훗날 『살아있는 화폐』(1970년)에서, 클로소프스키는 '살아있는 화폐'라는 개념을 제시하여 공화국 시민들을 전

---

14. 졸고 「ピエール・クロソウスキーにおける身体と交換」(北海道大学大学院研究科 映像・表現文化論講座, 『層 — 映像・表現』, 第7号, 2014年)을 참조 바람.

율케 한다. 이 관점에서 보면 결혼은 주권의 인질로서 취해진 것이다. '야만적인' 인질 교환과 '표현의 자유'를 인정한 국가에서의 화폐 기능과는 바뀐 면이 없다. 정도에서는 심한 차이가 있지만 말이다. 여기서도 문제는, [우리가] 〈원화폐〉 또는 〈원국가〉의 단순한 '변환'variation이 아닌 방향으로 화폐를 구상할 수 있는가라는 점에 있다. 이슬람 국가가 우리 또는 나에게 들이민 것은 이 물음이다.

모순은 효력을 잃었는가

들뢰즈, 바디우에 의한 헤겔 변주

정치로서의 대화

정치란 무엇인가. 정치라는 것을 어떻게 사고할 수 있을까.

나에게 리얼한 정치란 나 이외의 누군가와의 대화이고, 이 대화를 통한 나와 나 이외의 사람 사이에서의, 거창하게 말하자면 법의 구성이다.[1]

대화의 내용이 당장은 문제되지 않는다. 그렇기보다는 이하^{以下}에서 그 내용이 드러날 것이다. 대화의 규모도 대화자의 수도 – 원칙적으로는 일대일을 '대화'라고 부르지만 – 문제되지 않는다. 막연하지만 우선 그런 것이 나에게 '정치'다.

---

1. 이 '대화'는 사회적 포섭을 목적으로 한 상호 승인과 의견 교환은 아니다. 그와는 달리 복수의 시간의 교차를 가리키고 있고, 그러한 의미에서 대화자의 현전을 필요로 하지 않는다.

여기서 말하는 '법'이란 대화 그 자체를 성립시키는 조건이며, 또한 '대화'라는 말의 의미 그 자체를 매번 해당 대화 안에서 협동적으로 정의하는 작업도 포함한 하나의 과정이다. 형식적인 표현이지만, 나에게 정치란, 대화의 성립 조건 자체를 해당 대화 안에서 복수의 사람들이 말을 개입시키며 탐구해 가는 과정이다.

그러나 '정치'가 이러한 사정 – 이른바 커뮤니케이션 및 그것을 맡은 규칙rule의 제정 – 에만 그칠 리는 없다. 대화에서 법의 협동적 구성이란 어디까지나 정치라고 불리는 현상事象에서 보이는 여러 측면의 하나에 불과하다. 다만 그 한 측면이 나에게 리얼한 것으로서 절박하다는 것이다.

정치로서의 대화는, 어떤 사람과 다른 사람 사이의 차이에 관한 어떤 협동적인 조작을 통해 양자에 공통의 지평이 구성되는 방법을 통해 성립한다. 그러면 양자 사이에 그 견해가 서로 다르거나, 그에 더해 대립이 보이는 경우 어떻게 양자 사이에 법을 구성할 것인가. 오히려 다름, 나아가 대립이 있다는 것이 법의 구성 조건이 된다. 또 역으로 거기에서는 다름과 대립의 발생을 일으키기조차 할 것이다.

우선 지적해 두어야 할 것은 어떤 사정에 관해 내가 대화자와 다른 견해를 갖고 있는 경우, 그리고 그럼에도 불구하고 내가 상대와의 대화를 여전히 계속하고 있는 경우, 이 견해의 다름은 내 안에서 나에 대한 위화감으로 출현한다는 점이다. 이 다름 내지 위화감을 대화 상대가 나와 공유하고 있는지 아닌지 또는 단순히 감각하고 있는지 아닌지 나는 알지 못한다. 그러나 어쨌든 적어도 나는 이와 같은 위화감을 상대의 말을 듣고 있는 나에게서 느낀다. 그런 한에서 나와 대화자 사이의 차이는 내 안에서 감지되는 것으로서 존재한다. 여기서 나는 나에게 부정적인 것, '나-아님'이라고 형용되는 것을 내 안에 품고 있다. 그리고 내가 내 안의 '나-아님'을 더욱 부정하려고 할 때, 이 부정은 당초의 나도 부정하는 행위가 된다. '나-아님' 없이는, 나는 성립하지 않기 때문이다. '나-아님'이라는 말은 나를 전제로 성립한다. 그런 의미에서 '나-아님'도 또한 나 없이 생기지 않았다. 따라서 나와 '나-아님'과는 서로를 전제로 하는 불가분의 관계에 있다. 반대로, 나에 의한 '나-아님'의 부정은 애당초의 나의 부정이 되어서 나와 '나-아님'은 모두 부정된다. 여기서 부정되고 있는 것은 나와 '나-아님' 사이의 차이이다. 차이 그 자체가 나와 '나-아님'을 연결한다. 나와 '나-아님'은 이 차이의 출현을 목적으로, 또는 나와 '나-아님'의 차이의 해소를 목적으로 대화를 실행한다. 여기서 대화에서의 협동이 발견된다. 당사자 간에 어떤 합의와 협정이 — 적어도 자각적·의식적으로 — 맺어지지 않는다고 하더라도.

부정이라는 협동에 의해 나와 대화자 사이의 차이는 단순한 차이가 아니게 된다. 차이 그 자체가 나와 대화자 사이에 대화를 성립시키는 조건의 탐구를 가능하도록 하는 '공통'의 지평이 되었기 때문이다. 차이는 대화를 담당하는 법이 된다. 또는 적어도 해당 대화를 통해 그 대화의 성립 조건을 탐구하기 위한 지평을 준비한다. — 이것이 나에겐 리얼한 정치이고, 대화에서 법의 협동적 구성이다.

들뢰즈의 헤겔 : 모순 또는 부정

질 들뢰즈는 『차이와 반복』(1968년)에서 이와 같은 사고를 헤겔의 차이 논리(학)에서 보고 있다.(DR 64/상 131)[2] 헤겔은 차이를 대립, 넓게는 모순으로 파악하기 때문에 그것을 부정적인 것으로서밖에 사고하지 못하고, 결국 차이를 해소한다. 이것이 차이의 긍정적 파악을 주장하는 들뢰즈의 견해이다. 그리고 헤겔의 이와 같은 차이 = 모순이라는 이해에 대해, 들뢰즈는 라이프니츠의 그것을 대치시킨다.[3] 헤겔이 차이를 대립, 나아가

---

2. Gilles Deleuze, *Différence et répétition*, Presses universitaires de France, 1968, p. 64. ジル・ドゥルーズ, 『差異と反復』, 財津理訳, 河出文庫, 2007年, 上卷, p. 131. [질 들뢰즈, 『차이와 반복』, 김상환 옮김, 민음사, 2004.] 이하 이 책으로부터 인용은 약어 DR로 표기하고 인용 페이지를 원서·일어판 순으로 표기한다.
3. 들뢰즈에 의한 차이의 파악을 헤겔과 라이프니츠의 대비로부터 도출시킨

모순으로 파악하고 있다고 그[들뢰즈]가 쓰고 있는 부분을 인용하면서 [이를] 검증해 두고자 한다.

우선 헤겔에게도 '차이가 유일한 문제'라고 되어 있으므로 헤겔의 '모순'이 도마 위에 올라가게 된다는 점을 확인해 둔다.

> 헤겔에게 '모순'은 거의 사소한 문제로 생각된다. 모순에는 완전히 별개의 기능이 있다. 즉 모순은 자신을 해소하면서, 차이를 근거 삼는 것과 관계 맺으면서 차이를 해소한다. 차이가 유일한 문제이다.(DR 64/상 131)[4]

헤겔에게 차이라는 '유일한 문제'는 '모순'이 '차이'를 '해소'하면서 '근거'와 '관계 맺는' 방식으로 풀릴 것이라고 말하고 있다. 그렇다면 어떻게 헤겔은 '모순'을 출현시키는가. 그 수순을 들뢰즈가 쓰고 있는 대목에서 검토해 보자. 우선 모순은 대립의 쌍

François zourabichvili, *Deleuze: une philosophie de l'événement*, Presses universitaires de France, 1994 (フランソワ・ズーラビクヴィリ, 『ドゥルーズ・ひとつの出来事の哲学』, 小沢秋広訳, 河出書房新社, 1997年)에 본고는 많은 것을 빚지고 있다. 이하 이 책에서의 인용은 약어 DPE로 표기하고 인용 페이지를 원서·일본어판 순으로 표기.

4. * 한국어판 번역: "헤겔에 따르면 '모순'은 거의 문제를 일으키지 않는 듯하다. 그것은 전혀 다른 기능을 지닌다. 즉 모순은 스스로 해소된다. 그리고 스스로 해소되는 모순은 차이를 근거와 관계 짓는 가운데 해소해 버린다. 차이가 유일한 문제인 것이다."(『차이와 반복』, 120쪽.)

이 서로를 전제로 하는 상태 – 다음 인용에서는 '무한'이라고 불리는 – 를 보여주지만, 그 전 단계에는 단순한 '전제'가 있다.

> 확실히 반대성은 무한에 있어서만 내적 성질의 운동을 표상-재현전화再現前化한다. 그렇지만 내적 성질의 운동은 무無차이한 것을 존속시킨다. 왜냐하면 어느 규정도 거기에 다른 것이 포함되는 한에서, 외적인 것과의 관계에서 다른 것에 의존하지 않기 때문이다. 더구나 어떤 반대의 것도 자기의 다른 것을 배제하고, 그래서 자기 자신을 배제하며, 이리하여 자기가 배제하는 다른 것으로 될 필요가 있다. 모순이란 이러한 것이다. 무한한 것의 진정한 맥동을 구성하는 외적 성질 또는 실재적 대상화의 운동이다.(DR 64/상 132)[5]

어떠한 규정 또는 정립position도 그 규정에 의해서는 규정되지 않는 것 – '다른 것' – 을 지닌다. 역으로 말하면 어떠한 규정

---

[5]. * 한국어판 번역: "물론 상반성이 오로지 무한 안에서만 내면성의 운동을 재현한다는 것은 사실이다. 하지만 내면성의 운동에도 불구하고 어떤 무차별이나 무관심의 상태가 여전히 존속한다. 왜냐하면 각각의 규정은 타자를 포함하되, 타자와는 독립적이기 때문이다. 규정은 외면에 대한 관계에 의존하지 않는 것처럼 마찬가지로 타자에 의존하지 않는다. 또한 각각의 상반자는 자신의 타자를 배제하고, 따라서 자기 자신을 배제하며, 자신이 배제하는 그 타자가 되어야 한다. 이런 것이 모순이다. 모순은 외면성의 운동이거나 실재적 객체화의 운동이며, 무한의 참된 충동을 형성한다."(『차이와 반복』, 120~121쪽.)

도 규정될 수 없는 것을 부정적인 방식으로 포함하고 있다. 따라서 규정은 '다른 것' 또는 '반대의 것'에 의존하고 있지 않다. 그래서 더 부정적인 방식으로 차이를 포함하고 있는 것 - '다른 것' - 을 부정하는 것에 의해 '반대' 쌍이 서로 의존하는 양태, 즉 '모순'을 도출해 낼 필요가 있다. 서로 대립하는 것이 서로를 전제하면서 '모순'이라는 양태가 '무한한 것의 진정한 맥동을 이루고 있'기 때문이다.

글의 서두에서 서술했던 '정치'가, 들뢰즈에게 있어서는 헤겔의 사고를 덧씌운 것이라고 이해될 것임을 알고 있다. 서로의 대립이 서로를 전제로 하는 '모순'의 '무한' 양태에서 '다른 것' 내지 '차이'는 자신으로 회귀하고 - 앞의 인용에서 '무차이'라고 불렸던 것과는 구별다고 하더라도 - , 결국 '해소'된다. 이것이 차이의 '근거'를 향한 관계 맺음이다. 이 관계 맺음의 전제로는 헤겔에 의한 '부정성'에 대한 이해가 있다고 들뢰즈는 말한다.

이제 부정적인 것은 정립적인 것이 부정될 때의 그 정립적인 것의 생성임과 동시에, 정립적인 것이 자기를 부정하고 결국 자기를 〔정립적이지 않은 것이기 때문에〕 배제할 때의 그 정립적인 것의 회귀도 있다. 확실히 정립적인 것 및 부정적인 것으로서 규정된 모든 반대의 것도 이미 모순이었다. '그러나 정립적인 것은 즉자적으로만 그러한 모순이고, 이에 대해 부정〔부정적인 것)은 정립된 모순이다.' 확실히 이와 같이 정립된 모순에서 차이는 자기 본래의 개념을 발견하고, 부정성으로서 규정되어 순수·내재적·본질적·질적·종합적·생산적으로 되면서 무차이를 존속시킬 수 없게 된다. 모순을 짊어지고 지양하는 것은 (현실적으로 실재적인 것과 일시적 또는 우연적인 현상과의 사이에) 차이를 '만드는' 선별選別의 시련이다. 확실히 차이는 말단에까지, 즉 차이의 소멸이면서 차이의 회귀 또는 재생산에도 존재하는 근거로까지 내몰린다.(DR 64~65/상 132~133)[6]

우선, 앞의 인용에서 '규정'이라고 불리고 있는 것을 '정립적인 것'le positif이라고 바꿔 말할 수 있다. 그 위에서 이 '정립적인 것'이 헤겔에게는 '부정'négation이라는 행위를 통해서만 자신에게로 '회귀'해 온다고 이해된다. 이 회귀에서 처음으로 모순은

---

6. * 한국어판 번역: "이제 부정적인 것은 긍정적인 것의 생성이면서(긍정적인 것이 부정될 때) 동시에 긍정적인 것의 회귀이다(긍정적인 것이 자신을 스스로 부정하거나 배제할 때). 물론 실증적인 것과 부정적인 것으로 규정된 각각의 상반자는 이미 모순성을 띠고 있었을 것이다. "그러나 실증적인 것은 오로지 즉자적인 모순인 반면, 부정은 정립된 모순이다." 차이가 자신의 고유한 개념을 발견하는 것은 바로 이 정립된 모순 안에서이다. 이 모순 안에서 차이는 부정성으로 규정된다. 차이는 여기에 이르러 내생적, 본질적, 질적, 종합적, 생산적인 순수한 차이가 된다. 이 지점에서 무차별성이나 무관심은 더 이상 존속할 수 없게 된다. 모순을 견뎌내고 지양한다는 것은 차이(사실적 실재와 일시적이거나 우연한 현상 간의 차이)를 '만드는' 선별적 시험이다. 이런 식으로 차이는 마지막까지, 다시 말해서 근거로까지 이끌려간다."(『차이와 반복』, 121쪽.)

'즉자적'인 것에서 벗어나, '정립된 모순'이 될 것이다. 이처럼 '부정성'에서 포착된 경우, 차이는 단순히 '소멸'하는 것만이 아니라, 더 나아가 '재생산'의 '근거'까지 된다.

들뢰즈는 앞에서 말한 '정치'를 헤겔적 사고의 범주에서 이해하고 있다는 것을 알 수 있다. 부정적인 것을 더욱 부정하는 이중의 행동에서 차이는 나와 '나-아님' 쌍방을 생산하는 '근거' 또는 원리로까지 되고 있다. 나는 나와 '나-아님'으로 분할된다. 그러니까 쌍방은 서로를 전제한다고 할 수 있다. 또는 서로를 전제하는 양태에서야말로 이 원리가 발견된다고도 할 수 있다. 분화되어 있다는 것은, 파편은 종합을 전제로 한다는 것이다. 그러한 의미에서 차이는 들뢰즈가 말하듯이 헤겔에게서 소멸과 재생산을 반복하는 운동으로 고양된다.

이 고양된 차이-근거가 앞에서 말한 '대화의 법'이다. 적대 관계에 있는 자가 흔히 서로의 거울 이미지鏡像인 것과 마찬가지로 모순이란 동일하기에 싸우는, 서로를 전제하기에 대립하는 원칙이다. 앞에서 말한 '대화'도 또한 이 틀을 원칙으로 한다. 대화의 '법'은 대화 과정 안에서 도출된다. 법은 그 대화를 다루면서, 또한 이 과정을 통해 자신을 조형하면서 과정의 '말단'에 이미 단서로서 존재했다고 할 수 있다. 차이는 이중 부정에 의해 시작점始點, arkhē을 향한 원리-법칙arkhē으로서 회귀하고, 이 과정을 동일한 하나의 전체로서 재생산하기 때문이다.

강조해 두고 싶은 것은 부정의 상^相에 나타나는 '다른 것' 또는 차이가 '비^非~', '~는 아닌 것', '~와는 다른 것'이라는 부정적 양태로서라면, 대화를 성립시키고 계속하게 만드는 원칙으로서, 또 대화를 통한 무엇인가의 이념의 실현을 향해 대화를 일으키는 것만으로 이념이 실현된다는 것이 아니라, 적어도 그 한 부분─^端으로서, 우리의 대화를 촉구한다는 점이다.

들뢰즈의 라이프니츠 : 부차적 모순 또는 무한소

『차이와 반복』 서문에서 들뢰즈는 자신을 포함한 '현대사상'la pensée moderne의 특성을 네 가지(하이데거의 존재론적 차이의 철학, 구조주의, 현대 소설에 현저한 차이와 반복, 무의식·언어·예술에서 보이는 반복의 힘)로 들고 있다. 그리고 이들의 특성은 모두 '어떤 전반화된 반^反헤겔주의'를 공통으로 가진다고 말한다. 여기서 '헤겔'의 이름을 씌우고 있는 것은 동일성을 주축으로 놓은 표상–재현représentation의 기제이다.(DR 1/상 12) 앞에서 말한 대화와 그 법의 협동적 탐구, 그리고 구성이라는 사태를 들뢰즈가 반^反 '현대사상'으로 간주할 것은 분명하다. 대화를 지탱하는 '모순'이 '현대사상'을 자칭하는 『차이와 반복』 전체를 통해 비판된다. 다만, 이미 보았듯이 헤겔도 차이를 '유일한 문제'로서 고찰하고 있었다고 들뢰즈 자신이 말하고 있다. 그런데 차이를 파악하는 방법에서, 헤겔은 '현대사상'을 적대하게 된다.

이 점을 확인하면서, 그렇다면 헤겔이 제기했던 '모순'으로서의 차이의 파악을 대신하여 들뢰즈는 어떠한 방식으로 차이를 파악하려는 것인지 질문할 수 있다. 거기서의 논점 중 하나는, 대립하는 것이 서로를 전제하는, 빼도 박도 못하는 모순이 '무한'과 관계 맺고 있다는 것이다. 들뢰즈는 헤겔의 모순을, 그것이 대립으로 파악되고 있다는 점에서 '무한대'와 관련시키고, 칸트의 이른바 '최고존재자'Ens summum(『순수이성비판』)와 동일시한다.

> 이 〔'소멸'하고 '재생산'하는 '근거'로서 '회귀'하는 차이로서의〕 헤겔적 무한 〔모순〕은 대립 또는 유한한 규정에 대해 언급되고는 있지만, 나아가서는 신학적인 무한대, 〈그것보다 큰 것〔을 생각할 수 없는〕 존재자〉 Ens quo nihil majus이기도 하다. 또한 하나의 사물을 그 사물에는 없는 모든 것으로부터 구별하는 한에서의 실재적 모순의 본성을 최초로 정식화한 것은 칸트다. 그가 실재적 모순을 '완전한 규정'이라는 이름 아래 최고 존재자Ens summum로서 실재성 전체의 정립에 의존하게 하는 것도 아울러 생각해 보아야 한다.(DR 65/상 133)[7]

헤겔이 제기한 '모순'이라는 개념은 칸트의 '최고 존재자' 개념과 마찬가지로 무한대를 경유하여 '~는 아닌 것'으로 차이를 포착한다. 이와 같이 차이를 부정적으로 파악한다면 차이 그 자체 안에서의 여러 차이, 말하자면 차이의 복수성과 종별성을 긍정적 혹은 정립적으로 포착하는 것은 불가능하다. 오히려 그러한 차이의 차이를 소거하는 것이 된다. 이것이 '현대사상'에서의 헤겔 비판이다.

그렇다면 전반적인 '반헤겔주의'로서의 '현대사상'은 차이를 어떻게 파악하는가? 이 점이 다음으로 질문될 것이다. 이 논점은 『차이와 반복』에서 여러 갈래에 걸쳐 있기 때문에 모두를 검토하는 것은 불가능하다. 그래서 예고한 대로, 들뢰즈가 헤겔적 '무한대' 또는 '모순'contra-diction에 대치시킨 라이프니츠적인 '무한소' 또는 '부차적 모순'vice-diction에 한정해서 이 점을 살펴보기로 한다.

우선 헤겔의 무한대 또는 모순으로서의 차이의 파악을

---

7. * 한국어판 번역: "이런 헤겔적 의미의 무한은 대립이나 유한한 규정을 통해 언명된다. 그럼에도 불구하고 그것은 여전히 신학이 말하는 무한하게 큰 것, 자신보다 더 큰 것이 없는 실재(Ens quo nihil majus)… 라 할 때의 무한하게 큰 것이다. 여기서 염두에 두어야 하는 것은 칸트다. 칸트는 한 사물을 그것이 아닌 모든 것과 구별하는 실재적 모순의 본성을 처음으로 정식화했다. 이 정식화에서 실재적 모순은 '완결된 규정'이라는 이름을 얻고, 최고 실재(Ens summum)에 해당하는 어떤 총체적 실재성의 정립에 의존한다."(『차이와 반복』, 121~122쪽.)

'유'⁽類⁾ 및 '종'⁽種⁾이라는 범주를 도입하여 다시 다루고자 한다. 이에 들뢰즈가 인용한 구절과 그것에 대한 주석에서부터 접근해 보고 싶다. 이하의 인용에 나오는 '유' 또는 '본질적인 것'을 앞에서 말한 '동일한 하나의 전체'로, '종' 또는 '본질적이지 않은 것'을 '동일한 하나의 전체'를 가르는 균열(차이)로 각각 파악할 수 있다. 그리고 '본질' 또는 '유'는 자기 자신이라는 '전체'임과 동시에 '본질적이지 않은 것' 또는 '종'이라는 '부분'이기도 하다. 이 전체이기도 하고 부분이기도 한 이면성⁽二面性⁾에 의해 차이는 무한대-모순으로서 파악된다.

> 그러나 헤겔은 유라는 본질적인 것으로부터 출발한다. 그리고 무한 [모순]은 유에 분열⁽分裂⁾을 가져오고 종에서 이 분열의 제거를 가져온다. 그래서 유는 그 자체이자 종이며 전체는 그 자신이자 동시에 부분이다. 그래서 유라는 본질적인 것은 다른 것[본질적이지 않은 것]을 본질에 있어서 포함한다.(DR 65/상 134)[8]

---

8. * 한국어판 번역: "그러나 헤겔의 출발점은 유(類)라는 본질적인 것이다. 그리고 무한은 유 안에 분열을 낳고 종(種) 안에서 분열을 제거하는 것에 해당한다. 따라서 유는 자기 자신이면서 종이고, 전체는 자기 자신이면서 부분이다. 그러므로 본질적인 것은 본질 안에 타자를 포함하고 있다."(『차이와 반복』, 122~123쪽.)

여기서 언급되고 있는 것을 대화 및 그 법의 협동적 구성에 끌어 붙인다면, 나와 '나-아님'으로서의 상대와의 대화는 그 내용에서 양자의 주장이 어느 정도 적대하고 있다고 해도, 그 대화에서 사용되고 있는 형식으로서의 언어 그 자체는 양자에게 공용共用되고 있다. 가령 거기에 통역자가 개입하기도 하고, 대화 당사자가 어느 정도 지치고 소모되어 자신의 동일성에 상처를 입는다고 해도 말이다. 부정성에 의해 양자를 잇는 '법'이 대화를 지탱한다. 모순은, '동일한 하나의 전체'가 상정되지 않는다면 이미 모순이 아니다. 대화가 서로의 거울 이미지로 서로의 적대관계를 끝까지 과격화하는 것으로 귀결되었다고 하더라도 말이다.

이와 같은 사고는 '현대사상'에 반反한다고 들뢰즈는 말한다. 이 사고에 들뢰즈가 대치시키는 라이프니츠에 대한 고찰을 인용해 보자.

> 반대로 라이프니츠는 여러 현상들에 관해서는 비본질적인 것에서 – 운동에서, 동등하지 않은 것에서, 다른 것에서 출발한다. 이제 비본질적인 것이야말로 무한소의 덕택으로 종인 동시에 유로서 정립된다. 그런 한에서 비본질적인 것은 '대립하는 준準-종'으로 귀착한다. 이는 비본질적인 것은 다른 것〔본질적인 것〕을 본질로서가 아니라 다만 〔사물의〕 고유성으로서,

사례로서만 포함하는 것을 의미한다.(DR 65~66/상 134~135)[9]

　동일한 하나의 전체를 전제로 하지 않는 입장, '유' 또는 '본질적인 것'을 기점으로 하지 않는 입장이 '무한소'와 연관하여 서술된다. 어떤 '운동'을, 전체를 통해 평균적 또는 등질적으로 취급하지 않고 그 순간마다의 양태에 주목하여 포착하려고 한다. 이것이 '무한소'(미분법)의 입장이다. 어떤 순간의 운동의 거동은 다른 순간의 그것과는 등질적이지 않고 '다른 것'이다. 그래서 어떤 순간의 운동의 거동을 포착하려면 그 순간을 향해 연속적으로 한없이 접근해 가는 조작이, 그 순간과의 간격을 무한하게 축소하는 작업이 요청된다. 헤겔의 경우와는 달리, 라이프니츠에게 '비본질적인 것'으로서 어떤 순간의 운동 ─ 인용에서는 '현상'과 '사례'라고 불린 ─ 은 '유' 또는 '본질'로서의, 혹은 동일한 하나의 전체로서의 '무한대'로 통합되지 않는다. 라이프니츠의 '비본질적인 것'은, 전체로서 부분 또는 본질인 동시에 비본질이라는 모순의 역할을 떠맡지 않는다는 것이

---

9. * 한국어판 번역:"반면 라이프니츠는 현상들에 관한 한, 비본질적인 것 ─ 운동, 동등하지 않은 것, 차이나는 것 ─ 에서 출발한다. 이제 비본질적인 것이 무한하게 작은 것에 힘입어 종으로, 유로 정립되고, 이런 자격에서 "대립해 있는 유사 종"이 되기에 이른다. 이는 본질적인 것이 타자를 본질 안에 포함하고 있다는 것을 의미하는 것이 아니라 단지 부수적 속성 안에, 개별적인 경우 안에 포함하고 있을 뿐임을 의미한다.(『차이와 반복』, 122~123쪽.)

다. 그 결과, '비본질적인 것'은 얼핏 보면 '종' 또는 '유'를 정립하고 있는 것처럼 생각되어도, 실제로는 유사적인quasi '종' – 인용에서는 '대립하는 준–종'quasi-espéce opposée – 또는 '유'가 된다. 이는 '종'이 아니고 하물며 '유'도 아니지만, 아직 적당한 호칭이 없기 때문에 우선 '준–종'이라고 부른다. 이것이 라이프니츠를 통해 들뢰즈가 추출한 '그 자신에 있어서의 차이'를 파악하는 방법이다.

이상을 근거로 두면, '무한소'의 방법을 통해 포착된 '부차적 모순'도 또한 적당한 호칭이 아직 발견되지 않았기 때문에, 우선은 모순과 유사한 무엇인가가 모순과 같은 것으로 불리는, '무한소'의 방법을 통해 포착한 차이라고 이해된다. 그래서 들뢰즈는 다시 헤겔과의 대비를 통해 라이프니츠의 사상을 그려낸다.

이 무한소의 방법은 (한편의 본질이 다른 편의 본질에 대해 비본질적인 것의 역할을 맡는 한에서) 여러 본질 사이의 구별을 유지하므로 모순과는 완전히 다르다. 그래서 무한소의 방법에는 '부차적 모순'이라는 특수한 이름을 부여할 필요가 있다. 〔헤겔〕의 무한대에서 등질적인 것은 등질적이지 않은 것을 본질로서 소유하는 한에서 그 등질적이지 않은 것에 모순하고, 또한 등질적이지 않은 것을 부정하는 것에 의해 자기를 부정하는 한 자기 자신에 모순된다. 그렇지만 [라이프니츠의] 무한소에서 등질적이지 않은 것은 그 등질적이지 않은 것을 본질에서 배재하는 것[등질적인 것]을 사례事例에서 포함하는 한 등질적인 것에 부차적으로 모순하고, 자기 자신에게 부차적으로 모순한다. [라이프니츠에게] 비본질적인 것은 본질적인 것을 사례에 있어서 내포하고 [헤겔에게] 본질적인 것은 비본질적인 것을 본질에 있어서 내포한다.(DR 66/상 135)[10]

헤겔의 무한대 또는 모순에서는 본질적인 것/비본질적인 것이라는 구별이 여전히 유지되고 있다. 그 위에서 양자는 서로에 대립하면서 서로 전제하는 한에서 '일치' — 정확히는 결합 — 된다. 이에 대해 라이프니츠의 '무한소의 방법'에서는 이와 같은 구별이 없다. 그 때문에 인용부에서 '본질들'이라고 불리는 것은 실질적으로 '비본질'이라고 불려도 상관없는 것을 편

---

10. * 한국어판 번역 : "이런 무한소의 절차는 모순과는 완전히 다르다. 또한 그것은 '부차모순'(副次矛盾)이라는 특수한 이름으로 불러야 마땅하다. 무한하게 큰 것 안에서는 동등한 것은 동등하지 않은 것과 모순을 이루지만 동등하지 않은 것을 본질적으로 소유하고 있다. 또 동등한 것은 자기 자신과 모순을 이루지만 동등하지 않은 것을 부정하면서 자기 자신을 부정한다. 그러나 무한하게 작은 것 안에서는 동등하지 않은 것은 동등한 것과 부차모순을 이루고 자기 자신과 부차모순을 이룬다. 하지만 그것은 자신을 본질적으로 배제하는 것을 자신의 경우 안에 포함한다. 본질적인 것은 비본질적인 것을 본질 안에 담고 있는 반면, 비본질적인 것은 본질적인 것을 자신의 경우 안에 포괄하고 있다."(『차이와 반복』, 123~124쪽.)

의상 '본질'이라고 부르고 있을 뿐이다. 그 위에서 여러 본질은 다른 본질에 대해 '비본질적인 것의 역할을 맡'게 된다. 여기서 '비본질'이라고 불리는 것들도 실질적으로 '본질'이라고 불려도 지장은 없다. 그 결과, '비본질'은 계속 '본질들 사이의 구별을 유지'하게 되고, 끝까지 나아가도 모순은 생기지 않는다. 차이는 헤겔처럼 종(부분)이 유(전체)에 속하면서도 유와 같은 넓이를 가진다는 역설적 사태로서 파악되고 있지 않다. 어떤 운동의 어떤 순간에 무한히 접근해 가는 조작은, '등질적이지 않은 것' 또는 '다른 것'인 이 순간('그 자신에 있어서의 차이')을 해당 운동 전체의 일부분으로 파악하지 않는다. 거기에는 다만 (본질이라고 불러도 비본질이라고 불러도 상관없는) 여러 차이만이, 모순의 경우처럼 '결합'되는 것 없이 오히려 '식별 불가능'하게 되는 것으로서 발견된다.[11] 운동을 '전체'로서 거시적으로 보면, 운동은 연속해 있다. 각 순간을 미시적으로 보면 다른 순간과 단절되어 있다. 헤겔의 무한대에서는 유라는 본질적인 것 또는 '등질적인 것'에 종이라는 비본질적인 것 또는 '등질적이지 않은 것'이 포함되기에 모순이 생긴다. 라이프니츠의 무한소에서는 '등질적이지 않은 것' 또는 '준-종' 안에 '준-종'을

---

11. '결합'(combiner)(헤겔-모순)과 '식별불가능화'(rendre indiscenable)(라이프니츠-부차적 모순)의 대비는 DPE 60/128에서 가져옴.

제외한 '등질적인 것' 또는 본질적인 것이 하나의 순간 내지 '사례'를 통해 포함되어 있기 때문에 '부차적 모순'이 생긴다. 전자는 전체 안에 생기는 모순을 통해 전체를 갱신한다. 후자는 각각의 부분이 각각 다른 복수의 전체에 속해 있다. 그래서 하나의 전체를 가정하는 것 자체는 이미 의미가 없다. 이처럼 취해진 어떤 부분도 각각의 전체에 속해 있는 듯한 부분들로부터 이루어진 '전체'를, '다양체'multiplicité라고 부른다.

이렇게 라이프니츠에게는 '반헤겔주의'를 겨냥한 '현대사상'의 일익一翼이라는 위상이 주어진다.

세계 : 단일성과 다양성

이상으로 『차이와 반복』에서의 헤겔과 라이프니츠의 대질을 확인했다. 이 위에서 나는 다음과 같은 질문을 하고 싶다. '동일한 하나의 전체'로서의 모순으로부터 이루어진 세계를 전제로 하지 않는다면, 어떻게 이 세계를 변혁할 수 있을까? 반대로 모순을 전제하지 않고 이 세계를 변혁하는 경우, 그 '세계'란 어떤 세계인가?

만약 세계가 단일하지 않다면, 그때 혁명적 기도 – 오늘날에 있어서 혁명이란 무엇인가라는 질문은 제쳐놓고 – 는 의미를 잃을 것이다. 변혁 대상으로서의 '세계'가 어떤 세계를 가리키는 건지 식별 불가능하게 되기 때문이다. 만약 세계가 단일하지 않다면, 이 세계의 임의의 시공간에서 사람들이 모이는 일, 무엇인가를 협동하며 행하는 일에는 과연 어떠한 의미가 있는 것일까?

들뢰즈가 전반적인 '헤겔주의'라고 정리한 반(反) '현대사상'으로서의 대화는, 사람들 각각이 살아왔던, 그리고 살아갈 복수의 시간의 교차를 가리키고 있다. 그런 의미에서 '대화'에도 확실히 들뢰즈가 라이프니츠에서 포착한 '동일한 하나의 전체'에 결코 수렴되지 않는, '그 자신에 있어서의 차이'로서의 순간이 발견되는 일이 전혀 없지는 않을 것이다. 그러나 그렇게 인정한다고 해도, 그 부분들이 각각 완전히 다른 복수의 전체 — 라이프니츠라면 '복수의 가능 세계'라고 부를 것이다 — 또는 복수의 시공간에 속하게 되는 부분들로부터 이루어진 다양체로서의 '세계' 그 자체를, 동일한 하나의 전체 또는 세계로서 확실하게 포착할 수 있기 때문에야말로 임의의 순간을 통한 사람들과의 다양한 생(활)의 확장과 그 교차가 진정으로 생생한 의의를 가지는 것은 아닐까.[12]

---

12. 『차이와 반복』에서는 라이프니츠의 복수 세계가 공존하는 양태(동일성으로는 환원되지 않게 된 '공(共)가능성'(compossible))와 공존하지 않는 양태(모순으로는 환원되지 않게 된 '비(非)공가능성'(incompossible)) 어느 쪽도 표상-재현 전화의 기제로 회수되게 되고, 결국 라이프니츠도 헤겔 편에 위치 지어진다(DR 339/하 249~250). 훗날 들뢰즈는 『주름 — 라이프니츠와 바로크』

'세계'라는 말의 의미는 『차이와 반복』이 공표되었던 1968년, 또는 그 전후에 이른바 선진국들에서 변화되어 버린 건 아닌지, 이 점을 고찰해 보고자 한다.

세계 안에서 일어난 사건을 헤겔이 말한 의미에서의 '모순'으로 포착하고, 이 모순에의 대응을 통해 세계를 변혁한다. 그러한 세계와의 관계는 1968년을 경계로 변화되었던 것인가. 그 세계와는 다른 별개의 세계로 들어서게 되었던 것인가.

그렇다면 그 귀결의 하나로서 생각되는 것은 세계의 소실이다. 세계에서 일어난 사건이 이제는 세계에 관여하는 사태로 되지 않고, 반대로 이 세계의 의사疑似 부분들의 하나로서 이 세계와는 다른 별개의 세계에 들어서는 것으로 되었다면, 세계라는 말을 사용하는 것 자체의 의미가 사라진다. 『들뢰즈와 창조철학 — 이 세계를 빠져나와』에서 피터 홀워드는 들뢰즈의 철학을 '이 세계'로부터의 운둔 또는 도망이라고 파악한다. 도망이란, 이 세계에서 현동화한 피조물creature로부터 그 피조물을 존립시키고 있는 잠재성(영성 또는 생기)을 추출하기 위해 빼내는 것subtract이고, 이 빼내는 행위가 창조creation다. 다음은 이 책의 서문에서 인용한 것이다.

(1986년)에서 다시 라이프니츠를 거론하여, 현대를 '비공가능성' 그 자체의 세계로서 논하고 있다. 그러나 '무한소의 방법'이 '그 자신에 있어서의 차이'를 파악하기 위한 유효한 방법으로 인정되고 있는 점은 『주름』에서도 변함이 없다.

들뢰즈 독해에서는, 그를 영적spiritual, 속죄贖罪적, 또는 〔현동화한 피조물로부터 잠재성을〕 빼내는〔여기에서 이 세계로부터 탈출을 기도하는〕 사색가로 파악하는 것이 최적이다. 들뢰즈 철학은 도주선lines of flight에 이끌리고 있고, 도주선은 다른 세계other-worldly가 아닌 탈세계extra-worldly라는 의미에서 이 세계의 바깥으로 통하고 있다.[13]

이와 같이 홀워드는 일종의 그노시스 신비주의의 현재형으로서 들뢰즈 철학을 읽어 나간다. '일종의'라고 쓴 것은 '이 세계의 바깥'이 '다른 세계'가 아니기 때문이다. '현재형'이라고 쓴 것은 신비적 영성으로서의 잠재성이 '생명이 불붙은 불꽃'the spark of life [14]의 생기론으로 전개되고 있다고 홀워드가 포착하고 있기 때문이다. 무한에서 분기하는 가능 세계라는 수식 아래 이 세계는 세계라는 의미를 상실한다.

이 세계 '바깥'이 공간적 연장(들뢰즈에 따르면 물리적 제

---

13. Peter Hallward, *Out of this world: Deleuze and the philosophy of creation*, Verso, 2006. p. 3 (ピーター・ホルワード, 『ドゥルーズと創造の哲学 — この世界を抜け出て』, 松本潤一郎訳, 2010年, 青土社, p. 16).
14. 같은 책, p. 24 (같은 책, p. 62). '생명의 불꽃'은 영국 소설가 찰스 디킨스의 작품 『우리 공통의 친구』(Charles John Huffam Dickens, *Our Mutual Friend*, 1864~1865)에 나오는 말이다. 들뢰즈는 생전 마지막으로 공표한 「내재성 — 하나의 삶…」(1995년)에서 이 작품에 대해 언급하고 있다. [질 들뢰즈, 「20. 내재성 — 생명…」, 『들뢰즈가 만든 철학사』, 박정태 옮김, 이학사, 2007.]

약을 받아 특정한 시공간에 위치하는 연장延長은 현동적인 것으로 된다)을 가지지 않는 잠재적인 것이라고 한다면, 홀워드처럼 그것을 영성이라고 불러야 할지 말지는 차치하고라도, 내-외라는 구분 그 자체도 의미를 상실한다. 바꾸어 말하면 무한(소)無限(小)의 차이로부터 이루어지는 이 세계가 '부차적'인 세계인 이상, 남는 것은 이들 차이 안의 어떤 것이라도 좋은, 임의의 차이에 의해 촉발되는 자의 정동-기분이다. 이 세계의 변혁이 아니라 기분의 고양을 향한 조율이 문제다. 이때 쾌할함을 가져오는 어떤 것의 차이의 징후 또는 기호sign 쪽이 전경화하고, 기호는 나의 기분을 촉발한다. 나는 고양되는 기분을 부여받은 일시적인(덧없는) 이름이고, 사고란 기분의 상하 움직임이다. 기호가 바깥에서 안의 사고를 촉발하지만, 이 경우 사고란 기분의 상하 움직임이기 때문에 기분을 뒤흔드는 기호와 기호에 뒤흔들림을 당하는 기분은 바깥-안의 구분을 따르지 않는다. 오히려 구분을 배척하여, 사고와 기호는 동일한 성분으로 만들어지고, 사고는 자신의 관심을 끌어당기는 기호에만 촉발되면서 결국 스스로를 촉발한다. 여기에 사고를 촉발하는 기호만으로 이루어진 '세계'가 성립한다. 이 기호는 무엇인가를 지시하는 기호가 아니다. 강조해 말하면, 자신을 지시하고 자신으로 회귀하는 기호이다. '불 없는 곳에 연기는 일어나지 않는다'라는 말이 있다면 여기서는 연기(기호)만으로 이루어진

시스템이 작동하고 있다.

프랑소와 주라비크빌리는 『들뢰즈 — 하나의 사건의 철학』에서 들뢰즈에게 세계는 기호만으로도 존재 가능하다고 쓴다. 기호는 재인식과 표상-재현을 빠져나가 사고를 촉발한다. 사고가 자신의 이해intérêt에 관련되고 관심intérêt을 야기하는 대상에 포착되었을 때, 바꾸어 말하면 사고가 기호와 만났을 때 — 이 만남이 사건이다 — , 세계는 사고를 촉발하는 기호의 집합으로 변한다.

재인식은 되지 않지만 마주치게는 된다는 이 대상의 지위란 어떠한 것인가. 표상작용에서 탈출하는 것이고, 이것이 〔들뢰즈가 말하는 의미에서〕 기호-사인le signe이다. 외계가 〔사고의〕 이해에 관한 관심을 야기하는 것으로 화하는 것은, 외계가 기호를 보내면서 안도를 가져오는 통일성, 동질성, 진리의 외관을 잃어버릴 때다. 그리고 어떤 의미에서 세계는 끊임없이 기호를 보내고 있어서, 기호에 대해 민감하다는 조건하에서는 기호만으로 이루어져 있다. 왜 만남은 여러 기호들 사이에서밖에 일어나지 않는 것일까. 그 자체로 만남의 대상을 구성하기 위해 기호가 존재하려면 무엇이 필요할까. 만남의 대상은 단순히 사고와는 다른 것(예를 들면 이미지와 사실)이 아니며 사고인 한에서의 사고 바깥이다. 결국 대상이란, 사고가 사고하지 않

고, 사고하는 방법術을 가지지 않으며, 아직 사고하고 있지 않은 것이다.(DPE 37/100~101)

사고(기분)는 시공간적 제약을 가진 것으로서의 구체적 소재를 측정標定('재인식')하는 것이 아니다. 사고가 그 소재를 지시하는, 혹은 자기의 소재를 지시하는 것은 자기 바깥에 있는 무엇인가가 사고를 촉발하는 기호 또는 외계의 대상으로서 감지될 때이다. 그것은 언뜻 보면 자기의 바깥에서 도래('사고가 사고하지 않고, 사고하는 방법을 가지지 않으며, 아직 사고하고 있지 않은 것')하지만, 실제로는 자기의 이해-관심에 관련되는 한에서만 감지된다는 의미에서 자기 촉발이고, 안의 바깥('사고인 한에서의 사고의 바깥')이다. '바깥-안의 구분을 배척한다'는 것은 지나친 말일지도 모른다. 그러나 적어도 바깥-안이라는 구분이 서로 반전하는 것으로 기능하고 있는 것은 확실하다. '외계'가 '기호에 대해 민감하다는 조건하에서' 무한하게 발견된다고도 말할 수 있고, 바깥-안의 구분이 배경으로 물러나 세계가 세계임의 의미를 상실한다고도 말할 수 있다.

사고는 자신을 촉발하는 기호(연기)에 이끌려 기호가 지시하는 것(불꽃)을 향해 간다. 불꽃과 촉발된 사고 사이에 존립성이 성립하면, 이 세계에 있는 모순을 이 세계에서 여러 제약을 받으면서 현실적·구체적으로 해소할 실마리를 부여받을 것이다. 그러한 한에서 '부차적 모순'에 의한 차이의 파악은 내가 생각하는 정치에 있어서도 시사적이다. 중요한 것은, 세계에서 일어나는 사건이 초래하는, 이 세계에서 넓이를 가지지 않는 순간적 촉발로서의 차이를 다른 세계로 도주하기 위한 구실로 삼는 것이 아니라, 하나의 동일한 세계로 다시 가지고 돌아오는 논리의 구성이다.

기호만으로 가능한 세계가 위험한 것은, 매혹을 발산하는 기호만 있고 그 기호가 지시하는 무엇인가는 없어도 상관없다는 식으로 사태가 사고를 조작하는 방향으로 반전했을 때이다. 오늘날 사태는 그와 같이 진행되고 있지 않은가. 차이 또는 다多, multiple의 긍정 자체가 세계를 소거하기 위해 작동하는 장치에 편입되고 있지 않은가.

예를 들면 방대한 양의 상품으로서 나타난 차이와 병행하여, 자신의 이해-관심을 끄는 것 이외의 차이에 대해서는 무관심-무차이indifférence한 정도도 또한 증대한다. 이 차이는 언제 어디서 어떻게 어떤 경로를 거쳐 상품으로 되었던 것인가. 그 과정에서 무엇이 누구에게 어떻게 일어났는가. 이 물음들에 포함된 차이가 발생하고, 가공되고, 운반되는 시공간의 넓이는, 차이를 향수하는 지금 여기의 안으로부터 지금 여기가 한없이 축소되어 넓이 없는 순간을 향해 가까이 감에 따라 실질적으로 소거된다. 과거에 대한 무시와 역사에 대한 기피, '전체'에 대한 거절이 자유와 자의恣意의 혼동, 타자에의 무관심과 자기 긍정의 폐쇄閉塞와 병행하고, 한편으로는 타자에의 배려와 공생의 윤리를 향한 호소가 크게 들려오며 높아진다. 순간적인 촉발로서의 차이를 향해 시공의 넓이를 한없이 축소하며 접근해 가는 수법은, 언제부턴가 반전되어 차이를 파악하려고 하는 사람 자신의 시공을 한없이 무로 축소하는 기술로 변했다. '윤리', '타자', '차이', '역사', '과거', '기억'이라는 말은, 이 세계에서 연장을 가지지 않고 공중에 붕 떠 있는 순간 속으로 봉쇄되어 버렸다. 거기서는 담론이 한없이 과격해진다. 오히려 과격화라는 공전空轉을 강화하고 이 에어 포켓air pocket에서만 과격함이 인가認可된다. 이는 '기호만으로 가능한 세계'의 전형이다. 이 체제는 말에의 불신을 쌓이게 하여 사람들 사이에 점점 더 증오를 응집시킨다.

그러나 이 체제의 성립 그 자체도 또한 역사적 조건들에 의해 규정되어 있지 않을까. 1968년, 모순의 사고에 시효 상실을 들이댄 무한소의 사고로서의 정치의 역사적 양태는 오늘날엔 포화 상태에 이른 것은 아닐까.[15] 오늘날 우리는 정치에서 차

---

15. '시효'(prescription), '정치의 역사적 양태'(mode historique de la politique), '포화'(saturation)는 모두 Sylvain Lazarus, *Anthropologie du nom*, Seuil, 1996 [실뱅 라자뤼스, 『이름의 인류학』, 이종영 옮김, 새물결, 2002]이 제기했던 개념이다. 이 책은 '정치'를 이른바 '사회'적 사상(事象)과 특수 개별적 경험 대상(정부, 의회제, 국가 등)으로부터 엄격히 구별하고 [정치가] 특이한 의미를

이를 둘러싼 사고의 역사적 양태를 검증할 시기로 들어서 있다.16

〈다〉多와 〈1〉의 반전

'세계'라는 말의 의미가 1968년 전후에 변화했거나 또는 소멸했다면, 정치로서의 대화를 활성화하기 위해 우리는 어떻게 하면 좋을까. 그것은 세계에서 발견된 넓이 없는 차이를 다시 이 세계로 가지고 돌아올 논리를 재구성하는 것이다. 이를 위해서는 자신이 놓여 있는 장에서 그 조건들에 대해 자신의 사고로, 맑스의 이른바 '상향법'에 따라 주의를 기울이는 작업이 필요하다.17

집어넣은 '사고'(思考)에 고유한 영역이라는 것을, 저자가 실제로 들어갔던 중국과 프랑스 공장에서의 조사와 추상화된 방법론에 따라 주장한다. 이렇게 위에서 말한 개념을 사용한 '주체성에서의 정치'가 구성된다. 정치는 비객체·비대상적이고, 특유의 효력 범위와 한정된 기간을 가진다. 저자에 따르면 정치는 '드문(rare) 것이기 때문이다.

16. 이 점에 관해서는, 바디우와 들뢰즈를 '다양성'(multiple)의 파악 방법에서 보이는 차이로 대비하면서 포스트 복지국가적 현재에서 철학적 '차이'의 정치적 의미 변용을 고찰한 篠原雅武, 「不同意と脱紐帯化としての政治的なもの — 包攝と合意の政治を批判するために」(『情況』, 2009年 3月号)가 시사적이다.

17. 맑스의 '상향'(Aufstrieg)(1857년 집필 유고 「[경제학 비판] 서설」 중 '3. 경제학의 방법'에 나온다.)과 역사의 연관에 관해 나는 번역이라는 관점에서 조금 고찰한 바 있다. 松本潤一郎, 「上向と翻訳 — 言葉の身体化」(『立教大学 ランゲージ センター紀要』 第33号, 2015年)를 참조. [*'경제학의 방법'에 나오는 '상향'에 대

이 점을 생각할 때, '유럽 현대사상'에서 아마 가장 헤겔에 집착한 사람 중의 한 명이면서, 들뢰즈가 말하는 의미에서의 '현대사상'에 가장 강한 이의를 제기한 사람인 알랭 바디우가 시사적이다. 그는 어떠한 논점을 제기하고 있는가.

바디우가 활동했던 맑스-레닌주의파 프랑스 공산주의자 동맹은 『연안수첩』이라는 소책자를 간행한 바 있었다. 그 잡지 제4호(1977년)는 '철학 전선의 현재 상태'라는 특집을 꾸렸다. 같은 호에 게재된 두 편의 문서인 「흐름과 당(『안티 오이디푸스』의 여백에)」, 「감자의 파시즘」에서 바디우는 질 들뢰즈와 펠릭스 과타리를 비판하고 있다.[18]

「흐름과 당」에서 바디우는, 들뢰즈가 거꾸로 뒤집힌 칸트라고 말한다. 『안티 오이디푸스』가 욕망의 해방을 주장한 점

한 맑스의 말을 한국어판에서 인용하면 이러하다. "추상적인 것으로부터 구체적인 것으로 상승하는 방법은 사유가 구체적인 것을 점취하고, 이를 정신적으로 구체적인 것으로 재생산하는 방식일 뿐이다. 그러나 결코 구체적인 것의 생성 과정 자체는 아니다."(칼 맑스, 『정치경제학 비판 요강 I』, 김호균 옮김, 백의, 2000, 71쪽.) 맑스는, 헤겔이 추상적인 것의 구체적인 것으로의 상승을 구체적인 것의 생성 과정 자체로 보았다고 비판하면서 위의 구절을 쓰고 있다.]

18. Alain Badiou, «Le flux et le parti(dans les marges de *l'Anti-Œdipe,*)»(이하 FP), «Le fascisme de la pomme de terre»(이하 FPT), *La situation actuelle sur le front de la philosophie : Cahiers Yenan 4*, Maspéro, 1977. 후자 「감자의 파시즘」은 들뢰즈 과타리의 「리좀 ― 서설」(1976년) ― 『천 개의 고원』(1980년)에 실림 ― 에 대한 서평이다. 모두 http://archivescommunistes.chez-alice.fr/ucfml/ucfml9.pdf 에서 읽을 수 있다. 이 글에서는 이 PDF판을 참조했다. 인용 페이지 수는 이 인터넷판의 것임.

에 비추어, 이는 절제가와 방탕자, 도덕(칸트)과 욕망(사드?)이 표리 관계에 있으며, 서로 반전한다는 의미일 것이다. 욕망을 해방하면 금욕(정확히는 자신 이외에 대한 무차이-무관심)으로 귀결한다는 역설이 『안티 오이디푸스』에서 발견된다는 것이다. 조금만 인용해 본다.

> 들뢰즈에게 〈선〉善의 규칙은 특수를 보편으로 삼는 흥미로운 치환에 의해 다시 세워진 정언명법이다. 즉 언제나 너의 행위의 격률이 엄밀히 특수하게 되도록 행위하라. 맑스의 헤겔에 대한 관계를, 들뢰즈는 칸트와 결부시키려고 하는 것일 테다. 들뢰즈는 뒤집어진裏返 칸트다. 즉 정언명법, 단지 욕망한다. 무조건적으로, 단지 물질주의자로서. 주체의 자율, 단지 도주하는 흐름으로서. … 비판적 관념론에는 안도 겉도 없다. 이는 바로 칸트에 의한 〔비판철학의〕 정의이다. 그것은 철학의 뫼비우스의 띠인 것이다. 어느 쪽이 대상이고 어느 쪽이 주체인가도 알 수 없다. 요컨대 이것이 〈선〉이고 저것이 〈악〉이라며 별 귀결도 이끌어내지 못하는 반전 가능한 유머만이 문제가 된다. 즉 항상 너의 행위의 격률이 엄밀하게 누구에게도 이해-관심을 품지 않는 것이 되도록 행위하라. (FP 9)

앞에서 말한 논의를 끌어오면, 욕망의 해방에 의한 도덕의 회귀라는 역설은 상품으로서 나타나는 차이와 병행하여 증대하는 타자에 대한 무관심(무차이)으로 귀결한다. 내가 차이에 관해 말했던 것을 바디우는 욕망에 관해 전개하고 있다. 차이의 찬양에 의한 무차이에의 귀결이라는 역설이다. '너의 행위의 격률이 특수하게 되도록 행위하라'와 '항상 너의 행위의 격률이 엄밀하게 누구에게도 이해-관심을 품지 않은 것이 되도록 행위하라'는 서로 '반전 가능'하다. 자기의 욕망이라는 특수의 해방은 타자의 이해에의 무관심을 의미한다. 그러나 자기도 타자도 특수한 이상, 타자의 이해에 저촉하지 않도록 행위하는 것은 자기의 욕망에 대한 양보가 된다. 결국, 무엇도 욕망하지 않는다는 절제 또는 무관심이 최선이 된다. 여러 특수만이 있고 보편은 없는 이상, 특수밖에 없다는 것 자체가 보편으로 반전하고, 결국 특수-보편이라는 구분은 의미를 잃는다. 이 동일한 '하나의 세계-복수의 세계(결국은 '세계' 그 자체를 무의미하게 하는 복수 세계)'라는 짝을 사용하여 내가 논했던 것을, 바디우는 '보편-특수'의 짝을 사용하여 말하고 있다.

여러 가지 '특수'밖에 없다는 의사^{疑似} '보편'의 상태는 다음에 인용할 「감자의 파시즘」에서는 '다'^{多, multiple}라고 불린다. '기호만으로 가능한 세계'에서 발견된 위험을 나는 '불 없는 연기'로서 고찰했다. 바디우는 이 위험을 파시즘이라고 부른다. 여기서의 역설은 '다'의 긍정은 전제^{專制}로 반전한다는 것이다.

〈다〉^多가 도착한 종착지에는 수정주의의 〈전제군주〉가 있다. 들뢰즈의 쓸 데 없는 문예적 혀 놀림의 끝에는 마르세[1972년부터 1994년까지 프랑스 공산당 서기장을 역임한 조르주 마르세를 지칭]의 관료다운 미소가 있다. 또는 파시스트의 전제군주가 있다. 그 얼굴은 관용으로 가득 찬 미사여구로 [우리를] 어리둥절하게 만들지만, 우리들의 역사는 그 미사여구가 숨기는 비밀을 알고 있다. 자기 고유의 정치를 가지지 않는다면 민중은 자기의 적의 정치를 행하게 되기 때문이다. 정치의 역사는 진공을 우려한다. (FPT 20)

내가 기호에 관해 말했던 것이 여기서는 '쓸 데 없는 문예적 혀 놀림', '관용으로 가득찬 미사여구'로서 논해진다. 여기서 바디우는 들뢰즈에 의한 철학의 정의(기호를 계기로 한 개념의 창조)에 반대하고 있다고 말해도 좋다. 사람들이 고유의 정치를 붙잡지 않는 한, 빈 공간^{空位}은 적에 의해 점거된다. 바꾸어 말하면 적과 같은 방식으로 정치를 행한다면 그때 이미 사람들은 '수정주의'자이다. 중요한 것은 개념의 창조만은 아니다. 정치의 창출이다. 이는 정치의 창출은 적 없이 불가능하다는 것이기도 하고, 또 내실을 결여한 채 공허한 그대로 방치하고 있으면 결국 개념은 적에게 점거된다는 것이기도 하다. 〈다〉는 그 안쪽으로부터 분할되지 않으면 결국 〈1〉로 되고, 애당초 자기가 목표로 삼았던 다양성의 적으로 반전한다. 개념의 창조만이 아니라 그것을 적과는 다른 방식으로 이 세계에서 실현 또는 정치화시키지 않는 한, 개념은 수탈된다. 이 수탈을 바디우는 파시즘이라고 부른다. 오늘날 이러한 의미에서의 파시즘이 우위를 점하고 있는 것은 아닐까.

이 세계에 출현한 깊이 없는 차이의 기호를 '부차적 모순'의 방법에 의해 파악하고, 이것에 이름을 부여하여 개념화한다. 이 세례 명명식과도 비교할 수 있는 행위로서만 철학의 지위를 한정한다면, 철학자는 이 세계에서 전개되고 있는 '정치의 역사' — '진공을 두려워하는' — 로부터 신중하게 격리된 에어 포켓 — '안의 바깥' — 에서, 개념의 반역사적 실천 — 잠재성의 반실현이라고 말할 수 있을까 — 을 어디까지나 긍정적으로, 언제까지나 계속 실행할 것이다. 이 세계 안의 세계 바깥에서 실험이 계속되고 있는 사이에, 이 세계에서는 개념이 그 내실의 몸을 얻어 현동화한다. 이스라엘 국방군의 군사학교에서는 군사작전의 이론화에 들뢰즈와 과타리가 『천 개의 고원』에서 제기했던 '평평한 공간'과 '홈파인 공간'이 사용되고 있다고 한다.[19] 개념의 창조만이 그 임무가 되고 있는 이상, 철학자

---

19. Slavoj Žižek, «Introduction : Mao Tse-Tung, The Marxist Lord of Misrule», Mao Tse-Tung, *On practice and contradiction*, Verso, 2007, pp. 26~27 (スラヴォイ・ジジェク,「毛沢東 — 無秩序のマルクス主義的君主」,『ロベスピエ

는 이 수탈에 대해 죄가 없고 책임을 지지 않는다. 이 세계에서는 〈다〉의 적이 철학자를 거들떠보지도 않으면서 〈다〉를 실현한다. 〈다〉는 〈1〉이 된다. 「감자의 파시즘」에서 한 구절 더 인용해 둔다.

> 적대관계를 방기하여 무차별적이면서 긍정적인 다多의 요소 element 안에서 사고하는 자는 누구든지 다양한 〈나-자아〉에의 숭배를 꾸며내고 조만간 진짜 정치에서의 강자들 앞에서, 〔다多로부터〕 분리된 국가적 통일성 앞에서 굴복하는 것을 욕구하게 될 것이다. 들뢰즈와 과타리가 전前파시스트적 이데올로그인 까닭이다. 도덕의 부정, 자연스러운 긍정적인 것에의 숭배, 적대관계의 거부, 다多를 사랑하는 심미주의. 이것들은 모두 자기 바깥에, 전제적인 〈일(자)〉이 존속하는 것을 방치한다. 〈1〉이 이 〔적대관계 외부로 자기를〕 **빼내기** 정치의 조건이고, 〈1〉의 결코 사라지지 않는 매혹 때문이다. 이미 몸을 굽히고 있기에 〈1〉에 따를 준비는 완성되어 있다.(FPT 29)

〈다〉의 〈1〉로의 반전으로부터 탈출하려면, '적대관계'라

ール/毛沢東 — 革命とテロル』, 長原豊, 松本潤一郎訳, 河出文庫, 2008年, pp. 58~60) [슬라보예 지젝, 「무질서의 왕, 마오쩌둥」, 『마오쩌둥 — 실천론·모순론』, 노승영 옮김, 프레시안 북, 2009, 47~49쪽].

는 〈2〉를 도입하여 〈1〉을 자를 필요가 있다. [이는] 두께 없는 차이를 계속 움켜쥐면서, 실험실을 나와 이 세계로 귀속하는 작업의 일환이다. 그렇다면 바디우는 부차적 모순에서 다시 모순으로 귀환하는 궤도를 정말로 그려내고 있는 것일까.

조반유리[20]

1975년 바디우는 『모순의 이론』을 발표한다.[21] 20세기 세계 코뮤니즘 운동사를 중국 문화혁명에 충실한 시점視點에서 총괄한 이 책 안의 원칙적 사태를 고찰한 부분을 인용하면서, 이전 절의 말미에 썼던 물음을 염두에 두고 약간의 검토를 해보고자 한다. 이에 앞서 강조해 두어야 할 것이 두 가지 있다. 첫째 문화혁명기에 빈번하게 제창된 표어 '하나를 나누어 둘로 만든다'는 바디우에게 헤겔 변증법의 핵이다. 둘째, 바디우에게 들뢰즈는 반대로 '다多는 하나로 된다'의 입장에 서 있다. '다는

---

20. * 造反有理. 〈국립국어원 우리말샘〉 웹사이트에 따르면 '조반유리'란 "모든 반항이나 반란에는 나름대로 이유가 있다는 뜻으로, 이유 없는 반항은 없음을 이르는 말이다. 중국의 문화 대혁명 당시 마오쩌둥이 홍위병과 학생들을 부추기기 위하여 내세운 구호"를 의미한다.

21. Alain Badiou, *Théorie de la contradiction*, Maspéro, 1975. 이하 약어 TC로 표기. 여기서는 Alain Badiou, *Les Années rouges*, Les prairies ordinaires, 2012 재수록판을 참조했다.

하나로 된다'를, 문화혁명 당시 혁명파가 혁명에 반대하는 자의 입장을 지목하며 사용한 표어인 '둘은 하나로 된다'의 변종이라고 이해해도 좋다. 이는 앞에서 보았던 역설적 반전에 의한 동일성의 입장을 의미한다. 두 번째에 관해서는 이미 인용한 「흐름과 당」 및 「감자의 파시즘」에서 밝혔다. 첫 번째는 많은 저작에서 반복 서술되고 있지만 여기서는 『모순의 이론』으로부터 인용한다.

> 사물들은 운동으로서 존재한다고 말하는 것만으로는 불충분하다. '사물'이라는 개념 그 자체가 동일성의 논리가 아니라 분열의 논리에 속해 있다는 것을 인정할 필요가 있다. 현실은 하나의 상태 또는 균형의 통일성^{unicité} 안에서 해소되는 것에 그치지 않으며, 통일성 그 자체가 분열로서 사고될 수밖에 없다. 운동은 여러 단일성-단위^{unités}의 계기가 아니라 여러 분할의 얽힘이다. 레닌을 부연敷衍하여, 우리들은 분할들이 착종하는 운동만이, 과정으로서의 현실의 재인식을 '하나를 나누어 둘로 만든다'는 원칙의 승인으로까지 확장시키는 변증법적 운동이라고 말하도록 하자. '하나를 나누어 둘로 만든다'는 '하나'로부터 '둘'이 발생한다는 원칙은 아니다. '하나를 나누어 둘로 만든다'는 것은, '하나'는 찢어질 때에만 〔자신에게〕 동일적이라는 것을 의미한다. 현실$^{la\ réalité}$은 과정일 뿐만 아니라,

과정이란 분할이다. 실재적인 것le réel은 모으는 것이 아니라 분리한다. 도래하는 것은 갈라놓는다.(TC 49~50)

[바디우는] 현실을 운동 안에서 포착하려고 한다. 그 점에서, 바디우와 들뢰즈는 다르지 않다. '다'가 그대로 '하나'로 회수되는 것에 대해, '하나'는 '분할로서밖에는 사고될 수 없다'는 점은 어떠한가. 여기서 양자는 대립하는 것으로 보인다. 그러나 '하나'를 적대시하고 있다는 점에서 두 사람은 다르지 않다. '하나'에 대해 들뢰즈는 '다'를 내밀고 바디우는 '둘'을 중시한다. 서로 다른 것은 이것뿐이다. '하나'가 억압이라는 점에서 두 사람은 일치한다. 두 사람은, 후자[바디우]가 전자[들뢰즈]에게 적대적인 싸움을 거는 관계에 있다. 후자는 전자의 분신이 되고자 개입한다. 후자는 전자와 공통의 지평을 구성하려고 한다. 표면상의 대립에도 불구하고, 또는 대립하기 때문에 후자는 전자의 거울상이다. '하나'를 벗어나기 위해서야말로 후자는 전자에게 논쟁을 걸고, 전자의 한층 더한 세련·보강을 꾀한다. 들뢰즈와의 논쟁적 대화를 통해 바디우는 '하나'를 '둘'로 분할하고자 한다. 비유를 사용하면, 함께 '동일한 하나의 세계'라는 직소 퍼즐jigsaw puzzle의 조각piece이 될 것을 들뢰즈에게 호소한다. 이 퍼즐은 '여러 분할의 얽힘'이다. 그 때문에 퍼즐도, 퍼즐을 구성하는 조각의 '단일성-단위'도 퍼즐을 조립하는 몸짓으로 변화

될 수 있다. '조각'을 '말', '퍼즐'을 '법'으로 바꾸어 말하면 바디우가 내가 말한 정치적 대화를 들뢰즈에 대해 성실하게 수행하고 있다는 것을 알 수 있다. 다만 바디우에게 퍼즐은 어디까지나 동일한 하나의 퍼즐이지만 들뢰즈는 그것에 별개의 퍼즐 조각을 섞어놓는다. 또는 이 조각을 별개의 퍼즐 조각으로 포착한다.

들뢰즈에 한정하지 않고, 싸움을 거는 것이 바디우적 사고의 방식이다.[22] 대다수는 헛된 일로 끝났을지도 모르지만, 어쨌든 논쟁을 통해 그는 자신의 사고를 단련시켜 왔다. 그 수행적인 몸짓에서 스스로 '변증법적 운동'을 실천해 왔다. 자신을 위해서가 아니라 자신이라는 '하나'를 분할하기 위해서. 논쟁을 거는 건 괴로운 일이다. 몸도 마음도 상처 입고, 사람들에게 소외되는 역할이다. 그럼에도 불구하고 싸움을 거는 것은 왜인가. 세계는 하나라고 믿고 있기 때문이다. 자신이 상처 입는 것보다 세계를 변혁하는 쪽이 더 중요하다고 생각하고 있기 때문이다. 바꾸어 말하면 이 세계 그리고 사람들을 더욱 신뢰하고 있기 때문이다.

발목 잡기_ヒールを引き受ける_를 싫어하지 않는 자세, 자신이 아니

---

22. 그 경위에 관해서는 Bruno Bosteels, *Alain Badiou, une trajectoire polémique*, La Fabrique, 2009를 참조.

라 '이 동일한 하나의 세계'를 위해 자신의 정신과 몸을 던져 왔던 그 스타일에 대해 경의를 표하면서, 나는 때로 오만으로도 억압으로도 비치는 바디우의 텍스트를 계속 읽어 왔다. 아마 거기에 쓰여 있는 '이론' 자체가 부차적 모순에서 다시 모순으로 돌아가는 궤도를 곧바로 보여주고 있기 때문은 아닐 것이다. 내게 있어서 리얼한 정치, 사고의 정치적인 리얼^{real}을 감지하게 되었기 때문일 것이다.

'하나를 나누어 둘로 만든다' — 바꾸어 말하면 바디우는 들뢰즈를 반복함으로써 그와의 차이를 제기^{提起}하려고 시도한다. '하나를 나누어 둘로 만든다'는, 반복에 의한 차이의 출현이다. 이 시도는 『모순의 이론』에서 '오래된 것'과 '새로운 것'의 분할이라고 불린다.

> 그렇지만 새로운 것은 항상 이와 같이 도래한다. 즉 '대중'과 '운동'이 새로운 것의 발생을 퇴적된 덩어리^{團塊}로서 보존하고 있는 것은 결코 아니다. 그렇지 않고 '대중'과 '운동'을 통해 오래된 것으로부터 자신을 나누는 것이 새로운 것이다. 예를 들면 노동자 반란 안에서 출현한 생디칼리즘으로부터의 해방, 또는 포르투칼 대중운동〔1974년 카네이션 혁명〕 안에서 출현한, 부르주아의 강대한 힘(파시즘과 사회 시스템)에 의한 비호^{庇護}에 대립하는 움직임 등이 그것이다.(TC 57)

반대로 말하면 '오래된 것' 없이 '새로운 것'은 출현하지 않는다. 1978년, 바디우는 친구들과 『헤겔 변증법의 유리적^{有理的} 핵심』을 간행했다.[23] 이 책은 중국 철학자 장세영^{張世英}의 『헤겔의 철학』^{黑格尔的哲学}(상해인민출판사, 1972년)에서 「헤겔 철학의 유리적 핵심」이라는 제목의 장을 발췌하여 프랑스어로 번역하고 주석을 달아 간행한 것이다. '합리적' '이성적'이라고 번역된 «rationnel»을, 여기서는 모택동의 표어 '조반유리'를 근거로 '유리적'이라고 번역한다. «le noyau rationnel»라는 말은 원래 맑스가 『자본론』 제1권 제2판 후기(1873년)에서 사용한 «rationnellen Kern»의 프랑스어 번역어이다. 해당 구절을 인용해 둔다. 여기서는 '합리적인 핵심'이라고 번역하고 있다.

> 변증법이 헤겔의 손 안에서 얻은 신비화는, 그가 최초로 변증법의 일반적인 운동 형태를 포괄적이고 의식적인 방식으로 서술하는 것을 결코 방해하지 않았다. 헤겔에게 변증법은 머리로 서 있다. 신비적인 외피 안의 합리적인 핵심을 발견하기 위해서는 그것을 거꾸로 세워야 한다.[24]

---

23. Alain Badiou, Joël Bellassen et Louis Mossot, *Le noyau rationnel de la dialectique hégélienne* (1972), Maspéro, 1978. 이하 약어 NRDH로 표기. *Les Années rouges* 재수록판을 참조함.
24. マルクス, 『資本論 1』(第1卷 第1分冊), 岡崎次郎訳, 国民文庫, 1972年, p. 41. [*한국어판 번역: "변증법은 헤겔에게서 비록 신비화되긴 했지만 그렇다고 해

여기서 맑스는 헤겔을 옹호하면서 자신의 사고(새로운 것)는 헤겔(오래된 것) 없이는 나올 수 없었다고 쓰고 있다. 그는 헤겔을 반복하는 — '신비적 외피'mistischen Hülle를 '거꾸로 세우는'umstülpen — 것에 의해 차이를 출현시킨 것이다. '신비'와 '합리'는 대립하지 않고 표리表裏의 관계에 있다. 후자는 전자의 발목을 잡지 않는 한 작동하지 않는다. '맑스-(합)리'는 '헤겔-신비'의 이면이다. '거꾸로 세운다'는, 동일한 것('외피')을 뒤집는다는 것을 의미한다. '합리적인 핵심'은 '외피'를 뒤집은 내용은 아니다. 그것은 '외피'의 이면裏面이다. 그리고 모택동의 '조반유리'는 이 맑스의 (차이를 수반하는) 반복이라고 바디우는 생각한다. 『모순의 이론』을 인용한다.

〔'반동에 대한 조반造反에는 이유理가 있다'는〕 말은 통합적 이성에 관하여… 말하고 있다. 그리고 이 통합적 이성은 당연히 모순이다. 이치만으로는 즉자적으로 이유가 있을 수는 없다는 모순이다. 우리들은 반동에 대해 조반하는 〔경우에만〕 이유가 있다. 우리들은 반동에 대해 조반하는 한에서 항상 이유가 있

서 그런 신비화 때문에 헤겔이 변증법의 일반적 운동형태를 포괄적이고 의식적인 방식으로 서술하는 데 실패한 것은 전혀 아니었다. 변증법은 단지 그에게 거꾸로 서 있었을 뿐이었다. 우리가 그의 변증법에서 신비화된 외피 속에 감추어진 합리적인 핵심을 찾아내려면 그것을 도로 뒤집어야 한다."(카를 마르크스, 『자본 I-1』, 강신준 옮김, 길, 2008, 61쪽.)

고, '반동에 대한 대항'은 진리의 내적 조건의 하나이다.… 진리는 분열과정 안에서만 존재한다.(TC 20~21)

'반동'(적) 없이 '진리'도 '유리'^{有理}도 출현하지 않는다. 이 주장은 『헤겔 변증법의 유리적 핵심』에서도 (차이를 수반하면서) 반복되고 있다. 해당 텍스트에서는 에피그램^{epigram}으로서 모택동의 「성^省·시^市·자치구 당위원회 서기회의에서의 강화」(1957년 1월 27일) 및 엥겔스의 『독일 농민전쟁』(초판 1850년)의 1870년판 서문이 인용되어 있기 때문이다. 전자에서는 변증법과 유물론을 인식하기 위해서는 관념론과 형이상학 연구가 필요하다는 논지를 설파하는 일절이 인용된다. 여기서 모택동은, 변증법과 유물론이라는 '새로운 것'을 이해하기 위해 관념론과 형이상학이라는 '오래된 것'을 연구하는 노력을 게을리했다(구체적으로는 독일 관념론의 고전을 구시대의 산물로서 기각했다)는 이유로 스탈린을 비판한다. 후자[엥겔스의 글]에서는, 특히 헤겔 철학이 먼저 있지 않았더라면 독일에서 과학적 사회주의는 존재하지 않았을 것이라는 취지의 문장이 인용된다. 어느 쪽의 인용도 '오래된 것'이 없다면 '새로운 것'을 확인하는 것도 이해하는 것도 불가능하다고 주장하고 있음을 알 수 있다. 고전의 다시 읽기(반복)에서 새로운 것(차이)이 나온다.

이와 같은 논의를 근거로, 맑스가 헤겔이라는 '신비적 외피'

를 뒤집어 '합리적인 핵심'을 붙잡으려고 했고, 모택동이 '반동에 대항해 조반한다'는 것으로 '유리'를 말하려고 했듯이, 바디우는 들뢰즈를 반복하는 것으로 '둘'의 사고를 추출하려고 했다고 말해도 좋다. '흐름과 당'에는 '뫼비우스의 띠'라는 말이 등장한다. 이 말은 들뢰즈 철학을 가리켜 비판적으로 사용된다. 『헤겔 변증법의 유리적 핵심』에서도 '뫼비우스의 띠'가 등장한다. 여기서도 [뫼비우스의 띠는] 안-바깥의 반전을 표현하는 형상으로서 나타나지만(반복), 미묘한 반전(차이)이 있다. 같은 텍스트의 「내부와 외부에 관하여 — 헤겔의 위상학topology」이라는 제목이 붙은 일절을 인용한다.

존재를 모순, 즉 긍정적 분열에 의한 자기 전개로서 파악하는 것은, 외부가 내부의 존재 그 자체라고 주장하는 것이다.… 위상학에서는 전 지점에서 내부와 외부를 식별하지만 〈전체〉(가 부여되었다고 상정하든)로서는 식별할 수 없다. 내부와 외부의 분리에는 하나의 국소적 주체가 있는데, 분리를 담당한 것은 하나의 〈대법칙〉이라는 제약 없는 대역大域(포괄)적인 통일성일 것이다. 통일성의 존재는 주체의 점点적인 효과-분리효과-의 명백함에 의해서만 증명된다. 〈하나〉의 진리는 존재한다. 다만 그것은 완전하게 다 말할 수 있는 진리는 아니다. 전체는 전 지점에서 분리라는, '둘'의 현동태-행위l'acte

로서 존재하기 때문이다. /뫼비우스의 띠처럼 방향이 정해지지 않은 각 표면으로부터 짜인 위상 기하학 … 의 전 영역(포괄)적인 비틀림에서는, 띠는 내부와 외부의 구별을 인정하지 않는다. (그와 동시에) 전 지점에서 하나의 '이면'이, 그러므로 하나의 외부가 있다. 〈전체〉가 내부-외부의 분열을 다시 구상화하려면 띠를 잘라버릴 필요가 있다.(NRDH 228~229)

어느 지점에서도 발견되는 여러 차이로부터 이루어진 '다*多*'를 '하나'로 수렴하는 것으로부터 보호하기 위해서, 띠를 절단하는 '둘'의 구성을 바디우는 제안한다. 이는 어떠한 것일까.

인용된 구절을 재구성해 보자. (A) 하나의 유한한 평면을 상정한다. 평면의 겉과 안은 단절되어 있다. 평면의 양 끝을 서로 붙이면 띠가 된다. 겉도 안도 원환이 되어 무한화되지만 아직 안과 겉은 만나지 않는다. (B) 서로 붙인 띠를 일단 잘라 평면으로 되돌린다. 다시 양끝을, 이번에는 평면의 어딘가를 반 정도 비틀어 돌려서 다시 붙인다. (C) 고쳐 붙인 띠에서, 겉과 안은 무한을 잃어버리고 이어진다. 이로써 안과 겉의 단절이 해소되고, 양자는 만났다고 말할 수 있을 것인가. 연속한다는 것은 안과 겉의 차이의 소멸을 의미한다. 마주침만이 남고 마주침의 담당자인 안과 겉은 사라진다. 이 국면을 주시하면서, 들뢰즈는 '무한소의 방법'을 적용했다.

여기서부터 바디우는 들뢰즈와의 분기^{分岐}를 도모한다. '존재를 모순, 즉 긍정적 분열에 의한 자기 전개로서 파악하는 것은 외부가 내부의 존재 그 자체라고 주장하는 것이다'라는 말은 바디우가 들뢰즈와 동일한 장에 서 있다는 것의 표명이다. 바디우는 들뢰즈를 반복하고 있다. 이 공통의 장에서 그는 적 또는 새로운 것(차이)을 발생시키려고 한다. 바디우는 (D) 고쳐 붙인 띠를 다시 자를 것을 주장하는 것이다. '모순'은 '긍정적 분열'이기에 들뢰즈에게 있어서는 부차적 모순이다. '외부'와 '내부'가 반전하여 만나는('외부가 내부의 존재 그 자체다') 동시에 만남의 담당자는 아직 사라지지 않았으므로('분할이라는 "둘"은 잠재성은 아니고 "현동태-행위"이다.'), 바디우로서는 적대적 모순이다. 외부/내부라는 〈둘〉은 다^{多}로도 하나로도 회수되지 않는다. 또 인용 구절에서의 '전체'는 '부여받았다고 상정'된 전체이고, 하나와 다^{多} 사이에 있다.

오래된 것과 발을 접하고 있지 않으면 새로운 것을 발견할 수 없다. 적이 없다면 조반에 이치^{理}는 생기지 않는다. 1968년을 경계로 효력을 잃어버린 '모순'을, 들뢰즈를 오래된 것으로서 반복하면서 쇄신하려고 한 바디우의 고투의 흔적을 여기서 엿볼 수 있다.

그러나 바디우에 의한 위상학-도입은 적절한 것인가. 확실히 뫼비우스의 띠는 겉과 속 또는 안과 바깥이 만나 평면이 무한화되고, 평면의 어느 지점에서도 차이가 발견되는 양태를 형상화하고 있다. 그런 한에서는 '무한소의 방법'도 내포할 수 있다는 의미에서 특별한 모델일지도 모른다. 그러나 조작 (D)는 (B)의 반복, 혹은 차라리 재인식이고, 실질적으로 (A)의 유한한 평면으로의 회귀이다. 다시 분리되자마자 겉과 속이라는 만남의 담당자가 부활하여 만남 그 자체도 무한으로 사라진다. 그리고 부차적 모순(들뢰즈)과 모순(바디우)의 한시적인 공존을 의도하여 설정된 장소 그 자체가 사라진다. 조반유리의 시도는 출발점으로 되돌아가 버린다. 그렇다면 바디우는 들뢰즈의 반복에 의한 차이의 구성에 성공했다고는 말할 수 없다. 차라리 미분법과 위상학이라는 식으로 사용되는 비유는, 다른 것이긴 하지만 수학적 형상에 근거한다는 점에서 양자는 같은 지평에 머물러 있다.

차이를 모순으로부터 탈환하기 위해 부차적 모순은 기능했다. 그 대가로 세계는 복수화되었다. 복수의 세계에 우리들을 분기分岐시키는 체제로부터 우리들은 어떻게 벗어날 수 있을까. 그리고 어디로 벗어날 것인가. 나로서는 아직 이 물음에 대답할 수 없다. 그러나 '현대사상'에 있어서 사고의 정치적 시효를 헤아리는 지표의 하나가 거기에 있다는 것은 확실하다. 담론의 실험실에 봉쇄되었던 철학이 이 체제에 저항하고, 자신 역시 그 증대에 가담해 왔던 말에 대한 불신을 불식시키려고 노력하는 동시에, 철학을 이 배치로 밀어 넣었던 체제를 어떻게 동요시킬 수 있을까. 철학 또는 '현대사상'에서 〈정치〉의 존립 – 정치철학이 아니라 – 은 거기에 달려 있다. 오늘날 '현대사상'은 여전히 현대 또는 '현재'에 맞닿아 있는가. 우리들은 〈우리들〉을 우리들에게 보낼 수 있는 것일까.

2부 '도래할 민중'의 이야기

이야기와 주름
들뢰즈의 서술적 지성

분열과 종합
과타리, 벤야민, 라이프니츠

무한소의 정치
맑스의 '역사' 개념 재고

'절대빈곤' 쪽으로
영도의 프롤레타리아트

이야기와 주름

들뢰즈의 서술적 지성

«Mane, Thecel, Phrase»

『구약성서』 다니엘서 제5장[1], 바빌로니아의 왕 발타자르가 큰 연회를 개최하는 도중에 사람의 손가락이 나타나서 왕국의 흰 벽에 문자를 쓰기 시작한다.

«Mane, Thecel, Phrase»라고 쓰여 있었는데, 궁중의 누구도 판독할 수 없었던 이 문자를 왕은 위대한 유대인 학자 다니엘을 불러 해독시킨다.

다니엘에 의하면 «Mane»는 '수를 세는 (것)', «Thecel»은

---

1. 후술하듯이, 괴도신사 아르센 루팡의 창시자인 르블랑이 다니엘서로부터 착상을 얻고 있다는 점은 흥미롭다. 영국 추리작가 도로시 L. 세이야지는 다니엘서 외전에 수록된 「수잔나」, 「벨과 용」을 베르길리우스의 「아이네이스」와 헤로도토스의 『역사』와 함께 세계 최고의 3대 추리소설로서 들고 있기 때문이다.

'양을 측정하는 (것)' «Phrase»는 '나누는 (것)'을 의미한다. 즉 신은 왕의 치세를 계산하여 그것을 끝내시려는 것이고(여기서 수를 센다는 행위는 자신을 셈할 수 없다는 것 = 계산勘定(고려)에 넣지 않는다는 것을 의미한다), 왕을 저울질하여 그 부족함을 측량하시려는 것이며, 왕국을 분할하여 메디아와 페르시아로 넘기시려는 것이라고 다니엘은 예언한다. 그리고 곧이어 바빌로니아는 붕괴한다. 프랑스어 «barthazar»가 '대향연', '대소동'을 의미하는 것은 이 신화에서 유래한다. 즉 몰락 직전의 광란이자 백화만발이다.

괴도신사 루팡을 만든 모리스 르블랑이 1925년에 발표한 『발타자르의 이상한 모험』은 이 성서의 삽화를 바탕으로 한 사기꾼 이야기다.[2]

사기꾼의 이름은 바이양 뒤브르. 그의 아내 젤트뤼드가 손 Saône 강변에 연 탁아소에는 각각 사정이 있는 네 명의 젖먹이 (고드프로와, 귀스타브, 무스타파, 루돌프)가 살고 있다. 뒤브르는 네 아이의 아버지에게 아이의 이름을 알려주고, 비밀을 지켜주겠다고 약속하면서 그 대신 자신이 한평생 걱정 없이 살

---

2. Maurice Leblanc, *La vie extravagante de Balthazar*, Le livre de poche, 1979. 이 작품의 일본어판은 두 종이 존재한다. 『バルタザールの風変わりな毎日』, 三輪秀彦訳, 創元社, 創元推理文庫, 1987年. 『バルタザールのとっぴな生活』, 竹西英夫訳, 偕成社, 1987年. 또한 保篠龍緒에 의한 번안 『刺青人生』(「宝石」, 1950年 2月号)도 있다.

수 있는 액수의 돈을 지불하라고 협박한다. 이 요구를 관철한 뒤브르는 자신의 자식 중 한 명인 발타자르와 함께 네 명의 아이들을 기르면서 유복하게 살아간다.

어느 날 강이 범람하여 탁아소를 삼키면서 아내 젤트뤼드와 네 명의 아이들이 익사한다. 바이양은 자신의 아이가 죽은 것을 모르는 네 명의 아버지들 각자에게 아이의 죽음을 감추기 위해, 지금부터 아이의 이름을 발타자르라고 부르고 그 증거로서 《M.T.P》라는 세 문자를 몸에 써 둔다는 편지를 보낸다.(실은 《M.T.P》는 바이양이 부재 중일 때 집에 숨어 있던 술주정뱅이가 반은 장난삼아 발타자르에게 새긴 문신이었다.)

바이양은 네 명의 아버지로부터 계속 돈을 받고 있었는데, 어느 날 혼잡한 일이 생겨 자식[발타자르]을 잃어버리고 만다. 수년 후에 자식을 찾아낸 바이양은 이웃인 양 행세하면서 그를 감시하다가 틈을 노려 그의 손가락 지문을 취한다. 그리고 지문 사본을 네 명의 아버지에게 보내면서 그중 누가 그를 자식이라고 인지할지 가늠해 본다.

이리하여 4(+1)명의 아버지를 둘러싼 발타자르의 모험의 준비가 갖추어졌다. 자신은 고아라고 생각하는 발타자르가 결혼하려고 결심하여 약혼자 욜란드의 아버지를 만나러 가지만, 출생 내력素性을 알 수 없는 남자에게 딸을 줄 수 없다는 말을 들은 것을 계기로 모험이 시작된다.

그의 왼쪽 엄지손가락의 지문, 가슴에 새겨진 «M.T.P»라는 문신, 그리고 '당신이 찾고 있는 자에게는 머리가 없다'는 여자 점쟁이의 예언. 이 세 개의 단서를 바탕으로 발타자르는 하녀로 일하는 고아 소녀 콜로칸트와 함께 아버지 찾기를 개시한다.

우선은 테오도르 백작이다. 쿠시 밴덤가의 혈통을 이어받은 테오도르 백작은 젊었을 때 어네스틴 앙리라는 여성과 아이 하나를 낳고, 고드프로와라고 이름을 붙였다. 병으로 고생하게 된 백작은 젊은 날의 과오를 후회하고, 고드프로와에게 유산을 남겨주려고 생각한다. 실은 고드프로와는 발타자르라는 이름으로 살고 있고 그 가슴에는 «M.T.P»라는 문신이 새겨져 있으며 또 왼쪽 엄지손가락의 지문도 자신이 가지고 있다고 여기면서 말이다.

그러나 백작은 7개월 전, 자신의 영지에서 도끼에 목이 잘려 죽어버렸다. 범인은 또 한 사람의 아버지, 해적단 '마스트로피에'의 수령 그르느와로, 얼마 전에 그 역시 목이 베어져 죽었다. 그르누와는 안젤리크라는 여성과 낳은 자식 귀스타브의 가슴에 새겨진 세 문자를 흉내 내어 자신의 해적단을 '마스트로피에'라고 명명하고, «M.T.P»를 자기들끼리의 암호로 정했다고 한다.

세 번째 아버지는 프랑스 령의 어떤 부족의 수장 레버드 파샤로, 왕비 카타리나와 낳은 자식의 이름은 무스타파이다. 카타리나와 파샤는 원래 일국의 왕과 왕비였지만 지금은 원수

관계이다. 그리고 카타리나가 거느리는 적군과의 전투에서 파샤와 발타자르는 체포되어 부자는 어머니 = 처에게 처형되기 직전에 놓인다. 그래서 파샤 역시 참수되고, 죽음을 각오했던 발타자르는 형 집행 직전에 정신을 잃는다.

거기서 네 번째 아버지, 시인 보메닐이 나타나서 발타자르를 구출한다. 보메닐은 예전에 독일 왕족의 가정교사를 했었는데, 여왕과 사랑에 빠져 루돌프라는 자식을 낳고는 사랑의 도피를 도모했다. 루돌프는 왕이 데려간 이후 사라져 버렸다. 얼마 지나지 않아 왕은 임종 침상에서 자식은 아직 살아있으며 가슴에 «M.T.P» 세 글자가 새겨져 있다고 말하며 숨을 거두었다.

마지막으로 바이양 뒤브르가 제5의 아버지이다. 그는 진짜 아버지로서의 자기 이름을 대고, 발타자르에게 이 절의 앞부분에서 말한 여러 사정을 임종의 침상에서 밝히고는 숨을 거둔다.

이처럼 [사정이] 명확해진 후, 발타자르는 올란드양과 결혼하지 않는다. 그는 콜로칸트가 이 모험 한가운데에, 아니 그 이전부터 계속 옆에 있어 왔던 존재였음을 깨닫고는, '나는 내가 좋아하는 이름으로 나의 이름을 붙일 작정이다'라고 선언하고 그녀와 함께 살겠다고 결의한다.

이야기 : 결혼과 출신

결혼(혼인)은 두 출신이 만나는 교차지점이다. 하나의 출신은 이미 다른 결혼의 결과이므로, 이를 역으로 두 결혼의 교차 지점이라고도 말할 수 있다.

결혼과 출신은, 맑스의 '생산'과 '이데올로기'의 관계와도 약간 비슷해서,[3] 서로를 전제하고 어느 쪽이 먼저라고 말할 수 없다. 결혼과 출신은 서로가 서로의 표현이고, 내용이다.

내용은 안으로 접히고(주름 잡히고, im-*pli*-que), 표현은 전개된다(밖으로 펼쳐진다, ex-*pli*-que). 발타자르의 이야기(주름 pli)는, 고아가 아버지를 찾는 것에서 시작하고, 안으로 접힌 비밀(자신의 내력 histoire)을 풀어내면서 어느 정도까지 전개된 지점-시점에서 끝난다. 내용을 전개하는 과정이 표현이고, 내용은 안으로 접힌 표현이다.

이야기에는 적어도 하나의 주름 — 접은 자리 — 이 있다. 이야기는 경험을 전달하는 장치다. 등장인물은 경험(내용)을 통

---

3. カール・マルクス, フリードリヒ・エンゲルス, 『ドイツ・イデオロギー 最近のドイツ哲学 — それの代表者フォイエルバッハ, B ・バウアーおよびシュティルナーにおける — およびドイツ社会主義 — それのさまざまなる予言者たちにおける — の批判』, 真下信一訳, 『マルクス゠エンゲルス全集』, 第3巻, 大月書店, 1963年에 수록. [칼 맑스·프리드리히 엥겔스, 『독일 이데올로기 1-2』, 이병창 옮김, 먼빛으로, 2019.] 그리고 Étienne Balibar, «Division du travail manuel et intellectuel», in *Dictionnaire critique du marxisme*, 2e édition, Presses universitaires de France, 1985 [에티엔 발리바르·서관모 엮음, 「육체노동과 지적 노동의 분할에 대하여」, 『역사유물론의 전화』, 민맥, 1993]를 참조.

과하는 일정한 시간(그것은 '말하기-표현'의 시간과 일치한다)을 거쳐 어떤 변화를 겪으면서 어떤 진실을 손에 넣는다. 이야기란 앎^{知}(진리)과 시간(경험)의 혼인이다.

헤겔이라면 이 결혼을 변증법이라고 부를 것이다. 변증법을 간결하게 표현하면 'A는 실은 (A와 대립하는) B였다'가 된다. A와 B 사이에 일어난 경험(내용)을 말하면서 이야기는 그때 경과하는 시간을 표현한다. 그런 의미에서 이야기는 '인간'을 구성하는 결혼이나 출신과 밀접하다.

'인간'만큼 이야기적인 것은 없다. 이것을 잘 이해하고 있는 르블랑은 이 '인간-이야기'를 동요시켰다. 다만 르블랑은 헤겔의 제자는 아니고, 질 들뢰즈의 『주름 — 라이프니츠와 바로크』에 의하면 '라이프니츠의 현대적 제자'[4](P 80)이다. 반대물의 일치라는 변증법이 아니라, 대립하고 있다고까지는 말할 수 없는, 무수한 이야기의 분기^{分岐}가 문제다.

사기

---

4. Gilles Deleuze, *Le pli : Leibniz et le Baroque*, Éditions de Minuit, 1988 (ジル・ドゥルーズ, 『襞 — ライプニッツとバロック』, 宇野邦一訳, 河出書房新社, 1998年) [질 들뢰즈, 『주름, 라이프니츠와 바로크』, 이찬웅 옮김, 문학과지성사, 2004]. 들뢰즈는 르블랑의 이 작품을 논하고 있다. 인용은 약어 P로 표기하고 원저의 페이지를 표기함.

동일한 왼손 손가락의 지문, 동일한 «M.T.P» 문신이 발타자르를 4(+1)인의 자식으로 분기시켰다. 발타자르가 '고드프로와이기도 하고, 귀스타브이기도 하며, 무스타파이기도 하고, 루돌프이기도 하'기 때문은 아니다. 발타자르와 고드프로와, 귀스타브, 무스타파, 루돌프 사이에는 어떤 관계도 없기 때문이다. 어디까지나 각각의 이름이 서로 관계 없는 채로, 각각의 이야기가 전개된다. 만약 '역사상 모든 이름이 나다.'(니체)라고 해도, 그것은 모든 이름을 편력하는 나에게 모든 이름이 접혀 들어가 있다는 의미는 아닐 것이다.

내가 편력하는 무수한 이름 사이에는 어떤 관계도 없으며, 그것들은 끝까지 발산한다. 그래서 분기점을 그것으로부터 모두가 출발하는 기원 같은 것(유출론)으로 파악할 수 없다. 그 경우, 분기점(결혼)은 뒤집힌 수렴점(출신)이 되어버리기 때문이다('발산은 실은 (당연히 발산과 대립할) 수렴이었다').

확실히 네 개의 이름은 발타자르로 수렴된 것으로 볼 수 있다. 그러나 그것은 수렴은 아니다. 공존할 수 없는 것임에도 불구하고 공존하는 상태, 포개져 있는 양상이다(공존 불가능성). 더욱이 공존 불가능한 것은 발타자르의 아버지들인데, 아버지가 복수로 있을 수 있다고 생각되는 효과^{trick}를 사용하여 이 양상을 성립시킨 것은 한 사람의 사기꾼이다.

가능 세계와 사기꾼(가짜)은 필시 본질적인 관계가 있다.

아버지는 복수이지만 한 사람도 존재하지 않는다. 그들은 모두 «M.T.P»와 지문, 바이양이 네 명의 아버지에게 보낸 편지-문자에 새겨진 흔적에 지나지 않기 때문이다. '아버지'는 문자가 낳은 효과이고, 처음부터 가짜다. 바이양조차도 발타자르의 진짜 아버지인지 아닌지 수상하다. 강으로 떠내려간 네 아이들 안에 바이양의 자식이 섞이지 않았다고는 단정할 수 없기 때문이다.

계통과 유산 상속에는 언제나 허구가 숨어든다. 아이를 낳는 것은 아버지가 아니다. 오히려 아들이 아버지를 만드는 것이어서, 이야기의 말미가 시사示唆해주는 대로 아들은 자기 자신도 낳는 것이다.

반대로 말하면 유산 상속에는 허구로서인 저 가족(친자관계뿐만 아니라 형제·자매 관계, 친척 관계 등도 포함)의 형상이 불가피하게 수반된다고도 할 수 있을 것이다. 자크 데리다는 '시간은 가족 안에만 있다. 시간은 가족에게서만 일어난다-경험한다'라고 쓴 바 있다.[5] 유산 상속인의 정통성은 출신filiation에서, 구체적으로는 '성(씨) 이름'nom de famille에서, 더 일반적으

---

5. Jacques Derrida, *Glas*, Éditions Galilée, 1974, p. 248. 계승과 허구의 문제를 이야기론의 문맥에서 분석한 J. Hillis Miller, *Ariadne's Thread: Story Lines*, Yale University Press, 1995 (J. ヒリス・ミラー, 『アリアドネの糸 物語の線』, 吉田幸子, 太田純, 杉村寛子, 室町小百合, 兼中裕美訳, 英宝社, 2003年)도 참조.

로는 '아버지의 이름'nom de pére에서 보증된다. 그리고 다시 역으로 말하면, 이 성씨 제도 그 자체에 어떤 방식으로든 허구가 섞여 들어가는 것을 피할 수는 없을 것이다.

문자로 돌아온 사람

다니엘서에 쓰여 있듯이 아버지는 셈해지고(4 + 1), 그 지위 – 귀족·도적·왕·시인·사기꾼 – 는 추정되며, 그중의 두 사람은 목이 잘리면서 = 분할되면서 발타자르를 대소동 속으로 끌어들인 후 소멸했다.

문자에서 생겨난 것이 문자로 돌아간다. 그것뿐일지도 모른다. 문자에 의미를 부여하는 것은 그것을 읽는 사람의 욕망이다. 바빌로니아의 왕 발타자르는 문자에 의미를 부여하는 예언자 다니엘의 입을 통해 자신의 붕괴를 향한 욕망을 표현하고, 자신과는 완전히 다른 출신과 결혼함으로써 도래하는 사람에게 자신의 지위를 양도하려고 했을지도 모른다.

이때 문자는 기재記載되어 있던 배치布置, default를 갱신reset한다. 욕망을 환기하는 것은 문자이고, 문자가 부상시킨 법(최종적-궁극의 욕망인 죽음의 규칙)이다.

문자에 빙의된 사람이 허구의 존재를 거기에서 읽을 때, 가능세계의 분기-증식이 시작된다. 가슴에 새긴 세 개의 문자에서 의미를 읽은 사람은 자신의 소멸을, 죽음의(/이라는) 〈법〉의 완료-성숙을 욕망하고 있었던 것일까.

이야기와 실천

서로가 서로를 전제하고, 한 쪽의 표현을 다른 쪽의 내용으로 삼으며 한 쪽의 내용을 다른 쪽의 표현으로 삼는 결혼과 출신은, 이야기에 있어서 둥글게 말린 양말과 장갑처럼 안으로 접히기도 하고 밖으로 펼쳐지기도 한다. 앞에서 나는 '변증법'을 진리와 시간의 혼인을 둘러싼 이야기의 한 형태로 파악했다. 헤겔에게 '이야기'는 '반대물의 일치'라는 모습으로 '역사'에 나타난다. 소급적으로-사후적으로 돌이켜 보면, A는 실제로는 비非A였다는 듯이. 역사에서는 영광의 절정에 도달한 자는 그 순간부터 멸망에의 길을 걷는다. 이 소급적-사후적 조작에는 과거의 역사를 현재의 정통성의 담보로 잘라 축소할 위험이 있다. 주지하듯이 헤겔은 『정신현상학』에서 현실과 (합)리성 (또는 앎知)은 등가이고 치환 가능하다고 생각하고 있었다. 그러나 이 등식(트릭)은 '사후 지혜'여서, 황혼이 되어서야 날아오르는 미네르바의 부엉이다. 현실과 앎, 또는 실천과 이론의 '이야기'에서는 일치라는 사태 그 자체가 '반대물의 일치'와 흡사한 사례라고까지 말할 수 있을지도 모른다.

또한 헤겔이 역사의 끊이지 않은 변화와 운동을 사고하려고 했던 것은 확실하다. 헤겔의 사고를 비판-계승(비非적자嫡子 상속?)했던 맑스는, 엥겔스와 함께 『독일 이데올로기』에서 코뮤니즘을 '현재의 사물 상태를 폐기하는 현실의 운동'이라고 규정했다. 이 규정에서 그 내용과 표현은 서로가 서로를 전제하고, 상호 반전한다. 그런 의미에서 맑스의 이 규정도 이야기의(/라는) 주름의 성질을 갖고 있다. 그러나 에티엔 발리바르가 지적하듯이, 이 규정은 역설적 '지위-신분'statut을 가진다.[6] 그 이유는 앎으로 회수된 운동은 현실이 아니어서, 이미 맑스가 말한 의미에서의 '이데올로기'로 화化하고 있기 때문이다.

『철학의 빈곤』에서 맑스는 개념과 현실, 이론과 실천의 차이에 대해 다음과 같이 쓰고 있다. '이데올로기'에는 이 차이를 은폐함과 동시에 이 차이 없이는 은폐하는 것도 불가능하다는 역설적 '지위-신분'이 있다.

> 경제학자들은 지독하게 별난 방식으로 일을 수행한다. 그들에게는 두 종류의 제도, 인위art적인 제도와 자연의 제도밖에 존재하지 않는다. 봉건제의 제도들은 인위적 제도이고, 부르

---

6. Balibar, *La philosophie de Marx*, Éditions La Découverte, 1993 (エティエンヌ・バリバール, 『マルクスの哲学』, 杉山吉弘訳, 法政大学出版局, 1995年) [에티엔 발리바르, 『맑스의 철학』, 배세진 옮김, 오월의 봄, 2018].

주아의 제도들은 자연적 제도이다. 그 점에서 그들은 신학자들과 닮았다. 신학자들도 또한 두 종류의 종교를 확립하고 있다. 자신들의 것이 아닌 모든 종교는 인간들이 안출案出했던 것이지만, 그에 반해 자신들의 종교는 신으로부터 유출流出한 것이다. 현재의 관계들 - 부르주아적인 생산관계들 - 이 자연적인 것이라고 말함으로써 경제학자들은 그 관계들이야말로 자연과 일치하여 부가 창조되며 생산력이 발전하는 관계라고 이해시키려고 한다. 그러므로 그 관계들 자체가 시간의 현존으로부터 독립한 자연법칙인 것이다. 그것들은 언제나 사회를 지배해야 하는 영원한 법칙이다. 이리하여 이전에는 역사가 존재했지만, 지금은 존재하지 않는다.7

---

7. カール・マルクス, 『哲学の貧困 － プルードンの『貧困の哲学』への返答』, 第2章 「政治経済学の形而上学」, 第1節 「方法(第七の 最後の 考察)」, 石堂清倫訳, 『マルクス＝エンゲルス全集』第4巻, 大月書店, 1960年, pp. 143~144. [*한국어판 번역: "경제학자들은 진기한 진행 방식을 가진다. 그들에게는 두 종류의 제도, 인공적 제도와 자연적 제도만이 있다. 봉건제도는 인공적 제도이고, 부르주아지의 제도는 자연적 제도다. 그들은 이 점에서 신학자를 닮았다. 신학자들도 종교를 두 종류로 세운다. 그들의 것이 아닌 모든 종교는 사람들의 발명품인 반면, 자신들의 종교는 신의 현현이다. 현실의 관계들 － 부르주아적 생산의 관계들 － 이 자연적이라고 말하면서 경제학자들은 이것이 바로 자연 법칙에 부합하게 부가 창출되고 생산력이 발달하는 관계들이라고 알아듣게 한다. 그러므로 이 관계들 자체는 시간의 영향과 독립적인 자연법칙이다. 이는 언제나 사회를 다스려야 할 영원한 법칙이다. 이처럼 전에는 역사가 있었지만, 이제는 더 이상 없다."(카를 마르크스, 『철학의 곤궁』, 이승무 옮김, 지식을만드는지식, 2018, 146~147쪽.)]

'규정' 또는 '정의'하는 행위 그 자체만으로도, '이데올로기'적인 면이 있다. 어떤 명제의 일반적인 '의미'가 이해되는 경우, 그 명제는 '이데올로기'이다.[8] 그러므로 어떤 대상(그것이 '세계'이든 '사회'이든)을 이해하기 위해서 사용된 개념들은 그것들 자체가 일반적으로 이해 가능한 형태로 '정의' 내지 '규정'되어 있어야 한다는, 수년 동안 여기 일본의 인문과학 담론에 나타난 논의 조류는, 새로운 사태의 징후임과 동시에 새로운 사태를 은폐하려고 한다는 의미에서 '이데올로기'적 몸짓이다. 정의상 '새로운 것'은 기존의 의미로 회수되지 않기 때문에, 기성 질서를 현상으로서 긍정하는 자에게는 무의미하고 '이해 불가능'하기 때문이다. 그래서 오늘날, '명쾌함', '이해하기 쉬움'을 과잉되게 말하며 '새로운 것'을 사고하려 하지 않는 이 부인否認에서 무엇이 은폐되고 따라서 드러나고 있는가를 질문할 필요가 있다.

어쨌든 헤겔에게서는 앎과 역사 또는 이론과 실천의 일치를 이론(담론) 그 자체가 실행하고 있다고 파악하고 있었던 맑스는, 자신의 담론에서는 결코 이러한 일치를 주장하지 않았다. 그와 같이 읽힐 가능성도 또한 불가피하게 계속 달라붙겠

---

8. Étienne Balibar, *Lieux et noms de la vérité*, Editions de l'Aube, 1997 (エティエンヌ・バリバール, 『真理の場所/真理の名前』, 堅田研一, 沢里岳史訳, 法政大学出版局, 2008年).

지만 말이다.

그렇지만 어디까지나 문제는 '현재의 사물 상태를 폐기하는 현실의 운동'이다. 그는 '현재', '현실'이라는 비실체적 어휘를 사용하여 철학이라는 이데올로기를, 정치를 위한 장소를 비워두려는 방식으로 혹사酷使시켰던 것이다.9

주지하듯이 헤겔은 『정신현상학』에서, 이처럼 의미가 불안정한 말의 예로 '나', '이것', '여기', '지금'을 들었다. 그리고 이 말들의 용이한 의미 이동을 '감각적 확신'과 결부하여 논했다.10 이 의미의 불안정성을 역이용한 맑스는 그 말을 '지금 여기'now-here에서 읽고 있는 사람의 사고와 신체에 도래한 것으로, 그러나 그 자체로서는 어디에도 위치하지 않은 장소로부터 온 복음news from nowhere 11으로 삼아, '현실의 운동'(으로서의 말)을

---

9. 20세기, 정치의 장소를 비워두기 위해 힘을 쏟은 철학자로 루이 알튀세르가 있다. 市田良彦, 『アルチュセール ― ある連結の哲学』, 平凡社, 2010年 및 같은 저자의 『アルチュセール』, 岩波書店, 2018年을 참조.
10. 발리바르는 헤겔의 '감각적 확신'의 고찰을 언어학자 방브니스트의 언어행위에 있어서의 '지시사'에 관한 고찰과 비교 대조한다. Balibar, «Constructing and Deconstructing the Universal : Jacque Derrida's *Sinnliche Gewissheit*», in Costas Douzinas ed., *Adieu Derrida*, Palgrave Macmillan, 2007 (エティエンヌ・バリバール, 「"普遍的なもの"の構築と脱構築 ― ジャック・デリダの感覚的確信」, 『来たるべきデリダ ― 連続講演「追悼デリダ」の記録』, 藤本一勇, 澤里岳史, 茂野玲訳, 明石書店, 2007年) [에티엔 발리바르, 「보편의 구축과 해체」, 슬라보예 지젝 외, 『아듀 데리다』, 최용미 옮김, 인간사랑, 2013].
11. ウィリアム・モリス, 『ユートピアだより』, 川端康雄訳, 岩波書店, 2007年. [윌리엄 모리스, 『에코토피아 뉴스』, 박홍규 옮김, 필맥, 2008.]

텍스트 안에 봉입封入했다.12 언어와 사물, 이론과 실천, 앎과 역사 등의 일치가 아니라 차이 = 불일치가 '현재의 사물의 상태를 폐기하는 현실의 운동'이라는 말을 실천으로 전화시킨다.13

그렇다면 들뢰즈는 『주름』에서 '현재의 사물 상태를 폐기하는 현실의 운동'을 어떻게 포착했던 것일까.

앎知과 이야기

우선 앎과 권력의 관계를 재인식해 두고 싶다. 테리 이글턴은 맑스의 앎에 관한 고찰을 프로이트, 니체와 병행하는 것으

---

12. Jacques Derrida, *Spectres de Marx : l'état de la dette, le travail du deuil et la nouvelle Internationale*, Éditions Galilée, 1993 (デリダ, 『マルクスの亡霊たち ― 負債状況=国家, 喪の作業, 新しいインターナショナル』, 増田一夫訳, 藤原書店, 2007年) [자크 데리다, 『맑스의 유령들』, 진태원 옮김, 그린비, 2014] 및 *Marx & sons*, Presses universitaires de France, 2002 (デリダ, 『マルクスと息子たち』, 國分功一郎訳, 岩波書店, 2004年) [자크 데리다, 『맑스주의와 해체 ― 불가능한 만남?』, 진태원·한형식 옮김, 길, 2009]을 참조.

13. 본서 제1부의 「공리와 명령」은 들뢰즈-과타리의 '명령어'(le mots d'ordre)에서 이 (불[不])일치-실천을 새로이 탐구하려는 시도였다. 또한 그 속편으로서 松本潤一郎, 「自然とその倒錯 ― 黒田喜夫の離接的綜合」(『ゲストハウス』臨時増刊号 1, 2010年 1月)를 썼다. 말과 내용(事柄)의 불일치는 레닌의 '명령어(슬로건)'에 있어서 본질적 사태이다. 長原豊, 白井聡編, 『別冊情況 レーニン〈再見〉― あるいは反時代的レーニン』(情況出版, 2005年)을 참조. 그리고 Jean-Jacques Lecercle, *La violence du langage*, Presses universitaires de France, 1996 (ジャン=ジャック·ルセルクル, 『言葉の暴力「よけいなもの」の言語学』, 岸正樹訳, 法政大学出版局, 2008年)도 참조.

로 파악하고, '카니발적 사고'라고 부른다.[14]

프로이트의 정신분석이론의 기초에는, 인간의 사고는 아무리 고상한 개념을 제시하려고 해도 항상 성적인 것이 발견된다는 공리가 있다. 니체에 있어서 진리에의 의지는 지배욕이라는 폭력과 분리할 수 없다. 맑스의 경우, 앎은 물질적 생산과 사회적 현실을 지배하는 계급이 자신을 합법화-정통화하기 위한 수단의 하나(이른바 '이데올로기')이다. 포착 방식은 세 사람이 각양각색이지만, 세 사람은 앎이라는 고매한 것이 낮은 것(하반신·폭력·물질)에 의해 지탱되고 있으면서 그것을 은폐한다는 것을 통찰했다는 점에서 공통된다. 카니발에서 일상의 계급 관계가 역전되고 계급들의 뒤섞임이 일어나는 것과 마찬가지로, 여기서 앎은 자신의 위치를 비非(/반反)앎과 교환한다. 어떻게 앎 그 자체를 이와 같은 전복적 작용으로 재편성할 수 있을까? 어떻게 하면 '즐거운 지식'(니체)을 발안發案할 수 있을까?

여기서 발터 벤야민의 이야기에 관한 고찰이 시사적이다.[15]

---

14. Terry Eagleton, *Why Marx was right*, Yale University Press, 2011, p. 146 (テリー・イーグルトン, 『なぜマルクスは正しかったのか』, 松本潤一郎訳, 河出書房新社, 2011年 [테리 이글턴, 『왜 맑스가 옳았는가』, 황정아 옮김, 길, 2012].

15. ヴァルター・ベンヤミン, 「物語作者」, 三宅晶子訳, 『エッセイの思想 – ベンヤミン・コレクション2』, 浅井健二郎編訳, ちくま学芸文庫, 1996年 수록 [발터 벤야민, 「이야기꾼」, 『서사 기억 비평의 자리 – 발터 벤야민 선집 9』, 최성만 옮김, 길, 2012]. 또한 宇野邦一, 「物語と死線」(『物語と非知』, 書肆山田, 1993年 수록)을 참조. 벤야민 자신은 이야기를 경험의 쇠퇴와 상응하여 소멸 도상에 있

벤야민은 먼 곳에서 온 여행객이 무명無名의 이야기꾼으로서 자신의 견문을 말하는 행위를 예로 들고, 이를 항해사의 이미지로 포착한다. 클로드 레비스트로스도 지적하듯이, 이야기에는 다양한 지역과 시대를 횡단한다는 '교통-전달'communication의 측면이 있다.[16] 그리고 이야기의 내용은 궁극적으로, 어느 시대 어느 지역에서 살았건, 어떤 누구라도 좋은 누군가의 삶 그 자체이며, 따라서 그 죽음이라고 벤야민은 지적한다. 나아가 [벤야민은] 이야기에 귀를 기울이는 사람도 또한 죽음으로 가는 자인 이상, 이야기를 전달-계승하는 형식도 또한 죽음이라고 말한다. 이야기는 안으로 접힌 내용의 전개 자체가 형식이기 때문에 하나의 주름이고, 더 나아가서는 형식과 내용의 분할을 물리치는 것, 즉 변화-운동의 알레고리이다. 문화인류학자와 민속학자의 식견에 따르면, 탄생과 죽음은 흔히 인간의 삶을 출입하는 두 개의 문 또는 문지방에 비유된다. 그래서 이야기는 형식과 내용 어느 쪽도 통과(교통)의 알레고리이며, 탄생과 죽음이 평등하게 부여되는 공共적인 것commun인 이상, 코뮤니즘communisme과 연관이 없지 않다.[17]

는 전달 매체로서 멜랑콜리하게 포착하고 있지만, 이 글에서는 이를 적극적으로 바꾸어 포착한다.
16. Claude Lévi-Strauss, *Histoire de lynx*, plon, 1991 (クロード・レヴィ=ストロース, 『大山猫の物語』, 渡辺公三訳, 福田素子, 泉克典訳, みすず書房, 2016年). 또한 渡辺公三, 『闘うレヴィ=ストロース』(平凡社新書, 2009年)을 참조.

벤야민은 이야기를 설명과 정보, 해석으로부터 구별한다. 거기서 중요한 것은 정보와 의미가 아니라 말한다는 행위 그 자체, 그리고 그것을 듣는다는 경험 그 자체이다. 설명은 앞에서 말한 의미에서의 일반성(이해하기 쉬움)을 요구하는 지배계급 또는 국가에 봉사하는 앎이다. 뒤에서 이 앎을 '실재론'實念論, realism과의 관계에서 고찰할 것이다. 그리고 이야기-주름이라는 탈설명적 서술(묘사)을 일반성이 아닌 개인들의 삶과 죽음이라는 특이성을 해방하는 별개의 앎으로서 고찰한다. 말해지는 사람의 특이성이(/을) 말하는 사람의 특이성을(/이) 듣는 사람의 특이성과 함께 '협동-자유 간접화법'적으로 서로 떠받친다. 이 경험이 코뮤니즘이다.

존재와 소유

『주름』의 주장의 하나는, 존재론 명제('A는 ~ 이다')에서 술어 '이다'(est/원형 être)는 주어-주체sujet (A)의 속성('-')을 고정하는 계사繫辭, copula가 아니라 반대로 주체를 변형시키는 '사건

---

17. 이글턴은 왜 인간은 「역사-이야기(history)」를 갖는가라는 질문을 코뮤니즘과 결부하고 있다. 이는 리오타르의 '거대서사'(맑스주의라는 '해방 서사')와는 다른 의미에서의, 교통-전달형태로서의 역사-이야기다. Eagleton, *Why Marx was right*, 앞의 책, p.139. (イーグルトン,『なぜマルクスは正しかったのか』, 앞의 책.)

의 장소'avoir-lieu라는 것이다. 술어의 장소는 '이다'est에 의해 주체의 자기동일성을 안정시키는 것이 아니라 반대로 다양하게 만들면서 이질적인 것이 주입되는 개구부^{開口部} 또는 접합부(접속사 '와'et/영어의 «et»)라고 말해도 좋다. 이 경우 주체는 경계선과 혼동되지 않는 주체일 것이다.(P 64)[18] 이 논의에서 요점은 «être»(영어의 «be»)는 주체(주어)를 변형시키는 동사(운동)의 하나에 지나지 않는다는 점이다. 그러나 여기서는 동사 일반으로 논의를 넓히지 않고, 오히려 들뢰즈 자신이 시사하고 있듯이(P 147), '(~를) 가지다'avoir(영어의 «have»)가 '이다'를 포함하는 im-pli-quer 양상, 또는 '있다(존재)'를, '가지다(소유)'가 자기를 향해 꺾이고 접히면서 생기는 〈접힌 자리air-pocket—주름pli〉이라고 이해–파악하는comprendre 양상을 생각해 보고 싶다.

존재를 부정하든 긍정하든 우선 존재가 있다(il y a = 그(신)가 거기에 있다). 이 '있다'라는 증여의 차원에 비인칭적·비인격적인 '소유'가 있다. 존재는 소유로 접힌다. 또는 소유가 자신 쪽으로 꺾여 접힐 때, 존재가 주름으로서 돋아난다. 이것은 예를 들어 임신conception의 경험expérience으로서 이해될 수 있을 것

---

18. 이 점은 이미 바디우가 지적하고 있다. Alain Badiou, «Gilles Deleuze, *Le pli : Leibniz et le Baroque*», in *Annuaire philosophique 1988-1989*, Édition du seuil, 1989, p. 162. (アラン・バディウ, 「ジル・ドゥルーズ『襞 — ライプニッツとバロック』」, 小谷晴勇訳, 宇野邦一編, 『ドゥルーズ横断』河出書房新社, 1994年 수록.)

이다. 예를 들면 니체는 임신에 빙의되어 있었다.[19] 들뢰즈에게도 철학은 개념concept을 창조하는 일이다. 거기서 주체는 경계선과 혼동되는 것이 아니라 경계선을 횡단하면서, 차라리 원격작용을 통해 중첩화入れ子狀, en âbym [20]되어 출현한다.[21] 예를 들어 어머니가 자신의 욕망을, 뱃속의 아이를 통해 간접적으로 실현하려는 경우, 어머니의 욕망에 이미 남성(예들 들어 남편)의 욕망이 기입된다. 만약 어머니의 입장에 있는 여성의 욕망이 그녀의 아버지의 욕망과 관계되는 것이어도, 아버지의 욕망은 그녀의 어머니인 여성의 욕망 안에 기입되고 있고, 그와 동

---

19. Derrida, *Éperons: les styles de Nietzsche*, Édition Flammarion, 1978 (デリダ, 『尖筆とエクリチュール ― ニーチェ・女・真理』, 白井健三郞訳, 朝日出版社, 1979年) [자크 데리다, 『에쁘롱 ― 니체의 문체들』, 김다은·황희선 옮김, 동문선, 1998].
20. * 원문의 '入れ子'란 러시아의 '마트료시카' 인형처럼 상자나 인형 안에 작은 상자나 인형이 들어 있고, 그 상자나 인형 안에는 더 작은 상자나 인형이 들어 있는 물건을 가리킨다. 그래서 이 단어는 일반적으로 중첩을 의미하기도 한다 (狀은 상태, 상황을 의미한다). 문장 역시 이렇게 중첩적으로 구성된다. 저자가 병기한 아빔(âbyme)은 문장 속에 들어 있는 작은 문장을 가리키며, 한편으로 '심연'을 의미하기도 한다. '미장아빔'(mise-en-âbyme)이란, 〈국립국어원 우리말샘〉 웹사이트에 따르면 "'그림 속의 그림', '이야기 속의 이야기', '극중극'처럼 서사의 복합적 의미 효과를 만들어 내는 격자 구조 기법"을 의미하는데, 그것은 한편으로 무한반복이라는 심연에 빠진 상태라는 의미를 내포하고 있다. 이 번역본에서는 入れ子狀을 '중첩화'로 옮겼다.
21. 松本潤一郞,「ニーチェと遠隔妊娠 ― のちに生まれる者へ」,『KAWADE 道の手帖 ニーチェ入門』, 河出書房新社, 2010年 수록. 이 글에서는 니체에게서의 교통-전달에 관해서도 논했다.

시에 아버지의 욕망 안에는 그의 어머니의 욕망이 기입되어 있다. 이 무한히 접혀 들어가는 중첩화의 주름에 있어서 주체는 이산離散적·편재偏在적으로 (재) 출현한다.22

자유간접화법

아버지의 분기가 언급된 이유는 거기에 있다. 그러나 욕망이 중첩화한 주름은 소설 속의 말에서도 나타난다. 들뢰즈는 헨리 제임스를 방불케 하는 자유간접화법을 펼쳐 보이고 있기 때문이다. '내가 당신에게 말하고 있는 그것, 마찬가지로 당신도 생각하고 있는 그것, 그녀가 대체 무엇을 신경 쓰고 있는지 알고 있고, 또한 그가 어떤 사람이고 그녀가 어떤 사람인지에 관해서는 생각이 동일하다면, 그에 관해 그것을 말하는 것에 당신은 찬성하는가.'(P 30)23 여기서는 사물을 특정特定하기를 회피

---

22. 유산 상속에서 '아버지의 이름'의(/이라는) 존재론적 허구와 임신에 있어서 뱃속 아기의 증여-소유의 경험(expérience)은, 인위와 자연이라는 대립 관계는 아니다.
23. 堀千晶, 「ヘンリー・ジェイムズ－幽靈の知らなかった 二, 三事の柄」, 宇野邦一, 堀千晶, 芳川泰久編, 『ドゥルーズ 千の文学』, せりか書房, 2011年 수록을 참고로 했다. [* 한국어판 번역: "내가 당신에게 말하는 그것, 그리고 당신이 또한 생각하는 그것, 당신은 그것을 그에게 말해주는 것에 동의하지 않는가? 여기에서 그녀와 관련하여 어떻게 해야 할지 잘 알고 있다는 조건하에서, 그리고 그가 누구인지, 그녀가 누구인지에 관해 우리가 동의한다는 조건하에서."(『주름』, 44쪽.)]

하고, 어디까지나 애매하게 침잠沈潛하여 비밀을 지키거나 또는 오히려 비밀 그 자체를 발생시키려고 하는, 바로크적이라고 말할 수 있는 마니에리즘Manierisme이 전개ex-*pli*-quer되고 있다. 알랭 바디우는 이러한 말하기를 들뢰즈 특유의 간접화법적 방법의 알레고리라고 부르고, 들뢰즈의 철학은 추론이 아니라 사고의 서술에 의해 전개된다고 쓴다.24 들뢰즈의 텍스트에서 내러티브는 흔히 그것이 들뢰즈의 주장인지 논의되는 대상이 되고 있는 철학자의 주장인지 판단할 수 없는 경우가 있다. 앞에서 인용한 말이, 이 사태를 가리키는 알레고리가 되고 있는 이유이다. 바디우의 지적을 긍정적으로 바꾸어 판단한다면, 이 애매한 — 벤야민 이후의 시점에서 본다면 그 자체가 알레고리(또는 알레르기)적인25 — 상태는, 대상을 미리 명확히 정의하는 것으로 일반화를 향하는 앎의 양식이 아니라 모든 개체를 그 특이성으로 '포착抱握(임신)26하는-가지는(소유하는)' 앎의 양식을

---

24. Badiou, «Gilles Deleuze, *Le pli : Leibniz et le Baroque*», *Annuaire philosophique 1988-1989*, 앞의 책, pp. 178~179. 들뢰즈 철학의 알레고리적 양상에 관해서는 松本潤一郎, 「クロソウスキー ─ 思考の名前」(『ドゥルーズ 千の文学』, 앞의 책에 수록)을 참조.
25. ベンヤミン, 『ドイツ悲劇の根源』, 浅井健二郎訳, 全二卷, ちくま学芸文庫, 1999年. [발터 벤야민, 『독일 비애극의 원천』, 최성만·김유동 옮김, 한길사, 2009.]
26. * 원문의 抱握은 손으로 움켜쥐다, 나아가 껴안다, 포옹하다라는 의미가 있다. 여기서의 이 단어는 앎과 관련하여 쓰이고 있으므로 '포착'이라고 옮겼다. 그런데 저자는 抱握의 '껴안다'라는 의미로부터 환유하여 '임신'이라는 단어를 괄호 안에 병기한다. 이 抱握이 앞에서 논한 '임신'과 같은 궤에 놓여 있다는

알레고리적으로 시사하고 있을 것이다. 경계와 혼동되지 않는 (협의의 소유권이 문책問責되지 않는) 주체와 자유간접화법에 의한 애매함(특정 불가능성)과 함께, 들뢰즈는 모든 개체가 개념을 가진다(P86)고 주장하기 때문이다.

지적 차이

이것[들뢰즈의 개념론]은, 서구철학(또는 신학)의 전통에서, 개념은 존재한다고 주장하는 '실재론'實念論, réalisme에 대립하면서 개념은 존재하지 않고 여러 개체만이 존재한다고 주장한 '유명론'nominalisme은 아니다. 양쪽 모두 개념은 일반화된 '류'類를 보여준다고 전제하지만, 이에 대해 들뢰즈는 원칙적으로 개체의 수만큼 개념이 존재할 수 있다고 주장하기 때문이다.[27] 경계와 혼동되지 않는 애매한 주체는 반대로, 혹은 역설적으로도, 특이성을 표현하는 개념을 창조하는 것이다. 여기에

것을 말하기 위해서일 것이다.
27. Badiou, «Gilles Deleuze, *Le pli : Leibniz et le Baroque*», *Annuaire philosophique 1988-1989*, 앞의 책, pp. 169~170. 또한 바디우는 개념에 의해 개개 사물을 움켜쥐는 것(抱握)을 '가능한 서술적 인자'(le décrivant possible)에 의한 '세계 생명의 사상적 서술'이라고 하고, '흐름·욕망·주름이라는 개념은 사고가 살아가는 세계, 현재의 세계에서 착수하기 시작한 삶의 사냥꾼이며, 기술(記述)을 위한 낚싯줄이다.'라고 쓰고 있다.(같은 글, pp. 178~179.)

전회가 있다.

여러 개체를 정의하고 분류하여 일반화하는 협의의 지성(실재론)이 아니고, 그렇다고 해서 다만 개체만이 있다(유명론)는 것에 그치는 것도 아니다. 그보다는 맑스의 지적대로, 이 짝은 바로 국가가 배치하고, 동시에 국가를 안정시키는 지적 차이(관료제로 상징되는)의 할당-경계선의 양쪽(지배자-피지배자)이다.28 들뢰즈는 맑스의 사고를 계승하면서 라이프니츠로까지 거슬러 올라가 이 경계선 그 자체를 흔드는 앎을 제안-발안하려고 했던 것은 아닐까.29 『주름』에서 들뢰즈가 진정으로 '창조'했던 개념은 '소유'라고 말할 수 있을지도 모른다.

문학과 영화를, 개체의 수만큼 개념이 존재하는 세계를 사고하는 데 상응하는 세계로 포착하는 것이 가능하다. 거기서는 여러 인물들과 사물들이 일반화되지 않으며, 그렇다고 개별적으로 자신 안에 안착하지도 않기 때문이다. 거기서는 변화

---

28. Balibar, *La philosophie de Marx*, 앞의 책 (バリバール, 『マルクスの哲学』, 앞의 책).
29. 이러한 앎을 미셸 푸코가 말한 '종속당한 앎'(savoir assujettis)의 하나로 포착할 수 있을지도 모른다. 이는 과학으로서의 제도에 승인되지 않은 앎인데, 푸코는 이 앎을 해방하는 것의 중요성에 대해 말한다. Michel Foucault, «*Il faut défendre la société*» : *Cours au Collège de France 1976*, éd. François Ewald, Éditions du Seuil et Gallimard, 1997 (『社會は防衛しなければならない―ミシェル・フーコー講義集成6』, 石田英敬, 小野正嗣訳, 筑摩書房, 2007年) [미셸 푸코, 『"사회를 보호해야 한다"』, 김상운 옮김, 난장, 2015]을 참조.

를 포착하기 위해 이야기가 있고 서술이 있다. 변화를 정지시키거나 말소시키기 위해서 말을 사용(분류, 규정, 딱지letter를 붙이는 사용법)하는 것이 아니다. 거기에는 반대로 변화를 촉발하고, 자신도 변화에 맞추어 의미를 변화시켜 가기 위해 개념을 창조하는 말의 사용법이 존재한다. 개체의 수만큼 개념이 있다는 말은 개념의 수만큼 진리가 있다는 상대주의를 의미하지 않는다. 그것이 아니라, '현재의 사물의 상태를 폐기하는 현실의 운동'이라는 앞의 맑스의 말을 상기하자면, '주체에 따라서 진리가 변화하는 것이 아니라 어떤 조건 아래에서 주체에게 변화의 진리가 나타난다.'(P 27)[30] 맑스는 의미의 불안정성을 사용하여 현재에 운동을 가져온다. 들뢰즈는 개념-개체라는 서술적 용법에 의해 이 운동을 미래로 방향 짓는다. 서술에서는 개체의 수만큼 유類가 존재하기 때문이다. 각 개체는 유다. 소설 및 영화라는 장르는 각인各人이 각인의 특이성을 충분히 전개할 수 있다는 코뮤니즘의 알레고리일 수 있다.[31]

왜 영화를 보는가. 왜 소설을 읽는가. 그리고 왜 영화와 소설을 논하는가. 영화는 전위적 작품도 포함하여 대중예술 아닌가.

---

30. * 한국어판 번역:"그것은 주체에 따른 진리의 변동이 아니라, 변동의 진리가 주체에 나타나는 조건이다."(『주름』, 41쪽.)
31. 장르와 알레고리에 관해, 松本潤一郎, 「サブ(プ)ライム, サブ(プ)ライム!―諸ジャンルのアレゴリー」(『現代思想』, 2008年 第12月号)를 참조.

그러면 대중예술에서의 이야기 또는 알레고리란 대체 무엇이었고, 또 무엇일 수 있는가. 대중은 대체 무엇이었으며 무엇일 수 있는가. 그것을 다시 생각할 시간으로 우리는 접어들고 있다.[32]

작은 전망

반대물의 일치(모순의 변증법)를 설파하는 『정신현상학』의 헤겔(어디까지나 **일반화된 헤겔**)과, 설파 자체에 의한 역설적인 일치에 잉태되어 있는 곤란을 역이용하는 『독일 이데올로기』의 맑스 사이에, 일치와 불일치 사이의 무한한 뉘앙스를 공존시키는 『주름』의 들뢰즈를 위치시킬 수 있다. 헤겔의 '이념'과 맑스의 '현실' 사이에는 무한하게 분기하는 가능 세계가 있다. 그리고 현재 세계는 가능 세계들의 '공존 불가능성'에 의한 공존이다(P 112). 여기서 새로운 운동의 지각과 실천을 향한 시행착오가 있다. 『주름』은 '앎'을 재편성하는 시도이다. 앎을 일반적 이해를 향해 이용하면 국가 장치의 유지·보존에 유용하다. 앎을 '특이성'에 접근시켜 혹사酷使시키면, 그것은 '이해'라는 말의 의미 그 자체를 변화시키면서 개인들 각각의 특이성의 특

---

32. Alain Badiou, *Cinéma*, Éditions Nova, 2010 [알랭 바디우, 『알랭 바디우의 영화』, 김길훈·김건·진영민·이상훈 옮김, 한국문화사, 2015]을 참조.

이한 해방을 실현할 것이다.33

이 해방은 '종속당한 앎'의 해방과도 관련 있다. 그것은 개체를 '일반(-류)'으로 분할-회수하는 앎 ― 이 앎은 현실에서는 국가에 의해 '과학'으로 승인되는 것을 욕망하며, 권력에 공헌하는 경우가 많다 ― 을 노리는 것이 아니라, 맑스가 말한 '현재의 사물의 상태를 폐기하기 위한 현실의 운동'에 따라서, 상황에 따라 주요 모순을 이루는 개체에 상응하는 개념을 창조한다. 앞에서 간결하게 말한 '실재론-유명론'의 쌍은 '하나Un-다多, multiple'라는 쌍을 포함한다. '하나'가 '류'類 또는 '일반'을 보여준다면, '다'는 개체들을 보여준다.

들뢰즈는 「추신:관리사회에 관하여」라는 텍스트에서, 20세기 말쯤부터 현재화되었다고 그가 생각하는 권력 구조의 변용에 관해 쓰고 있다.34 상세한 내용은 생략하지만, 이른바 규

---

33. 특이성의 특이한 이해와 해방에 관해서는 Balibar, *Lieux et noms de la vérité*, 앞의 책 (バリバール, 『真理の場所/真理の名前』, 앞의 책). 또한 Raymond Williams, *Culture and society: 1780-1950*, Harmonds worth, 1985 (レイモンド・ウィリアムズ, 『文化と社会 1780~1950』, 若松繁信, 長谷川光昭訳, ミネルヴァ書房, 2008年) [레이몬드 윌리엄즈, 『문화와 사회 1780~1950』, 이화여자대학교출판부, 1988.], Felix Guattari and Antonio Negri, *New lines of alliance, spaces of liberty*, Autonomedia. 2011 (フェリックス・ガタリ, トニ・ネグリ, 『自由の新たな空間』, 杉村昌昭訳, 世界院, 2007年) [안또니오 네그리·펠릭스 가따리, 『자유의 새로운 공간』, 조정환 옮김, 갈무리, 2007]을 참조.
34. Gilles Deleuze, «Post-scriptum sur les sociétés de contrôle» in *Pourparles*, Édition de Minuit, 1990 (ドゥルーズ, 「追伸 ― 管理社会について」, 『記號と事件

율-훈련형 권력으로부터 관리형 권력(또는 삶권력)으로의 이행이다. 이행에 병행하여 주체의 양식도 변용한다. 전자에서는 '분할 불가능한 개체individu(하나)'가 주체의 양식이었던 것에 반해 후자에서는 '가분적'dividuels 주체 양식 '다多'가 출현한다. 중요한 것은 관리형 권력에게 가분적 주체(다多)는 오히려 편하다는 그의 지적이다.

문제는 '하나'(류에 속하는 일반화된 개체)에 대해 '다'(이 경우 그 자체가 다多로 변한 하나의 개체)를, 또는 그 반대를 대치시키는 것이 아니다. 이 쌍 자체로부터 빠져나와, 개체의 수만큼 류(개념)의 존재를 사고하는 것이다. 그것은 스피노자식으로 말하면 유일한 실체임에도 불구하고 복수 존재하는 양상, 단적으로는 (전 자본주의적 공동체와는 구별되는) 집합적 주체의 창출이다. '개체로서의 인류-인류로서의 개체'라는 탈계층적 관계를 경험하기 위해서는, '협동-허구'적 주체의 재발명이 불가결하다. 이것[재발명된 주체 또는 주체의 재발명]은 수적으로 구별되는 복수가 아니라 실재적으로 구별되는 실체(들)이고, 실재적으로 구별되기 때문에 다른 사람들과 치환置換 가능한 주체, 특이하면서도 유적이기도 한 주체의 경험이다.

1972~1990』, 宮林寬訳, 河出文庫, 2007年) [질 들뢰즈, 『대담』, 신지영 옮김, 갈무리, 2023]에 수록.

개체 각각의 개념이란 이른바 '고유명'固有名인 것일까. '그것은 또한 별개의 이야기'다.35

---

35. 고유명은 최소 단위의 이야기이다. 松本潤一郎, 「クロソウスキー ― 思考の名前」, 『ドゥルーズ 千の文学』, 앞의 책, 그리고 村上靖彦, 「固有名 とその病理」(『現代思想』, 2011年 2月号)를 참조.

분열과 종합

과타리, 벤야민, 라이프니츠

주체화

펠릭스 과타리는 질 들뢰즈와의 협동 작업의 성과인 두 권의 『자본주의와 분열증』 시리즈 — 『안티 오이디푸스』(1972년)와 『천 개의 고원』(1980년) — , 그리고 다른 여러 책들에서, 동일률에 기초한 고정된 주체가 아니라 차이가 부각되는 만큼 그 역능을 개화시키는 집합적이면서 확장적인 주체화의 과정을 모색했다.[1] 『분열분석적 지도작성법』(1989년)과 『세 가지 생태

---

1. Gilles Deleuze et Félix Guattari, *Anti-OEdipe : Capialisme et schizophrénie*, Éditions de Minuit, 1972 (ジル・ドゥルーズ, フェリックス・ガタリ, 『アンチ・オイディプス』, 宇野邦一訳, 全二巻, 河出文庫, 2006年) [질 들뢰즈・펠릭스 과타리, 『안티 오이디푸스』, 김재인 옮김, 민음사, 2014]; *Mille plateaux : Capitalisme et schizophrénie 2*, Éditions de Minuit, 1980 (ドゥルーズ, ガタリ, 『千のプラトー』, 宇野邦一ほか訳, 全三巻, 河出文庫, 2010年) [질 들뢰즈・펠릭스 가타리, 『천 개

학』(1989년), 『카오스모제』(1992년) 등을 보면 이 주체화 과정을 사고하기 위한 참조 틀의 하나로서 미적·감성적·감각적 영역, 즉 예술을 들고 있다.2

『분열분석적 지도작성법』에 수록된 「거리 안의 균열龜裂」이라는 텍스트는, 화가 발튀스Balthus, 1908-2001의 회화작품 〈거리〉 시리즈를, 주체화 과정이 어떻게 이루어지고 있는가를 주제로 분석한다.3 주체화는 자신의 실존 감각을 기초로 구성되지만, 이는 또한 반대로 실존 감각을 창조해 가는 과정이기도 하다. 과타리의 주체화란 선험적 여건與件이 아니라 자기라는 대상을 구성해 가는 것이다. 그렇기 때문에 이 과정은 다양한 이질적 요소들을 조합해 간다. 그 조합된 요소들의 집합이 여기에서는 회화작품이고, 그것은 대상임과 동시에 주체성이다. 〈거리〉 시리즈는 복잡하게 배치된 원근법 속에서 복수의 인물들의 시선이 오가는 모습을 그린 작품이다. [〈거리〉 시리즈

의 고원』, 김재인 옮김, 새물결, 2001].

2. Félix Guattari, *Les trois écologies*, Éditions Galilée, 1989 (ガタリ, 『三つのエコロジー』, 杉村昌昭訳, 平凡社ライブラリー, 2008年) [펠릭스 과타리, 『세 가지 생태학』, 윤수종 옮김, 동문선, 2003] ; *Cartographies schizoanalytiques*, Éditions Galilée, 1989 (ガタリ, 『分裂分析的地図作成法』, 宇波彰, 吉沢順訳, 紀伊国屋書店, 1998年) ; *Chaosmose*, Éditions Galilée, 1992 (ガタリ, 『カオスモーズ』, 宮林寛, 小沢秋広訳, 河出書房新社, 2004年) [펠릭스 과타리, 『카오스모제』, 윤수종 옮김, 동문선, 2003].

3. 이 책의 독해에는 吉沢順, 「フェリックス·ガタリ, 『分裂分析的地図作成法』」(福本修, 斎藤環編, 『精神医学の名著 50』, 平凡社, 2003年에 수록)을 참조했다.

는] 무대처럼 배치된 건물의 무수한 창들이 마치 눈처럼 열리고, 긴장감을 팽창시키면서도 안온한 색채를 가득 채운 회화 공간 전체로 시선이 느긋하게 확산하는 듯이 묘사되는 작품들로 전개된다. 처음으로 묘사된 작품을 과타리는 '주체도 대상도 목적도 없는 시간이 지배'하는 상태라고 포착하고, 나아가 이 상태를 '일망 감시적인 초자아'라고 부르기도 한다. [처음 작품에서는] 감시되고 있다는 불안감에 싸여 있는 상태이지만, 그러나 다음 작품에선 [이 상태가] 점차 변화되면서 새로운 주체 및 그것과 상응하는 대상을 구성해 나간다. 이 이행에서 회화 표현 과정의 구성요소를 변화시켰던 것은 표현되고 있는 내용(편재하는 눈) 쪽이다. 화면 전체를 끈적거리듯 덮고 있는 긴장감으로 충만한 감시의 시선은, 색채의 요소를 통해 그 뉘앙스를 고요하고 평온하게 변화시키면서 화면 전체로 확산해 가는 새로운 주체성으로의 변모를 완성한다. 묘사되고 있는 내용으로서의 '편재하는 눈'은, 두 작품 사이에서 어떤 의미에서는 변화하지 않는다. 그럼에도 불구하고, 내용이 표현의 변화를 촉발하여, 원근법이 위협적일 정도로 강조되는 배치arrangement로부터 이 작품을 빼내는 ― '도주시킨다'고 말해도 좋다 ― '창-시선'이 부드럽게 관람자를 응시함으로써, 온화한 색채를 가득 채운 배치로 향하게 만든다.

과타리는 불안으로부터 정밀靜謐함으로의 이행에서 탄생한

이 새로운 실존감을 '프랙탈(차원분열도형-자기유사自己相似형)적인 프시케(혼)'라고 부르고 있다. 일망 감시적인 초자아의 시선이 흩어져 사라지는 혼으로 생성 변화한다. 이 실존 감각의 생산에서, 내용은 표현이 이질적인 차원으로 이행(원근법으로부터 색채로)하는 데 기여한다. 주체가 자신의 욕망의 대상에 의해 변형된다고 말해도 좋다. 의미내용(시니피에)이 의미표현(시니피앙)을 변형시키는 것인데, 뒤집어서 보면 의미내용 그 자체를 변용시킨다.

'프시케'는 이 이행 과정의 이름이다. 이 과정은 주체를 감시하는 눈에서 온화하게 지켜보는 창으로, 복수의 차원을 자기 유사적으로 횡단하는 통로(파사주)이기도 하다. 긴장된 감시 상태에서 온화하게 지켜보는 창으로의 이행은, 발튀스라는 고유한 이름이 보는 주체화의 편력 과정 바깥에서는 결코 일어나지 않는다. 눈과 창을 환유적으로 결합하는 공통항은 '구멍'으로 포착된다. 그러나 '구멍'의 형태는 '창'과 '눈'뿐만이 아니라 다른 곳에서도 발견될 수 있기에, 이 이행-주체화의 통로가 발튀스 고유의 실존감을 요소로 작성된 지도임과 동시에 감각과 기억의 아카이브이기도 하다는 점을 이해하지 못한다면, 이러한 분석은 성립하지 않는다.[4]

---

4. 예를 들면, Jean Vautrin, *Groom*, Éditions Mazarine, 1980 (ジャン・ヴォートラ

순행로巡行路로서의 혼-주체는 이질적인 요소들로부터 이루어진 하나의 집합의 사영射影, projection이고, 그래서 이 집합적 배치arrangement의 어느 부분에도 편재하는 주체이다. [이에] 주체화 과정을, 편력histoire과 노정行程, parcours을 조합시켜 하나의 주체를 사영射影적으로 눈에 띄게 하는 오디오 비주얼audio visual한 장치의 작동이라고 생각할 수 있다.

비감각적 유사

이처럼 새로운 실존을 생산하는 주체화 과정에서는, 표현에서는 변형으로 향하는 동요動搖를 통해 스스로를 변용시키고 내용에서는 변화가 중요한 기능을 담당한다. 발뷔스의 경우, 눈은 창과 환유적으로 결합하여 그 의미 내용을 변화시키며, 거기서는 눈과 창의 '유사'적 관계가 주체의 실존감을 변화시키는 통로를 연다.

무엇과 무엇이 '비슷하다'라는 것은 미리 규정된 것은 아니다. 유사 관계를 성립시키는 판단은 인식 주체에 의해서일 경우도 많다. 이론 물리학자인 와타나베 사토시渡辺慧 씨가 논증

ン, 『グルーム』, 高野優訳, 文春文庫, 2002年)은 파리 교외 단지의 창이 눈으로 변하는 환상적인 광경을 묘사한다. 이는 교외의 인간에 대한 사회의 위협적인 시선을 상징한다.

하고 있듯이(패턴 인식에서의 '미운 오리 새끼의 정리'5), 원칙적으로는 모든 것이 모든 것과 비슷하다(결합한다)고 주장할 수 있다.6

이 모든 것의 결합 가능성은 들뢰즈와 과타리가 자주 거론하는 접속사 'et'(과/와)의 기능과도 관계가 있다. 주변에서 보면, 정말 의외의 짝이 맞추어져 의표를 찌르는 사물들의 결합이 이루어지면서 주체는 자신의 실존을 갱신해 간다. 이 유사적 관계는 과타리가 말하는 자기 상사적으로 흩어져 사라지는 주체와도 관련이 있다.

「모방 능력에 관하여」에서 발터 벤야민은 이 유사 관계를 성립시키는 힘을 '모방 능력'이라고 부른다.7 아이들은 어른의 흉내를 내는 것만이 아니라 풍차와 전차 같은 사물조차 흉내

---

5. * 1969년 와타나베 사토시가 안데르센의 「미운 오리 새끼」에서 착안한 '미운 오리 새끼의 정리'란, "어떤 종류의 편견 없이는 분류가 실제로 불가능하다는 주장"을 수학적으로 논증하는 정리로, "이는 두 백조가 서로 닮았다고 하는 것과 마찬가지로 오리 새끼도 백조를 닮았다고 할 수 있다는 것을 보여"준다. https://academic-accelerator.com/encyclopedia/kr/ugly-duckling-theorem 참조.
6. 渡辺慧, 『知るということ — 認識学序説』, ちくま学芸文庫, 2011年.
7. ヴァルター・ベンヤミン, 「模倣の能力について」, 山口裕之編訳, 『ベンヤミン・アンソロジー』, 河出文庫, 2011年에 수록. [발터 벤야민, 「미메시스 능력에 대하여」, 『언어 일반과 인간의 언어에 대하여 / 번역자의 과제 외 — 발터 벤야민 선집 6』, 최성만 옮김, 길, 2008.] 이하 이 텍스트로부터의 인용은 이 책에서 가져왔다.

낸다고 벤야민은 말한다. 이는 풍차를 괴물로 보고 돌진해 가는 돈키호테를 떠올리게 하는데, 이와 같이 '모방 능력'에는 시각적 형태로 포착되지 않고 성립하는 유사類似도 포함된다. 이와 같은 유사를 벤야민은 '비감각적 유사'라고 부르고 나아가 언어란 비감각적인 모방행위는 아닐까라는 가설을 세우고 있다. 비감각적 유사에는 의성擬音과 성대모사 같은 행위도 포함되어 있기 때문이다. 그것들은 정확히는 '비감각적'인 것은 아니다. 소리와 음이라는, 청각과 관련된 의미에서 감각적인 것이다. 하지만 시각에 한정되지 않는 모방 형태로도 유사는 성립한다고 벤야민은 말하고 싶었던 것이리라.

이와 같은 의미에서의 '비감각적 유사'라는 관점을 통해 벤야민은 언어에 대해 이렇게 말한다. '결국 동일한 것을 의미하는 다양한 언어의 단어를 그 "의미된 것"을 중심으로 늘어놓아 보면, 그 단어들 모두가 대개 서로 유사성을 전혀 가지지 않는다고 해도, 이 낱말들의 중심에 놓인 "의미된 것"들은 서로 어느 정도 유사한지를 규명할 수는 있을 것이다."(강조는 인용자)[8]

이 말은 벤야민이 「번역자의 과제」에서 제시한 '도자기와

---

8. * 한국어판 번역: "여러 언어에서 동일한 어떤 것을 의미하는 낱말들을 찾아내 그 의미된 것을 중심에 두고 주위에 빙 둘러 늘어놓을 경우, 어떻게 종종 서로 하등의 유사성도 보이지 않을 그 낱말들이 그 낱말들의 중심에 놓인 그 의미된 것과 유사성을 보이는지를 연구해볼 수 있다."(「미메시스 능력에 대하여」, 『발터 벤야민 선집 6』, 214쪽.)

그 파편'의 비유를 상기시킨다.9 파편이 모두 동일한(또는 유사한) 모습을 하고 있다면 그것은 한 도자기의 파괴된 부분들로서는 아니다. 파편은 서로 유사한 것이 아니라 오히려 복원할 수 있는 도자기와 '비감각적'으로 '유사'하다. 그러나 파편 각각이 다른 파편과의 차이를 부각시키는 만큼, 역설적으로 도자기는 한층 그것들의 파편의 통일로서 비감각적으로, 결국 이념적으로 현출現出하게 된다. 따라서 번역자는 축자적 번역[직역]을 철저하게 함으로써 언어들의 차이를 명시하면 할수록 더욱 원전에 충실하게 된다.

한없는 분열과 끝나지 않는 파쇄破碎에서야말로 비감각적인 종합이 완수된다는 역설이 여기에는 있다. 들뢰즈와 과타리의 말로 이 역설을 다시 표현하면, 접속사 'et'(과/와)는 모든 것을 결합시키지만 그러나 그것은 사물들의 차이를 지워서 융합하는 결합이 아니라 역으로 차이를 부각하면 부각할수록 한층 결합의 정도를 증가시킨다는, 비관계의 관계에 의거한 '이접적 종합'synthése disjonctive의 한 양상이라고 말할 수 있다.

과타리가 벤야민을 읽었는지 아닌지는 알 수 없지만, 이와 같은 분열과 횡단의 사고를 두 사람이 공유하고 있는 것은 확

---

9. ベンヤミン, 「翻訳者の課題」, 『ベンヤミン・アンソロジー』, 앞의 책에 수록. [벤야민, 「번역자의 과제」, 『발터 벤야민 선집 6』, 앞의 책에 수록됨.]

실하다.

이념, 파괴된 도자기로서

벤야민은 「유사의 이론」이라는 짧은 텍스트에서도 – 거기에는 앞의 「모방 능력에 관하여」에서 인용한 구절도 나온다 – '비감각적 유사'를 취급하고, 그 일례로 고대 점성술을 들고 있다.[10] 점성술사는 별의 배치(성좌)와 인간 사이에서 유사성을 읽고, 그로부터 인간의 운명(별들의 운수rotation)을 이끌어낸다. 두 '운명'은 영원히 변하지 않는 필연을 의미한다. 그러나 벤야민은 별들도 운동하고 있는 이상, 시간이 경과하면 별들의 배치 자체가 변화하기에, 따라서 운명도 또한 변화한다고 지적한다.

조금 전 나는 비감각적으로 유사한 '도자기' 또는 '의미된 것'을 '이념'이라고 바꾸어 불렀다. 만약 '운명' 그 자체가 변화할 수 있다면, '이념' 또한 요소들이 거리의 멀고 가까움을 횡단하면서 반복 조합되어 새로운 이미지를 생성하고, 그때마다 자신의 본질을 변화시켜 가는 자기 차이화의 진동은 아닐까.[11] 「번

---

10. ベンヤミン, 「類似性の理論」, 『ベンヤミン・アンソロジー』, 앞의 책에 수록. [벤야민, 「유사성론」, 『발터 벤야민 선집 6』, 앞의 책에 수록됨.]
11. 벤야민에게서의 '이념'을 '차이의 효모(酵母)'라고 규정한 宇野邦一, 「悪魔の記号」(『混成系 – 死と批評』, 青土社, 1988年 수록) 및 「アレゴリーと複製技術」(『外のエティカ – 多様体の思想』, 青土社, 1986年 수록)을 참조.

역자의 과제」에서 가져오자면, 마치 보르헤스의 '모래의 책'처럼 번역된 '원전' 그 자체가 변화한다.

이 '이념'을 과타리는 '내용(시니피에=의미된 것)'이라고 부르는 것은 아닐까. 발튀스에 관해서 보았듯이, '내용' 그 자체는 끊임없이 자신을 차이화하는 비감각적인 것, 차라리 횡단 감각적인 것이라고 생각된다.

내용(시니피에)과 표현(시니피앙) 사이에 서열을 두지 않고 오히려 양자를 서로 반전 가능한 것으로 파악하는 과타리의 사고는, 그가 일관되게 모색해 왔던 시니피앙을 중심에 앉힌 체제로부터의 도주와 궤軌를 같이한다. 그리고 축어적인 번역이 언어들 각각의 차이를 부각하고, 나아가 그것에 의해 이념적인 '원전'이 그 모습을 살짝 드러내며, 더 나아가 '의미된 것'인 '원전' 그 자체가 변화한다는 벤야민의 사고도 또한, 과타리와는 다른 권역에 있지만, 확실히 차이와 분열을 횡단하는 사고의 계보에 자리하고 있다.

이와 같이 '그 자체가 변화하는 이념'이라는 구상을 벤야민은 라이프니츠의 철학(이른바 '모나드론')으로부터 길어 올린다.[12] 그 성과는 17세기 독일 바로크 비극 연구인 『독일 비애극

---

12. 벤야민의 '역사철학'과 라이프니츠의 관계에 관해서는 森田團,「モナードと歷史哲学 — ベンヤミンとライプニッツ」(『水声通信』, 第17号, 水声社, 2007年), 그리고 Jean-Louis Déotte, *L'homme de verre : ethétiques benjaminiennes*, Édi-

의 원천』에서 완성되었다.[13] 그 책에서는, '알레고리'라는 문학적 수사가 변화하는 이념을 포착하기 위한 개념으로서, 벤야민의 독자적인 의미가 불어넣어져 전개된다.[14]

이야기와 자연

자신의 본질을 변화시키는 라이프니츠적인 이념이란, '진리는 사람 각자에 따라 다른 것'이라는 상대주의를 의미하지 않는다. 진리 내지 이념은 별들이 그 원근遠近의 거리를 횡단하면서 하나의 성좌 배치를 구성한다는 점에서 원근법주의적이다. 다만 들뢰즈가 『주름 — 라이프니츠와 바로크』에서 지적하듯이 '그것은 주체에 따른 진리의 변화가 아니라 하나의 변화의 진리가 주체에 출현하는 조건이다.'[15]

---

tions L'Harmattan, 2000을 참조.
13. ベンヤミン,『ドイツ悲劇の根源』全2卷, 浅井健二郎訳, ちくま学芸文庫, 1999年. [발터 벤야민,『독일 비애극의 원천』, 최성만·김유동 옮김, 한길사, 2009.]
14. 그 상세한 내용에 관해서는 山口裕之,『ベンヤミンのアレゴリー的思考』(人文書院, 2003年) 및 『KAWADE 道の手帖 ベンヤミン』(河出書房新社, 2006年)에 수록된 논문들, 그리고 三原弟平,『ベンヤミンと精神分析 — ボードレールからラカンへ』(水声社, 2009年) 및 森田團,『ベンヤミン — 媒質の哲学』(水声社, 2011年)을 참조.
15. Gilles Deleuze, *Le pli : Leibniz et le Baroque*, Éditions de Minuit, 1988, p. 27 (ジル・ドゥルーズ,『襞 — ライプニッツとバロック』, 宇野邦一訳, 河出書房新社, 1998年, p. 36) [질 들뢰즈,『주름, 라이프니츠와 바로크』, 이찬웅 옮김, 문학과

여기서의 진리란 주체(주어)가 인식하는 대상(객체·목적어)이 아니다. ― '주체-객체'의 체제 안에서는 상대주의가 성립할지도 모르지만 말이다.『독일 비애극의 원천』에서 벤야민은 진리를 인식 주체의 지향성에서 분리하고, 진리를 말하는(서술하는) 과정과 일체화했다고 생각한다.[16] 들뢰즈도 이 논점을 그 나름의 방법으로 이어받고 있다.

여기서의 주체는 객체 없는 주체이고, 주체가 진리 그 자체이다. 객체(대상)가 없는 이상, '주체'보다는 차라리 '주체화'라고 말하는 편이 좋다. 이는 과타리가 구상하는 주체화와 동일한 구성양식이다.(그러나 과타리는 '진리'라는 범주를 결코 채용하지 않을 것이다. 다만 들뢰즈도 여기서는 라이프니츠를 따라 '진리'라는 어휘를 사용하고 있을 뿐이다.) 과타리에게 주체화는 앞에서 보았듯이 자기를 대상(객체-목적)으로서 자기(주체)를 구성하는, 그 의미에서 주체-객체의 구별을 배척하는 자기 창조의 과정이기 때문이다.[17]

지성사, 2004, 41쪽].
16. ベンヤミン,『ドイツ悲劇の根源』上卷, 앞의 책, p. 22.
17. 푸코는 정신분석가 빈스방거의『꿈과 실존』에 붙인 서문에서, 프로이트의 정신분석에서는 꿈 안의 '나'는 주체이고 사물들을 대상(객체)으로 취급한다고 생각되지만, 빈스방거의 실존적 정신분석의 경우 꿈 안에서는 모든 사물이 '나'라고 생각된다고 지적한다. [이러한 내용이] 과타리의 주체화를 생각하는 데 참고가 되었다. Michel Foucault "Le rêve et l'existence ― introduction", in Ludwig Binswanger, *Le rêve et l'existence*, traduit de l'allemand par

이 주체화는 어떠한 것일까. 벤야민의 『독일 비애극의 원천』에서 라이프니츠의 '모나드'를 논하는 구절을 보자. 주체화와 진리가 일체인 것과 마찬가지로 벤야민에게 모나드는 이념과 일체화하고 있다.

우선 '이념'이란, 철학사에서 서로 대립하는 갖가지 과잉·기발함·극단인 것, 요컨대 바로크적인 것을, 그것이 고대이든 근대이든 병존하는 것처럼 서로 조합하여 구성한 별의 집합-총체이고 성좌이다. 그래서 하나의 이념을 서술하는 일은 이질적인 요소들이 공립共立하는 평면(지도)을 구성하는 일이고, '이 이념 안에 포함될 수 있는 극단적인 것의 분포권역이 잠재적으로 답사되어 있지 않는 한, 결코 성공했다고는 인정할 수 없다.'[18] 이념-성좌란 말하자면 여러 차이를 응축한 아카이브이다. 이는 나중에 보게 되듯이, 자연과 일체화한 이야기(역사)이다.

그리고 이념에서 이질적인 제요소의 집합-총체성이 '모나드적'이라고 규정된다. '이념은 모나드다. 정확히 1686년의 『형

Jacqueline Verdeaux, Éditions Desclée de Brouwer, 1955 (ルートヴィヒ ビンスワンガー/ミッシェル フーコー, 『夢と実存』, 荻野恒一, 中村昇, 小須田健訳, みすず書房, 新装版, 2004年).

18. ベンヤミン, 『ドイツ悲劇の根源』 上巻, 앞의 책, pp. 36~37, p. 66. [*한국어판 번역: "하나의 이념을 재현하는 일은 잠재적으로 그 이념 속에 존재할 수 있는 극단의 영역이 잠재적으로 모두 섭렵되지 않는 한 결코 성공했다고 볼 수 없다."(『독일 비애극의 원천』, 64쪽).]

이상학서설』(라이프니츠의 저서)의 모나드로서, 하나의 모나드 안에 다른 모나드가 매번 희미한 모습으로 함께 주어져 있듯이, 전사^{前史} 및 후사^{後史}와 함께 이념에 간섭하는 존재는 자신의 형상figure 안에 다른 이념 세계가 은밀히 축약되어 있는 희미한 형상을 비추기 시작한다. … 간단히 말하면 하나하나의 이념이 어느 것이나 세계의 상^{像}을 포함하고 있다는 것이다. 이념의 서술에 있어서 과제가 되는 것은, 틀림없이 이 세계의 상을 축약시킨 모습으로 묘사하는 것임이 분명하다.'[19]

여기서 '전사', '후사'라고 불리는 것은 이른바 '역사'Geschichte가 아니라 '자연–사'Natur-Geschichte라는 개념이다. '자연사'란 이른바 '역사'를 구성하면서 그 내부로부터는 배제된, '역사'의 구성조건이다. 단순화해서 말하면 이는 하나의 생명의 탄생의 기억이고, 동시에 그 종언(죽음) 후의 세계이다. 우리들은 자신의 탄생 순간과 그 전사를, 그리고 자신의 죽음의 순간과 그 후의 경위를 살아 있는 동안엔 포착할 수 없다. 이 탄생과 죽음의

---

19. 같은 책, pp. 68~69. [*한국어판 번역:"이념은 단자이다. 전사와 후사를 가지고 그 이념 속으로 들어가는 존재는 자신의 숨겨진 형상 속에 여타 이념 세계의 축소되고 어두워진 형상을 보여준다. 이것은 1686년 [라이프니츠]가 『형이상학 논문』(*Metaphysiche Abbandlung*)에서 말하는 단자들의 경우 한 단자 속에 그때그때 다른 모든 단자들이 불분명하게 주어져 있는 것과 같다. … 요컨대 모든 이념은 세계의 이미지를 담고 있다는 뜻이다. 이념의 재현을 위해서는 다름 아닌 이 세계의 이미지를 축소판으로 그려내는 일이 과제로 주어져 있다."(『독일 비애극의 원천』, 65쪽.)]

포착을 우리들 각각에게 가능하게 하는 것이 이념이다. 이념의 서술이란 그런 의미에서 불가능(탄생과 죽음의 순간)을 이야기하는 기법이고, 거기에는 하나의 세계의 탄생과 소멸(죽음)이라는 '자연'을 둘러싼 신화('이야기'를 의미하는 한에서의 '역사')가 응축적으로 보존되어 있다.

따라서 모나드(이념)란, 우리들 한 사람 한 사람의 탄생과 죽음을 둘러싼 이야기이고, 하나의 모나드에는 다른 모든 모나드가 '희미한 형상'으로 포함되어 있다. 왜 하나의 모나드에는 다른 모나드가 포함되어 있는가. 그것은 탄생과 죽음이 우리들 각각에게 유일무이한 특이한 사건이면서, 그러나 모든 생명이 겪는 경험이기도 하기 때문이다. 그래서 또한 탄생과 죽음에 관한 이야기를 하나의 모나드는 다른 모나드에게 들려준다. 예를 들면, 양친으로부터 자신의 탄생에 관한 이야기를 들은 사람은, 자신의 아이와 손자들에게 자신을 낳고 키워주었던 사람들 – 지금은 존재하지 않는 사람들 – 의 이야기를 들려준다.[20] 그것은 '시간의 종자'(셰익스피어의 『맥베스』)이다.

그리고 모나드적인 이념에서 진리(탄생과 죽음)와 말하기

---

20. 이야기는 궁극적으로 언제 어디에 있는 누구라도 좋은 누군가의 삶, 그리고 죽음을 전달하는 미디어다. ベンヤミン, 「物語作者」, 三宅晶子訳, 『エッセイの思想 – ベンヤミン・コレクション2』, 浅井健二郎編訳, ちくま学芸文庫, 1996年 수록본을 참조. [발터 벤야민, 「이야기꾼」, 『서사 기억 비평의 자리 – 발터 벤야민 선집 9』, 최성만 옮김, 길, 2012.]

(서술)는, 서술자의 바깥에 있는 역사가 아니라 자신의 내부에서의 역사, 자신의 탄생과 죽음이 서로 마주보고 일체화하여 말해지는 역사, 주체와 객체의 구분을 배척한 서술(이야기) 행위 그 자체를 가리킨다.

이와 같이 보면 벤야민의 모나드적 주체는 분산적임과 동시에 집합적이기도 하다는 것을 이해할 수 있다.

바로크 : 분열적 종합의 세계

이렇게 주체화 과정에서는 이야기 또는 픽션의 기능이 필요 불가결하다. 과타리도 또한 『세 가지 생태학』에서, '개인'은 인간과 사회, 경제, 정보 등 여러 집합을 안으로 감아 넣으면서 존립하는 과정의 '맨 끝'에 위치하기에 그가 주체로서 객체를 파악하는 양식에는 불확실성이 수반되며, 그래서 가설적인 참조(준거) 틀로서 신화와 통과제의, 과학의 옷을 입은 서술 등 '의사擬似-이야기'의 우회로가 요청된다고 쓰고 있다.[21]

---

21. Guattari, *Les trois écologies*, 앞의 책 (ガタリ, 『三つのエコロジー』, 앞의 책) [과타리, 『세 가지 생태학』, 앞의 책]. 이는 인문과학 영역에 한정되지 않는다. 예를 들면 이론 물리학자 프리고진과 스텡거스는 진화의 불가역성 이론화에 있어서도 '이야기적 요소'를 필요로 하는 경우가 있다고 생각하고 있고(Ilya Prigogine et Isabelle Stengers, *Entre et le temps et l'éternité*, Éditions Fayard, 1988), 과타리는 이 착상에 대해 『카오스모제』에서 동의하고 있다.

따라서 모나드적인 주체에서 개개의 모나드는 확고한 경계선으로 구별되는 분할 불가능하게 폐쇄된 개체가 아니다. 거기에는 항상 다른 모나드가 '희미한 형상'으로 포함되어 있으며, 그런 의미에서 모나드적 주체는 분산되어 편재한다.

벤야민의 말을 사용하면, 여러 모나드는 서로 비감각적으로 유사하다고 말할 수 있다. 모나드는 하늘에 그려진 성좌이고, 비추어진 환영이다. 그것은 천상의 별들임과 동시에, 지상에서 자신을 비추는 점성술사이기도 하다. 주체의 수만큼 진리가 있는 것이 아니라 변화의 진리가 주체에 출현한다는 들뢰즈의 말은 이 사태를 가리키고 있다.

실제로 『주름』에서 들뢰즈는 1687년 4월 30일 아르노에게 보낸 라이프니츠의 편지 속의 '둘로 무한하게 잘리는 구더기의 혼과 재와 먼지가 되어버린 숫염소의 혼은, 아무리 작은 부분일지라도 그 부분에 남아 있는 동시에 투영되어 있기도 하다.'는 취지의 글을 언급한다.[22] 혼(모나드)은 신체가 아무리 작게 분할되어도, 여전히 그 분할된 부분에 벤야민이 말한바 '희미한 형상'으로 투영되어 출현한다. 투영된 모나드는, 모나드가 거

---

22. Deleuze, *Le pli*, 앞의 책, p. 153, 주 26 (ドゥルーズ, 『襞』, 앞의 책, p. 195.) [*한국어판 번역: "무한히 조각난 벌레의 영혼, 또는 재 속의 염소의 영혼은, 아무리 작다 하더라도 그 영혼들이 투사되는 그 부분 안에 머물러 있다."(『주름』, 206쪽 주 32.)]

기에 투영되는 물체와 물질이 아무리 가늘게 재단裁斷되어도 역시 자기 유사적으로 출현을 반복한다.23 가늘게 부서지면 부서질수록 한층 더 빛나며 완성되는 하나의 도자기가 그 파편들에 반영되듯이.

분열하여 도착倒錯된 왜곡인 이 세계에서는 벤야민과 들뢰즈가 그렇게 부르듯이, '바로크'라는 이름이 어울린다.

바로크적 세계는 분할하면 할수록 한층 더 종합되는 실로 기이한 세계이다. 『주름』에서 들뢰즈는 벤야민의 작업을 상징과 알레고리의 대비를 통해 요약하고, 논리학에서 개념과 대상의 관계를 상징적으로 포착한 경우와 알레고리적으로 포착한 경우로 나누어 설명하고 있다. 길어지기 때문에 상징에 관한 서술을 일부 생략하고 졸역으로 인용한다.

---

23. 재단된 부분이 여전히 꿈틀거리는 모습을 벤야민은 말의 잘려진 토막으로 보고 있다. '말은 뿔뿔이 흩어져 있어도 여전히 불길함을 전하고 있다는 것은 명확하다. 오히려 그렇게 뿔뿔이 흩어져 있어도 여전히 말은 무엇인가를 의미한다는 사실이, 이미 이 말들에 아직 남아 있는 의미의 잔재를 무언가가 위협하고 있다고까지 말하고 싶어진다. 그렇게 파편이 되어 변모하고 높아진 표현을 받아들일 수 있도록 언어는 파쇄되는 것이다.'(ベンヤミン, 『ドイツ悲劇の根源』下卷, 앞의 책, p. 116.) [*한국어판 번역: "단어들은 그것들이 개별적으로 흩어져 있을 때에도 불길함을 드러낸다. 심지어 우리는 그렇게 조각난 단어들이 뭔가를 의미한다는 사실이, 이미 그 단어들에 남아 있던 나머지 의미에 대해 뭔가 위협적인 면을 부여하고 있다고 말하고 싶을 정도이다. 그처럼 언어는 깨어져 그 파편의 형태로 어떤 변화되고 상승된 표현에 기여한다."(『독일 비애극의 원천』, 310~311쪽.)]

알레고리가 추상적인 인격화라는 실패한 상징이 아니라 상징의 그것과는 완전히 다른 형상화의 힘이라고 논했을 때, 발터 벤야민은 바로크의 이해에 관해 결정적 일보를 내딛었다. 상징은 세계의 거의 중심에서 영원과 순간을 결합하지만, 알레고리는 이미 중심이 사라진 하나의 세계 안에서 시대의 요청〔시간의 순서l'ordre du temps〕에 응해 자연과 역사(이야기histoire)를 발견하고, 자연으로부터 하나의 역사를 만들어내며 역사를 자연으로 변형시킨다. … 알레고리에서 자연의 제관계의 항목 전체에 따라 확장되는 것은 대상 그 자체이다. 대상이야말로 자신의 틀을 일탈하여 어떤 주기(원환) 또는 계열 안으로 들어간다. 그리고 한층 긴밀화되어 내적으로 되면서 임계점에 도달한다면, 개념은 '인격적'이라고 부를 수 있을지도 모르는 하나의 힘의 장 안에 틀림없이 내포된다. 〔바로크에서〕 원추 또는 둥근 천정의 세계란 이와 같은 세계이고, 외연外延에 있어서의 그 기초는, 역시 하나의 중심과 결부된 것이 아니라 언제나 하나의 뾰족한 끝 또는 정점을 향한다.[24]

---

[24]. Deleuze, *Le pli*, 앞의 책, p. 171.(ドゥルーズ, 『襞』, 앞의 책, p. 217.) [한국어판 번역: "발터 벤야민이 알레고리가 실패한 상징, 추상적 인격화가 아니라 상징과는 전혀 다른 형태화의 역량이라는 점을 보여주었을 때, 그는 바로크의 이해에 있어 결정적인 진보를 가져다주었다. 상징은 영원과 순간을 거의 세계의 중심에서 결합하지만, 알레고리는 시간의 질서에 따라 자연과 역사를 발견하며, 이제 중심 없는 세계 안에서 자연을 역사로 만들고 역사를 자연으로 변형

판타지와 동화에는 '용기'와 '사랑'이라는 개념(이념)이 인격화되어 등장한다. 이것이 알레고리의 고전적·전형적 사례다. 인용에서 '인격'에 대한 언급은 이에 근거를 둔다.[25] '형상화'figuration와 '인물'figure이 연고가 있다類緣는 점에 대해서도 유의하고 싶다. 벤야민이 말한 '형상'figure도 이에 근거를 둔다.

차이·일탈·확장·변조 등을 통해 중심이 아니라 정점을 향하는 바로크적 원추와 둥근 천정의 세계 – 벤야민이 말하는 '성좌 배치' – 에서는 천상과 지상, 자연과 역사, 주체와 객체가 철저하게 분열·격리된다. 그러나 확실히 그것[분열과 격리]에 의해 반전, 결합, 이탈을 반복한다.

결합과 이탈의 계기는 '시대의 요청-시간의 순서'에 의해 조

한다. … 또 어떤 때에는 그 반대로 대상 자체가 모든 자연적 관계망에 따라 넓혀지고, 자기 틀에서 벗어나 하나의 순환 또는 계열 안으로 들어가게 되고, 개념은 점점 더 수축한 채로 내부적으로 되면서 마지막에는 '인격적'이라고 말할 수 있는 심급에 포괄된 것으로 발견된다: 이러한 것이 원뿔 또는 큐폴라로 된 세계이며, 언제나 외연으로 넓게 퍼져 있는 그것의 바닥은 이제 중심과 관계하지 않으며 첨점 또는 꼭지점으로 향해 있다."(『주름』, 228~229쪽.)]

25. 松本潤一郎, 「クロソウスキー － 思考の名前」(宇野邦一, 堀千晶, 芳川泰久 編, 『ドゥルーズ 千の文学』, せりか書房, 2011年 수록)을 참조. 나는 들뢰즈 철학을 알레고리적 서브(이야기 대계〔大系〕)로서 독해할 가능성을 논했다. 들뢰즈와 과타리가 『철학이란 무엇인가』에서 제시했던 '개념적 인물'이라는 개념도 알레고리적 인격화라는 측면이 엿보인다. 그들 자신은 이것을 인정하지 않고 있지만 말이다. Deleuze et Guattari, *Qu'est-ce que la philosophie?*, Édition de Minuit, 1991 (ドゥルーズ, ガタリ, 『哲学とは何か』, 財津理訳, 河出書房新社, 1997年)을 참조. [질 들뢰즈·펠릭스 가타리, 『철학이란 무엇인가』, 이정임·윤정임 옮김, 현대미학사, 1995.]

건 지어지지만, 과잉으로 돌출한 요소들로부터 구성된 성좌 배치(모나드적 이념) 속의 주기와 계열 — 벤야민의 사고를 근거로 하면 그것은 천체의 운행·별들의 운명을 포함한다 — 이라는 내적 긴장은 상실되지 않는다. 다만 어떤 요소로부터 어떠한 순서로 '자연의 제관계의 항목'을 거쳐 가게 되는지 그 서열-원근법이 변화한다. 하나의 이념을 구성하는 요소들은 불변해도, 이념은 그 요소들에 어떠한 서열을 부여할지에 대응하면서 그 의미를 변화시킨다.[26]

이러한 의미에서 모나드적 이념이란, 바로크 세계를 표현하기에 적합한 알레고리적인 것이라고 들뢰즈는 이해하고 있다.

조감

[이렇게] 벤야민, 라이프니츠, 들뢰즈를 순회해 보았다. 이제 마지막으로 한번 더 과타리로 돌아가자. 분열과 종합이 공립하는 바로크적 세계를, 과타리는 벤야민과 마찬가지로, 확실히 '우주의 성좌적 배치'라고 부르며 생각하고 있었다.[27] 그리고

---

26. 들뢰즈와 과타리도 『철학이란 무엇인가』에서 벤야민과 마찬가지로 철학에서의 '개념'을 이질적인 요소들의 공립 및 그 요소들의 순서 짓기로서 규정하고 있다. 개념은 주체화의 과정과 일체화한 요소들 — 경위(境位)의 편력(역사) 및 그 행로(지도) — 의 조합으로 구성된다. 그 자체가 가변적인 하나의 아카이브이다.

앞에서 말한 영역들을 횡단하며 출현하는 프랙털한 유사성을 라이프니츠의 모나드와 결부 짓는다.[28] 이 경우 과타리에게 특징적인 것은 주체화 과정에서 횡단적 성질을 고찰했다는 점은 아닐 것이다.[29]

새로운 실존의 산출은 자기를 구성하는 요소들을 결합하고 서술(이야기 행위와 지도 작성)하는 것으로서의, 자기 제작적으로 자기를 창조해 가는 과정으로서의 집합적 주체화이다. 거기서는 계속 이동하면서 하나의 무리 안을 편재하는 하나의 주체가 각각의 객체에서 객체로 주위를 돌며 순행巡行한다. 주체가 무리를 구성하는 각각의 개체로 쪼개지는 것은 아니다. 그게 아니라 어떤 개체도 주체화의 운동에 의해 횡단된다. 그래서 이는 개인들 각각'에 있어' 편재하는 집합적 주체이고, 주체는 하나의 무리 안을 순회하면서 자신을 내재적-초월론적으로 조감한다.[30]

별들 주위와 그 배치로부터 운명을 읽은 벤야민의 점성술

---

27. ガタリ, 『カオスモーズ』, 앞의 책, p. 32. 또한 과타리의 분열적인 사고에 관해서 Peter Pál Pellbart, «Un droit au silence», in *Chiméres*, no. 20, Association Chiméres, été 1994를 참조.
28. 같은 책, p. 76 및 같은 책 제2장 원주 4.
29. 과타리의 '횡단성' 개념에 관해서는 Gary Genosko, "Transversality and Politics", in *Félix Guattari : A Critical Reader,* Pluto Press, 2009가 참조되었다.
30. 이와 같은 주체에 관해서는 松本潤一郎, 「クロソウスキーにおけるイメージと言語の 結合」(近畿大學國際人文科學研究所紀要 『述』, 第5号, 2012年 3月).

사처럼, 주체화 과정은 자신을 구성하는 이질적인 요소들을 편력하고, 그것들을 새로운 선(경로)으로 잇고 만나게 하여 자기의 운명을 열어젖히고 구성해 가는 과정이다. 지도와 일체화한 이야기 속에서 주체는 자기를 산출한다. 이때 운명은 천상(초월)적이기를 그치고 대지(내재)적인 것으로 된다. 보다 정확히는, [운명이란] 대지 위로 아슬아슬하게 부상하는 초월론적 '조감'survol이라고 말하는 쪽이 좋을지도 모른다.

'주체화-지도 작성'의 과정에서 주체는 자신의 삶을 조감한다. 그러나 그 조망은 초자아적인 일망감시로서의 하늘의 눈(신의 시점)에 속하지는 않는다. 라이프니츠에게서 하나의 모나드에 다른 여러 모나드가 포함되어 있었듯이, 주체는 다른 주체와 자신의 시점을 차차 교대시킨다. 그래서 주체는 하나의 분할 불가능한 개체가 아니라, 이질적인 요소들의 집합이 물질로 스스로를 고쳐 투영할 때마다 물질을 캔버스(또는 스크린)로 대체하고 변화시키면서 부상하는 '하나의' 사영射影, 집합적 배치에 의한 자기의 조감이다. 그것은 『천 개의 고원』식으로 말하면 하나의 '지구-대지는 자신을 어떻게 이해하는가'라는 물음이다. 하나의 물음이 성립할 때, 요소들은 순행적으로 종합되어 '하나의' 자기를 조감=이해한다. 하나의 주체화 과정을 구성하는 이절적인 요소들은 요소들 각각을 횡단하고 순행하는 하나의 초월론적 조감에 의해 그 공립성을 내재적으로 지탱한다.

과타리에게 하나의 기호를 구성하는 것은 형상-질료의 도식이 아니라 표현과 내용, 나아가 그것들 각각을 구성하는 형식과 실질과 소재의 조합이다. [이에 따르면,] 형식을 소재 위로 투영하면 하나의 실질이 기호적으로 형성된다.[31] 조감적 주체도 이러한 투영에 의해 형성된다.

과타리는 이 순행적 주체화를 정신의료의 현장에서 실천했다.[32] 예를 들면 의료 현장에서 권력구조(의사-환자의 수직적 관계와 환자 사이·스탭 사이의 수평적 관계)를 흔들기 위해, 과타리는 '격자'grid라고 불리는 역할 분담을 도입한다. 몇 개의 역할을 의사·간호 스탭·환자 사이에 로테이션시킴으로써, 맑스라면 '분업'이라고 부를 전문 분화의 고정 상태를 완화

---

31. 山森裕毅,「フェリックス·ガタリにおける記号論の構築 (1)『分子革命』の三つ記号系」,『年報人間科學』, 第32号, 大阪大學人間科學研究科社會學·人間學·人類學研究室, 2011年, p.160을 참조. 또 Guattari et Suely Rolink, *Micropolitiques,* traduit du portugais (Brésil) par Renaud Barbaras, Éditions Empêcheurs de Penser en rond/Le Seuil, 2007, p. 307도 참조. [펠릭스 과타리·수에리 롤니크,『미시정치』, 윤수종 옮김, 도서출판 b, 2010.]
32. 과타리의 정신의료 실천에의 응전에 관해서는 ガタリ 외,『精神の管理社会をどう超えるか? － 制度論的精神療法の現場から』(松籟社, 2000年);三脇康生,「いつも '新しい' 精神医療のために」(小泉義之, 鈴木泉, 桧垣立哉編,『ドゥルーズ/ガタリの現在』, 平凡社, 2008年에 수록);그리고 三脇康生, 多賀茂編,『医療環境を変える －「制度を使った精神療法」の実践と思想』(京都大学学術出版会, 2008年) 등을 참조.

해, 각각이 각각의 시점을 일시적으로 이탈하여 다른 시점에서 의료제도 전체를 대체하고 응시하는 집합적 배치를 제안했던 것이다.33 거기에는 역할의 교대라는 순행rotation에 의해 클리닉이라는 집합체가 자신을 조감하고, 종합적인 조정과 변화가 이루어질 수 있도록 하는 구상이 있다.

이렇게 함으로써 제도와 사회라는 어떤 집합체는 자신의 운명을 스스로 열어젖힐 수 있지 않을까. 과타리는 그렇게 사고하고 있었다고 생각한다.34 주체화 과정은 미적-감성적인 주

---

33. 야마무라(山森) 씨는 「フェリックス・ガタリにおける記号論の構築 (1)」, 『年報人間科學』, 앞의 책에서 로테이션 그리드를 '다이어그램'의 실천으로 포착한다. 과타리의 기호론이라는 관점에서 종합적인 고찰과 연구를 보여준 그의 기획을 참조했다.

34. 과타리의 사회·정치운동에 관해서는 *Multitude* vol 34 "L'effect-Guattari", automne 2008, Éditions Amsterdam ; François Dosse, *Gilles Deleuze et Félix Guattari : biographie croisée*, Éditions la Découverte, 2007 (フランソワ・ドス, 『ドゥルーズとガタリ交差的評伝』, 杉村昌昭訳, 河出書房新社, 2009年) ; 杉村昌昭編訳, 『フェリックス・ガタリの思想圏 —〈横断性〉から〈カオスモーズ〉へ』(大村書店, 2001年) ; ガタリ 外, 『精神の管理社会をどう超えるか?: 制度論的精神療法の現場から』, 앞의 책 ; ガタリ, 粉川哲夫, 杉村昌昭, 『政治から記号まで — 思想の発生現場から』(出版社名インパクト出版会, 2000) ; ガタリ 外, 『東京劇場 — ガタリ, 東京を行く』(UPU, 1986年) ; Felix Guattari & Antonio Negri, *New lines of alliance, spaces of liberty*, Autonomedia, 2010 (ガタリ, トニ・ネグリ, 『自由の新たな空間』, 杉村昌昭訳, 世界書院, 2007年) [안또니오 네그리·펠릭스 가따리, 『자유의 새로운 공간』, 조정환 옮김, 갈무리, 2007] ; ジャネル・ワトソン, 「慾望機械」(比嘉徹徳訳, 長原豊編, 『政治経済学の政治哲学的復権 — 理論の理論的〈臨界—外部〉にむけて』, 法政大学出版局, 2011년 수록)을 참조. 또한 '과타리와 일본'을 주제로 한 Genosko, "Japanese Singualrity", in *Felix Guattari : An Aberant Introduction*, Athlone Press, 2002도 참조.

체화로부터 이와 같은 사회적 배치에 이르기까지, 다양한 집합적 횡단에 의해 하나의 존립성을 성립시켜 자신을 조감한다.

무한소^{픽션 1}의 정치

맑스의 '역사' 개념 재고

만약 확실한 승산이 있는 경우에만 싸움에 응한다고 한다면 세계사를 만드는 일은 틀림없이 아주 기분 좋은 일이었을 것입니다. 다른 한편으로는 만약 '우연사'가 어떤 역할도 하지 못한다면 세계사는 참으로 신비한 것이 되었을 것입니다. 말할 것도 없이 이 우연사들은 그 자체 발전의 일반적 과정 속으로 들어가고, 다른 여러 우연사와 상쇄相殺됩니다. 그러나 발전이 빨라지기도 하고 늦어지기도 하는 것은 이러한 '우연사'에 의한 것이 많습니다. ─ 처음으로 운동의 선두에 서 있는 사람들의 성격도 그 '우연'의 그 하나입니다.

― 칼 맑스, 「쿠겔만에게 보내는 편지」(1871년 4월 17일)[2]

---

1. * 저자는 무한소라는 낱말 위에 작은 글씨로 'フィクション'(픽션)이라고 적어두었다. 무한소와 픽션의 관계에 대한 설명은 이 글 248~249쪽을 참조.
2. カール・マルクス, 『フランスにおける內亂』, 村田陽一訳, 国民文庫, 1970年, p. 168. [* 한국어판 번역 : "투쟁이 틀림없이 유리한 찬스의 조건에서만 시작된다면, 세계사는 물론 대단히 쉽게 이루어질 것입니다. 다른 한편, '우연한 사건들'이 아무 역할도 하지 않는다면 세계사는 매우 신비한 성질의 것이 될 것입니다. 이들 우연한 사건들은 당연히 그 자체가 발전의 일반적 과정에 속하며, 다른 우연한 사건들을 통해 다시 상쇄됩니다. 그러나 촉진과 지연은 그런 '우연한 사건들'에 대단히 많이 좌우됩니다. ─ 거기에는, 처음에 운동의 정점에서는 사람들의 성격이라는 '우연'도 나타납니다."(칼 맑스, 「맑스가 하노버의 루트비히 쿠겔만에게」, 『칼 맑스 프리드리히 엥겔스 저작 선집 4』, 김세균 감수, 박종철출판사, 1997, 427쪽.)] 『자본론』 제1권 모두에 나오는 상품의 거대한 집적의 역사적 '지위-신분'이 '우연'적인 것인가, '발전의 일반적 행정'(법칙)에 의한 '필연'적인 것인가라는 물음과 병행한다.

칸트 : 역사와 자연

칸트에게 역사란 자연의 감추어진 의도가 인간의 자유를 통해 실현되어 가는 과정이다.[3] 형이상학은 인간의 의지의 자유에 관해 개념화하면서 다양한 이론을 구성한다. 그러나 의지를 그 자체로서가 아니라 현상으로서 나타내는 인간의 행위는, 다른 자연현상과 마찬가지로 일반적 자연법칙으로 정해진다. 이러한 의미에서 칸트에 의한 역사는 인간 의지의 현상으로서의 인간 행위에 관한 이야기다. 자연은 인간이 생물체로서의 본능이 아니라 인간 자신의 이성에 의해서만 획득될 수 있는 행복과 완전성을 발달시키기를 원한다. 만일 그렇지 않다면 왜 자연이 인간에게 이성을 부여한 것인가가 이해될 수 없게 된다고 칸트는 생각했다. 그것을 위해 자연은 인간에게 자유를 부여했다. 따라서 역사란, 인간이 자신의 자유를 실현시켜 가는 과정이 된다.[4] 그리고 칸트에 의하면 인간의 이성적 자유

---

3. イマヌエル・カント, 「世界市民的見地における普遍史の理念」, 『カント全集 第4巻 — 歴史哲學 論集』, 福田喜一郎, 望月俊孝, 北尾宏之, 酒井潔, 遠山義孝訳, 岩波書店, 2000年에 수록. [임마누엘 칸트, 「세계 시민적 관점에서 본 보편사의 이념」, 『칸트의 역사철학』, 이한구 옮김, 서광사, 2009.]
4. 질 들뢰즈도 칸트에게서 자유가 실현되는 것은 자연이 아니라 역사에서라고 지적한다. Gilles Deleuze, *La Philosophie critique de Kant*, Presses Universitaires de France 1963 (ジル・ドゥルーズ, 『カントの批判哲学』, 国分功一郎訳, ちくま学芸文庫, 2008年) [질 들뢰즈, 『칸트의 비판철학』, 서동욱 옮김, 민음사, 2006].

는 다양한 장해(障害)를 빠져나가면서 개화한다. 장해가 생기는 것은, 인간이 자신의 자유를 바랄 땐 빈번하게 타자의 자유를 방해하는 일이 일어나기 때문이다. 칸트는 이 자유의 역설이 가져오는 장해의 예로 전쟁을 든다. 전쟁은 언뜻 보면 비사교적인 타자와의 관계의 현상이다. 그러나 전쟁이 가져온 심대한 피해에 의해 인간들은, 예를 들어 국제연합의 구상을 통해 타자 또는 타국과의 사교적 관계를 쌓아 올리고, 세계평화를 목표로 노력한다. 이와 같은 '비사교적 사교성'의 축적을 통해 인간은 서서히 수십 세대의 시간을 거치면서 이성적으로 자유를 실현시켜 갈 것이다. 이 과정이 칸트에 의한 역사이다. 칸트에게 역사란 전쟁과 같은 격렬한 갈등을 품고 있지만, 전체적으로 보자면 인간의 자유의 완전한 실현이라는 목적을 향해 완만하게 진행해 가는 경향을 가지는 과정이다. 마치 자연이 인간에게 여러 장해를 의도적으로 부여하였으며, 이 장해를 극복해 가는 모습으로 이성적 자유가 역설적으로 실현되어 가는 것처럼 말이다. 그래서 인간은 표면상 자유로이 자신의 의지를 실현하고 있는 것처럼 보여도, 실상은 자연이 조정하는 인형에 지나지 않는다는 인상조차 가질 법하다.

그러나 칸트는 이와 같은 역사의 동향을 매우 완만한 과정으로 파악하고 있었고, 자연의 의도가 특정한 한 개인으로서의 인간에 대해 구체적·직접적으로 작용한다고 논의하고 있지

는 않다. 오히려 칸트는 그러한 비판에 인간의 이성적 자유의 완전한 발전이 자각적으로 실현되는 것은 개인으로서의 인간에서가 아니라 인류라는 유적 존재로서의 인간에서라고 말한다. 그래서 칸트는 역사에 관한 자신의 논의는 과거에 실제로 경험되어온 여러 가지 개별적이고 구체적인 역사적 현상을 기술하는 협의의 역사가의 작업을 부정하는 것이 아니라, 어디까지나 인간 역사의 커다란 동향이 나아갈 길導きの糸을 추정하는 시도로 한정된다고 말하고 있다. 그러한 의미에서 역사에 관한 칸트의 기술은, 각론적인 관점에서가 아니라, 총론적 시점을 상정하여 이루어진다(이러한 상정에 의거한 칸트의 사고 실험은 소설 또는 이야기라고 불리는 픽션에 접근하고 있다).

애당초 이러한 사고 실험의 구상 그 자체가 복잡한 역사적 정세 안에서 성립한 측면이 있다. 1789년 7월 14일, 파리 민중에 의한 바스티유 습격 사건으로 상징되는 프랑스 혁명의 일련의 정치적 동란이 칸트 자신만이 아니라 많은 유럽 지식인의 사고를 촉발시켰기 때문이다. 사실 프랑스 혁명 이후 유럽은 몇 번의 전쟁을 경험하게 된다.

역사 안에 있는 자가 역사 그 자체의 진전을, 마치 그것을 조감하는 듯한 시점에서 기술한다. 칸트에 의해 세계 내 존재자가 마치 타인의 일처럼 세계 내 사건들을 관조한다는 무관심한 태도는 결코 부정적인 의미를 가지지 않는다. 전쟁이라는 비사교적 행위가 역설적으로 사교성을 획득하는 것과 마찬가지로, 세계에서 일어나는 사건들에 대한 무관심은 역설적으로 특정한 이해-관심으로부터 떨어진, 보다 중립적인 관점을 획득할 가능성의 한 조건이 된다고 칸트는 생각했다.5 그 이유는 이 무관심이 출현하는 전 단계로서 어떤 현상에 대한 강한 기대 및 그것의 상실을 존재자는 경험하기 때문이다(이 방관자적 태도는 극에 대한 관람과 독서라는 광의의 픽션을 감상하는 행위에서의 기분 풀이나 오락, 즉 여러 이해관계로부터 상대적으로 자율적인 유희적 경험에 가깝다).

칸트가 상상한 역사의 큰 동향은 수십 세대의 시간을 거쳐 서서히 인류의 수준에서 실현되어 간다. 반대로 말하면 하나의 세대에 속한 개인들이 선행하는 세대에 속한 개인들과 그 위치를 교체하고, 거꾸로 후속하는 세대에 속하는 개인들에게 자신의 위치를 양도하는 계승·중계의 무수한 반복 없이는 이와 같은 시점視點을 상상하는 것은 불가능하다. 그러한 의미에서 칸트의 사고 실험은, 개별적이고 구체적인 현상들 각각에서는 출현하지 않는 수준에서 이루어짐에도 불구하고, 과거로부

---

5. イマヌエル・カント, 『純粋理性批判』, 熊野純彦訳, 作品社, 2012年. [임마누엘 칸트, 『순수이성비판 1-2』, 백종현 옮김, 아카넷, 2006.] 칸트의 역사 기술을 일종의 소설로 포착한 Jean François Lyotard, *L'enthousiasme : la critique kantienne de l'histoire*, Éditions Galileé, 1986 (ジャン=フランソワ・リオタール, 『熱狂 ― カントの歴史批判』, 中島盛夫訳, 法政大学出版局, 1990年)을 참조.

터 현재를 경과하여 미래로 향하는 역사적 현상들의 계승 없이는 이루어지지 않는다.

헤겔 : 이성의 간지

헤겔의 강의록 『역사철학 강의』에서는 언뜻 보면 칸트와 마찬가지로 역사는 이성의 전개 과정으로 파악된다.[6] 여기서 헤겔은 '이성의 간지'라는 개념을 제시한다. 헤겔에 의하면 이성 또는 일반적 이념[7]은 개인들의 개별적 이해와는 구별된다. 그럼에도 불구하고 이 이념 또는 이성이 현실로 실현되는 데에는 그러한 이해에 따른 행위가 전제된다. 여러 제약에 한정된 개인의 행위는 이 한계 때문에 현실에서는 부정된다. 그런데 개인의 행위의 한정과 제약이 부정되면 그 행위들에 수반한 개별 이해도 또한 부정되는 것이고, 그런 의미에서 당연히 개별 이해를 수반하는 행위는 부정에 의해 일반적 이념 또는 이성으로 변용한다는 것이다. 일반적 이념은 개인들의 어떠한 행위가 이루어진 후, 정확히는 그 행위가 부정된 후에만 출현한

---

6. G. W. F ヘーゲル, 『ヘーゲル全集』 第10卷, 『歷史哲学』, 武市健人訳, 岩波書店, 1995年. [게오르그 빌헬름 프리드리히 헤겔, 『역사철학강의』, 권기철 옮김, 동서문화사, 2008.]
7. 헤겔에 의한 두 개념의 동일시는 칸트에게서는 보이지 않는다. 따라서 양자 사이에는 이미 차이가 생기고 있다.

다. 다양한 행위가 행위 그 자체를 통해 부정되면서 현실적으로 실현되는 역사 과정의 배후에서, 일반적 이념은 방관자로서 가만히 대기한다. 일반적 이념은 이 과정에서 실제로 상처 입기도 하고 몰락하기도 하는 개인(헤겔에게 역사란 개인들이 자신의 개별 이해를 실현하기 위해 다투는 전장이다)에 대해서는 어떠한 고려도 하지 않을 뿐만 아니라, 개인을 희생시켜 자신의 실현을 도모한다. 이것이 이성의 간지이다.

그 형식만을 보면 칸트와 헤겔 모두 역사를 방관하는 자의 시점에서, 칸트의 경우는 비사교적 사교성으로서, 헤겔의 경우는 이성의 간지로서 역사의 총체적 동향을 사고한다. 이는 형식에서만 그렇게 보일 뿐이다. 내용은 다르다. 칸트의 경우 이성적 자유의 발현으로서의 인류의 평화적 관계의 모색이 역사를 고찰할 때의 동기가 되지만, 헤겔은 오히려 역사의 운동 그 자체의 법칙성을 탐색하는 점에 역점을 둔다. 칸트에게서도 확실히 이념적인 것의 사후적 성질이 엿보이긴 하지만, 칸트가 자신의 사고 실험의 사변적 성질에 대해 자각적이었던 것에 비해 헤겔은 이념 또는 이성의 간지를 역사 법칙의 담당자로서 적극적으로 정식화한다. 칸트와 헤겔 사이에는 이와 같은 논점 이동이 확인된다. 논점 이동의 한 원인은, 헤겔이 자신이 살아온 시대를 어떻게 포착하고 자신의 입장을 '역사'적으로 어떻게 위지 짓고 있는가와 관련되어 있다. [여기서는] 이에 대해 최소한만

살펴보기로 한다. 헤겔에 의하면 철학은 현실 세계의 정치 안에서 구체적으로 실천 가능한 상태이고, 또한 그것을 위한 준비 및 조건들은 플라톤(철학자 왕의 형상)으로부터 칸트(영구평화의 이념)에 이르는 철학적 사고의 역사를 거쳐 이미 정비되어 있다 — 이러한 정리 그 자체가 헤겔의 고유한 관점에서 이루어지고 있다는 점에 주의하라 — 고 헤겔은 생각했다.[8] 헤겔은 그가 살고 있는 시점의 국가체제가 정치적 방종과 무법상태로부터 해방된, 정의 그 자체를 기초로 하는 최선의 이념을 실현했다고 파악한다. 그에게 문제는 현실에 대한 철학의 응답이고, 또한 철학의 실현이다. 이 점에서 헤겔의 사고는 현실에 적극적으로 관여하려는 실천철학적 지향으로 이끌리고 있었다. 그러한 의미에서 역사를 둘러싼 헤겔의 사고에서는 철학과 국가, 이념과 현실, 이론과 실천이라는 일련의 대對개념 사이에 느슨한 연계가 있다. 그의 동시대에서 마침내 철학은 실현되었고, 그래서 완성-완료를 향해 있다고 헤겔은 생각했다. 역사적 변화에 맞추어 철학이 자신을 현실 정치에 위탁하는 것은 아니다. 역으로 철학의 역사적 변화 그 자체가 세계의 역사적 변화의 현실적 근거이고, 원리라고 그는 생각했던 것이다.

---

8. 헤겔의 역사 이해에 관해서는 マンフレート・リーデル,「ヘーゲルとマルクス ― 理論と実践の関係の新しい規定」,『体系と歴史 ― ヘーゲル哲学の歴史的位置』(高柳良治訳, 御茶の水書房, 1968年에 수록)을 참조.

나선 : 진보로서의 퇴보

사고의 현실에서 실현을 지향하는 철학은 과거로부터 현재에 이르는 추이를 하나의 계보로서 포착하는 경향이 있다. 지금 어떤 현실이란 과거의 경위經緯가 퇴적·혼효混淆된 현재이고, 현재는 과거가 거듭 쌓인 결과이며, 과거는 하나의 원인으로 포착된 경향이다. 문제는 과거의 무엇을 현재의 원인으로 간주하고, 또한 현재를 과거의 어떠한 결과로 간주할 것인가이다. 현재는 과거에 의해 구성되는 동시에, 과거에 대한 그러한 현재로부터의 소급적 시점이 거꾸로 '자신의' 과거를 탐색한다는 전유我有化 9의 운동을 낳는다. 이러한 사고는 과거에서 현재에 이르는 일련의 원인-결과의 연쇄를 하나의 법칙-필연성으로 포착하고, 다시 현재를 연속하는 과거로부터의 연장선 위에 있는 정통한 계보의 최첨단으로 간주하여 긍정하는 진보주의적 경향을 가진다.

헤겔이 생각하는 '진보'Fortschrift(위의 『역사철학강의』 서론을 참조)는 이성적 의식이 현재로부터 과거로 사후적으로 소

---

9. * 원서에 '我有化'가 어떤 단어의 번역어인지 나와 있지는 않지만(인터넷 일본어 사전에도 이 단어의 항목은 없다), 구글을 검색해 보면 'appropriation'(전유, 전용, 도용)의 번역어임을 알 수 있다. 그래서 여기서는 '我有化'를 문맥에 맞추어 '전유'로 옮겼다.

급하는 관점에서 (재)구성된 시간의 추이이다. 그리고 이 (재)구성된 전개를 통해 이성은 자유 실현의 필연성을 파악한다. 그런 한에서 헤겔의 사고로부터 '진보'라는 개념을 단순하게 분리할 수는 없다. 그러나 이성이 '정의'와 '선', '자유'라는 철학적 개념들을 현실에 실현하는 것은 어디까지나 현재에서이고, 이 행위 그 자체는 이미 이루어진 상태는 아니다. 자유의 필연성을 몸을 통해 증명하고, 동시에 완료시키는 것은 지금 여기에 존재하는 주체이고, 또한 그의 행위이다. 이 점을 간과하면, 굳건한 의지를 가지고 역사를 변화시키려는 역사적인 행위 주체의 존재가 등한시되어 '진보'는 직선적 자연 과정으로, 하나의 법칙으로 변질될 것이다.

그러나 관점을 변화시키면, 현상을 긍정하는 이데올로기 이외의 무엇으로도 보이지 않는 '진보' 개념은 별도의 양상을 띤다. 이 전회는, 그 자체로 현재에 존재하는 역사적인 주체의 역사적 행위와 관련되어 있다. 현재에 존재하는 이성적 주체가 현재로부터 과거를 사후적·소급적으로 되돌아본다는 것은 주체가 자신이 존재하는 현재에서 자신의 몸을 떼어놓는 것, 바꾸어 말하면 자신을 현재로부터 후퇴시켜 그 주체의 존재를 현재에서 완성시키려는 의지를 의미하기 때문이다. 그래서 진보는 퇴보이다. 나아가는 것은 돌아가는 것이며, 자기로의 회귀이다.[10] '역사적 주체'는 일보 물러나서 지금 획득하고 있지 않은 자기를 획득하고, 따라서 일보 전진하게 된다. 이와 같은 시각에서 파악할 때, 이성의 간지란 과거에 일어난 사건들을 사후적·소급적으로 정당화하는 조작이 아니라 반대로 역사적 주체가 적극적으로 역사에 관여해 나가고, 자신을 역사화하는 운동을 포착하기 위한 개념으로서 나타난다. 이러한 의미에서 역사란 하나의 원주를 영원히 순환하고 있는 것처럼 보이면서, 여러 단계를 상하로 움직이는 나선형의 운동이다.

그래서 역사를 둘러싼 헤겔의 사고는 인류의 수준과 개인들의 수준을 구별한 칸트의 사고를 계승하고, 나아가 이 두 수준 사이의 연계를 고찰하려 했다고 말할 수 있다. 그 배경에는 자신이 현실에 존재하고 있다는 확실성에 관하여, 다름 아니라 스스로가 자신에 대해 품고 있는 이화異和[다른 것들끼리의 조화]가 있다. 이 이화는, 비현실적인 세계 안으로 개인들이 각각의 방법으로 진입, 세계에 개입한다는 행위로서 세계에 확실성을 부여하여, 거꾸로 개인들이 각각의 방법으로 자기의 현실적 존재의 확실성을 다시 취하는 모습으로 작용한다. 헤겔은 현실과의 관계에서 자기로의 회귀라는 주제 계열을 부상시킨 것이다.

헤겔은 자기를 다시 취함에 있어서 현실적인 것의 실현을,

---

10. 이 역설은, リーデル, 「ヘーゲルの歴史哲学における進步と弁証法」, 『体系と歷史』, 앞의 책을 참조.

『역사철학 강의』에서 역사의 반복-되풀이로 파악한다. 국가에서 일어나는 변혁은 그것이 반복되었을 때 처음으로 사람들에게 정당한 것으로 승인된다. 최초(첫 번째)는 단순히 우연 내지 가능한 것이라고 인정되고 있었던 것이지만 반복되는 것(두 번째)에 의해 확실한 현실로 변한다는 것이 그 논거이다. 현실이란 가능한 것이 자신을 되풀이하는-반복하는 것으로서 자신을 다시 '취^取하는-실현하는' 것이다. 그리고 맑스는 『루이 보나파르트의 브뤼메르 18일』에서 헤겔의 관점을 '되풀이-반복'하면서 헤겔과의 차이를 보여주었다. 확실히 역사는 되풀이되지만, 그러나 이 반복에서 첫 번째는 비극으로, 두 번째는 희극으로 출현한다는 단서를 부가했던 것이다.

반복의 담당자에 있어서의 차이 : 유산 계승

이 부가된 단서에서 맑스는, 헤겔의 현실-비현실이라는 범주로부터 비극-희극이라는 연극(예술)적 범주로 역사를 둘러싼 관점을 이동시킨다. 역사는 연극이 상연되는 무대라는 은유를 통해 파악되는 것이다. (칸트도 인류의 진보에는 여러 역사적 사건만이 아니라 그것들을 객석에서 구경하는 관객의 숭고한 열광이 불가결하다면서 극장의 은유를 도입하고 있었다.[11]) 이 이동에서 주목되는 것은 반복의 담당자에서의 차이다. 비극-희극의 범주는 이 차이를 각인하는 데 사용된다. 『브뤼메르』[맑스의 저작 『루이 보나파르트의 브뤼메르 18일』의 약칭]에서는 나폴레옹이 비극의 주인공, 그리고 그 조카 루이 보나파르트가 희극의 주인공으로서 역사라는 무대에 등장했다고 간주되었다.

헤겔에게 역사적 사건의 담당자는 일반적 이념(세계정신)이다. 역사상 출현하는 개인들은 이성의 간지의 작용에 의해 희생되는 경우는 있어도 반복하는 역사적 사건들의 진정한 담당자로서는 인정되지 않았다. 그런 의미에서 헤겔은 칸트와 동일한 지평에 머물고 있었다. 헤겔은 칸트로부터 일보 전진하여, 개인들이 자신의 현실을 획득해 가는 세계 안에서, 그리고 역사에 있어서, 자신을 실현하려고 하는 양상을 보여주었다. 그러나 이성의 간지에 역점을 두었기 때문에 개인들이 어떻게 이성의 희생자가 되는가에 관해 발을 들여놓는 고찰을 실시하지는 않았다.

이를 근거로 맑스는 개인들이 실제로 어떠한 방식으로 '반복'을 실행하는지 또는 반복 안에 말려들어 농락당해 버리는지를 고찰했다. 맑스는 『브뤼메르』에서 인간은 자기 자신의 역사를 창조하지만, 자기가 생각하는 대로 자발적으로 자신이

---

11. Lyotard, *L'enthousiasme*, 앞의 책 (リオタール, 『熱狂』, 앞의 책).

선택한 상황에서 창조하는 것은 아니며, 가까운 과거로부터 주어진 상황 안에서 창조한다고 생각했다.[12] 소여된 상황을 조건·소재로 하여 창조되기 때문에 역사는 반복의 양상을 보이는 것이다. 자기의 역사를 구성함에도 불구하고 그 소재를 자기에 선행하는 타인들에게서 구한다는 역설이 역사의 반복을 초래한다. 헤겔에게서 역사적 행위의 담당자는 일반적 이념에 희생되지만, 맑스에게서 역사적 행위의 담당자는 다름 아니라 자기 자신에게 희생된다. 이것은 프롤레타리아트라는 계급은 자신을 소멸시키기 위해서만 출현한다는 점에서 나타난다. 자기의 역사를 창조함에도 불구하고, 인간은 그 조건들·소재를 다른 사람들, 선행 세대로부터 부여받기 때문이다.[13]

맑스의 '자기 자신', '자기'를 어떻게 파악해야 할까. 맑스에게 인간은 개체로서 닫혀있는 것이 아니라 '사회적 관계들의 총체'이다. 어떤 개인의 어디까지가 자기이며 어디까지가 타자인지 명료하게 정해질 수는 없다. 그 경계를 정하는 주요 원인의 하나가 소유권 등의 법 제도이다. 법 제도는 시대와 상황·지역에 따라 다양하고, 역사적으로 변화한 경우도 있다. 이 경계 획

---

12. カール・マルクス, 『ルイ・ボナパルトのブリュメール18日 [初版]』, 植村邦彦訳, 平凡社ライブラリー, 2008年. [칼 맑스, 『루이 보나파르트의 브뤼메르 18일』, 최형익 옮김, 비르투 출판사, 2012.]
13. リーデル, 「ヘーゲルとマルクス」, 『体系と歴史』, 앞의 책을 참조.

정에서 중요한 기능을 담당하는 것이 인간의 노동과 관계된 생산 관계들(생산수단·기술·유통제도·산업형태 등)의 발전이고 변화이다. 생산 관계들의 교체에서 정치적 제도들의 쇄신이 가능하게 된다고 맑스는 생각했다. 구체적으로는 종래의 생산 관계들에 의거한 여러 개별적인 특수 이익들을 누리고 유지하려는 사람들과, 그 종래의 생산 관계들을 새로운 생산 관계가 가져올 이익의 질곡桎梏이라고 간주하는 사람들 사이에서 일어나는 항쟁과 교접으로 인해, 인간적 개체의 자기-비非자기의 경계선은 이행·변화할 수 있다는 것이다(이것은 도식적인 동시에 개관槪觀적인 파악에 지나지 않는다. 실제로 이러한 이행·변화가 일어나는 것은 용이하지 않다. 또한 그러한 이행·변화가 일어난 경우에도 거기서의 동향의 추이는 복잡하다).

노동 행위를 그 축으로 삼은 맑스의 구상에는 헤겔 텍스트들의 비판적 독해에서 도출된 부분이 있다. 헤겔도 노동을 주시한 철학 체계를 구성했다. [헤겔에게] 노동은 인간이 스스로 설정한 어떤 대상(목적)을 변화시키면서 역으로 이 행위의 동작주인 자기 자신도 변화시키는 실천 행위이며, 이 변화 그 자체가 인간의 본질이었다. 철학자인 헤겔에게 노동의 이러한 실천적 성질은 인간이 자신을 알고 자기를 의식한다는 정신의 영역에 한정되어 있었다. 노동이 정신에 끼치는 이 자기 의식화 작용을 가지고 헤겔은 철학을 정의한다. 이에 비해 맑스는, 헤겔의 사고를 한 걸음 더 밀고 나가, 노동을 정신의 영위로 환원하지 않고 인간이 자신을 대상(목적)화하고 자신의 삶(생활)도 만들어내는 행위로 포착한다. 그리고 이러한 인간에 의한 노동을 매개로 한 자기의 대상(목적)화의 과정 및 그 흔적의 총체로서 사회와 역사를 파악하면서, 노동을 철학의 영역에 들어앉히지 않고 실천의 일환으로서 포착했다. 헤겔에게 철학은 정치에서 완성되지만 맑스에게 철학은 노동의 사회적·역사적 실천에서 완성된다(여기서 코뮤니즘을 둘러싼 철학과 정치와 경제의 복잡한 관계가 생긴다). 바꾸어 말하면 맑스는 철학자 또는 정치가의 손에만 정치를 위탁하는 것이 아니라 노동자 자신이 정치를 담당할 가능성, 노동자의 정치라는 미지의 영역을 제기하고 발안했던 것이다. 이러한 실천을 통해 철학은 자기 고유의 영역 밖에서 완성된다. 맑스는 사회와 역사, 경제, 정치 등 다기多岐한 영역에 이르는 고찰을 통해 역설적인 방법으로 철학을 완성시키고자 했다고 말할 수 있다.[14]

룸펜 프롤레타리아트라는 질곡

이 구상의 일환으로서 『브뤼메르』는, 1848년 2월 혁명에

---

14. 같은 글.

의해 수립된 프랑스 제2공화제로부터 동년 12월에 실시된 대통령 선거에서의 루이 보나파르트의 압승, 나아가 1851년 12월의 대통령에 의한 쿠데타 및 그에 이은 대통령 독재까지의 기간에 제기된 무수한 정책과 사회를 구성하는 계층들을 분석하였다. 그러면서 이를 통해 경제적 변화가 가져온 사람들의 이해관계들의 변천變遷 및 이 변천에 수반하여 변화하는(변화한다고 맑스가 생각한) 통치 제도의 변천을 드러내고, 그 변천을 배경으로 역사에서의 반복 문제를 고찰했다(그 후 루이 보나파르트는 그다음 해인 1852년 12월부터 1870년 9월까지 제2제정을 펼치고 '황제 나폴레옹 3세'를 자칭했다). 대략 이러한 추이로 진행해 가는 정세 안에서 맑스는, 나폴레옹의 조카라는 출신을 가지고 정권을 장악한 루이 보나파르트의 출현으로부터 역사의 반복을 읽어냈다.

이 반복은 맑스가 바라고 있었던 사태의 도래와는 매우 거리가 멀었다. 맑스에게 19세기에서의 혁명, 구체적으로는 1848년 2월 혁명은 종래의 혁명과는 달리 인간의 자유를 관념적으로 혹은 글과 말에서만이 아니라 그 내실에서 확고하게 실현시키려는 움직임, 또는 그와 같은 혁명이었을 것이기 때문이다. 맑스에게 역사는 반복되어야 하는 것은 아니었다. 종래의 혁명이 선행하는 과거의 사건을 차용하면서 그 모방 또는 반복으로서 재출현했던 것은, 그 혁명들이 주장하는 내용이 실제로는 실현될 수 없는 공리공론이었기에, 그것을 은폐하기 위해 과거의 권위에 준거했기 때문이라고 그는 생각했다. 그리고 2월 혁명은 맑스에게 말이 내용을 웃도는(관념이 실태를 은폐하는) 것이 아니라 마침내 내용이 말을 웃도는, 즉 '자유'를 진짜로 실현할 가능성을 수반한 혁명이었다.

맑스는 「헤겔 법철학 비판 서설」(1844년)에서 이미 역사는 과거와 결별하기 위해 진행한다고 서술했다.[15] [이 글에서 맑스는] 근대에서 구체제는 진정한 주인공들을 결여한 희극의 어릿광대道化役者와 같으며 비극에서 희극으로 이행하고 있다고 썼다. [「헤겔 법철학 비판 서설」에서] 반복의 문제는 나오지 않지만 역사를 비극-희극이라는 쌍으로 포착하는 관점은 이미 엿볼 수 있다. 맑스는 이 희극의 상연에서 구체제가 해체된다고 생각하고는 그것을 '과거와의 결별'이라고 불렀다. 맑스 자신이 8년 후의 『브뤼메르』에서 「헤겔 법철학 비판 서설」이 제시했던 사고를 반복했던 것이다.

자유를 실현할 가능성은 루이 보나파르트의 출현에 의해 소거되었다. 역사는 다시 반복의 표정으로 출현했던 것이다. 루이 보나파르트의 지지층은 룸펜 프롤레타리아트이고, 루이 보

---

15. マルクス,「ヘーゲル法哲学批判序説」, 花田圭介訳,『マルクス=エンゲルス全集』第1巻, 大月書店, 1959年 수록. [칼 맑스,「헤겔 법철학 비판을 위하여. 서설」,『칼 맑스 프리드리히 엥겔스 저작 선집 4』, 김세균 감수, 박종철출판사, 1997.]

나파르트 자신도 그러했다고 『브뤼메르』에서 맑스는 말하고 있다. 룸펜 프롤레타리아트란 정해진 직업이 없는, 또는 직업을 갖지 못하는 불안정한 노동 환경에 처해 있으면서 다양한 직업에 종사하며 그날그날을 유동적 부랑 상태로 연명하는 도시 잡업 층 사람들 전반을 지칭한다. 그들은 국가와 시민사회에 의한 보호를 받지 못하거나 또는 보호가 포기된 빈곤층이다. 그런 의미에서 그들은 맑스가 이상으로 삼은 혁명과는 인연이 없는 존재였다. 오히려 국가나 시민사회에 영합하거나 아첨하여 은혜를 입거나 가능한 한 일하지 않고 안일한 생활을 보내고 싶다고 생각하는 그 경향 때문에, 맑스에게 룸펜 프롤레타리아트는 반혁명적 존재이기조차 했다. 맑스가 상정한 혁명의 이상적 담당자는 자기의 노동력을 파는 노동자(프롤레타리아트)였지만, 룸펜 프롤레타리아트는 틈만 나면 부유층과 권력의 시혜를 받으려는 모습을 보여주는 기생체처럼 존재했기 때문이다. 이 존재를 지지기반으로 삼아 루이 보나파르트는 제2공화국이 1848년 3월에 포고했던 보통선거제도(남성에게 선거권을 인정한다. 유권자 수는 약 960만 명)에 따라 대통령에 선출되었다. 룸펜 프롤레타리아트는 국가와 사회 내부에서는 그 이해를 계산할 수 없는, 오히려 그것들의 테두리 밖에 버려졌던 계층이다. 따라서 그들의 이해는 의회제와 대표제라는 이른바 '민주주의'적 정치형태에서는 원래 논의의 대상이 되지 않앉다. 그들은 사회에 대해 무언가 기여를 행하기는커녕 반대로 사회의 기생체이기 때문이다. 『브뤼메르』에서 맑스의 관심 중 하나는 이와 같은 사람들의 지지를 끌어모은 보나파르트가 어떠한 계층의 어떠한 이해의 대표자로서 권력을 수중에 넣었는가, 또는 대표자를 연기했는가라는 점에 있었다.

'표상-재상연'의 무대

이러한 '대표-재연再演-표상représentation'의 묘책은 어떻게 가능했던 것일까. 맑스는 루이 보나파르트가 그 대표자의 모습을 연기한 계급으로서 분할지 농민(봉건적 토지소유 형태에서 해방된 토지를 분할해 각각 농지를 가지게 된 이른바 '독립자영농민')을 분석한다. 〔그는〕 분할지 농민은 당시 프랑스에서 방대하게 존재하고 있었지만, 각각 자신의 토지에서 자급자족적인 생산을 하고 있었기 때문에 생활 양식을 사회적 교환에서 얻을 기회가 없었다고 분석한다. 따라서 통계적 관점에서 보면, 분할지 농민은 하나의 계급을 이루고 있었음에도 불구하고 그들 상호 간에는 연대와 정치적 조직 등이 없었기 때문에 자신의 이해를 집합적으로 표현하는 것도 없었으며, 그러한 의미에서 그들 자신에 의해, 이 계급은 존재하지 않았다. 맑스식으로 말하면 '계급'이라는 말과 내용 사이에 차이가 생겼던 것이다. 이 차이를 이용하여 루이 보나파르트는 마치 이 계급의 이해를 대표하고 있는 것처럼 연기하는 것이 가능하게 되었다. 이것이 맑스에 의한 분석의 골자다. 여기서 대표제를 둘러싼 루이 보나파르트의 묘책이 성립하게 되었다는 것일 터이다.

'표상-대표하는 것'인 정치적 장치(국가)와 '표상-대표되는 것'(계급적·사회적 이해들) 사이의 차이는 사라질 수 없었다. 룸펜 프롤레타리아트는 자신도 룸펜 프롤레타리아트인 루이 보나파르트에 의해 그 이해가 표상-대표되기는커녕, 반대로 이용당한 뒤에 (재차) 폐기되었다. 프롤레타리아트와 부르주아지의 '정당성' 대결은 성립하지 않았고, 역으로 룸펜 프롤레타리아트라는 표상-대표될 수 없는 것의 불온한 절박함이 두드러졌다.[16]

우연성과 필연성

그러나 차이는 사라지는 것일까. 반대로 차이야말로 역사를 요동시키는 동인이라고 한다면 어떨까. 이 시각에서 말과

---

16. 다만 계급을 어떻게 포착할 것인가, 또한 노동력의 상품화를 어떻게 포착할 것인가에 따라 프롤레타리아트-룸펜 프롤레타리아트의 경계는 흔들린다. 長原豊編, 『政治経済学の政治哲学的復権 ― 理論の理論的〈臨界-外部〉にむけて』, 法政大学出版局, 2011年 참조.

내용의 차이를 정신분석이 제안했던 기호표현(시니피앙)과 기호내용(시니피에)의 차이와 중첩시켜서, 루이 보나파르트의 예에서 이 차이가 인간의 표현(표상) 행위 그 자체를 기초 짓고, 표상될 수 없는 불쾌하고 무서운 기억의 억압을 풀어 억압된 것을 회귀(반복)시킨다는 논의도 있다. 역사를 둘러싼 맑스의 고찰이, '으스스한 것'이나 '죽음충동', '반복강박', '심적 외상'이라는 표상의 균열과, 그것에서 엿보이는 주체의 욕망의 움직임을 고찰하는 데서 가치를 발휘한 프로이트의 개념들을 통해 다시 파악된다.[17]

루이 보나파르트를 분석하는 맑스 자신의 의지, 말과 내용의 일치로서 혁명이 성숙하기를 바라는 청원請願이 맑스의 글쓰기를 몰아가고 있다는 지적도 있다.[18] 이 경우 루이 보나파르트 출현의 경위를 분석하는 맑스의 텍스트 그 자체가 적극적이고 능동적으로 역사에 관여하고자 하는 의지를 보여준다.

그러한 의미에서 인간은 자기의 역사를 창조할지도 모르지

---

17. Jeffrey Mehlman, *Revolution and repetition: Marx/Hugo/Balzac,* University of California Press, 1977 (ジェフリー・メールマン, 『革命と反復ーマルクス/ユゴー/バルザック』, 上村忠男, 山本伸一訳, 太田出版, 1996年).
18. Dominick LaCapra, «Reading Marx: The Case of *The Eighteenth Brumaire*», *Rethinking intellectual history: texts, contexts, language,* Cornell University Press, 1983 (ドミニク・ラカプラ, 『思想史再考ーテクスト, コンテクスト, 言語』, 山本和平, 內田正子, 金井嘉彦訳, 平凡社, 1993).

만, 자기가 생각하는 대로는 아니라는 말은 맑스 자신에게 들어맞는다. 말과 내용의 차이는 결코 매장되지 않는다. 반대로 차이가 반복을 끌어당긴다. 그래서 인간은 자신의 역사를 자기에 선행하는 사람들과 죽은 세대가 남긴 상황·제약·조건을 소재로 구성하는 것이라고 말할 수 있다. 맑스에게 역사를 둘러싼 문제들은 과거의 유산 또는 과거라는 유산의 계승과 미래로의 전달을 그 핵심으로 삼는다. 이때 '반복' 개념은 헤겔이 부여했던 것과는 다른 규정을 받는다.

헤겔의 경우에는, 첫 번째 일어났을 때는 우연적이었던 역사적 행위는 두 번째 일어났을 때는 필연으로 화한다. 이 점에서 반복은 인간의 자유라는 이념을 정당화하는 동시에 실현하는 양상을 포착하는 개념이었다. 헤겔에게서 반복은, 자유가 자신의 우연성을 불식시키고 역사적으로 실현되어 필연성으로 이행하기 위한 개념장치이다. 첫 번째의 우연성, 첫 번째라는 우연성은 두 번째 이후에 확인되는 필연성이라는 사후적이고 소급적인 시점에 의해서만 우연이었다고 간주된다. 필연성이 필연성으로 확인되려면 이 필연성 그 자체에서 보았던 우연성, 이 필연성에 의해서만 우연으로 간주되는 우연성, 따라서 이 필연성이 사후적으로 구성하는 우연성이 요청되는 것이다. 헤겔에게 반복은 이 필연성을, 따라서 또한 우연성을 확정하고, 이념을 현실적으로 실현하기 위한 장치이다.

이에 비해 맑스에게 반복은, 역사적 행위를 첫 번째는 비극으로 두 번째는 희극으로 출현시킨다. 인간은, 선행 세대로부터 계승했던 과거를 조건과 소재로 하여 자신의 역사를 만들어낸다. 맑스에게 역사는 인간의 자유로운 이념이 실현되는 과정이 아니다. 반대로 그 실패의 퇴적이다. 실패는 필연성과 대립하는 동시에, 필연성이라는 사후적이고 소급적인 시점이 요청한 우연성에 의해, 필연성의 시점이야말로 반대로 사후적 구성물임을 명확하게 한다. 이는 인간이 자신의 노동과 관계된 생산관계들의 발전·변화에 대해, 말과 내용이 어긋나 있는 것과 마찬가지로 어긋나 있다는 것을 의미한다. 노동과 자본이 상호 규정하는 과정, 그 흔적이 그려낸 궤적은 자본의 경향적 법칙을 보여준다. 그러나 그것[궤적]은 결코 필연성을 의미하지 않는다. 그것은, 정치 과정으로서의 자유를 목표하는 사람들의 의지와 행위의 무수한 흔적이 연결되며 이끌린 선이라는 것 이상의 칭호를 가지지 않으며, 그런 의미에서 오히려 인간의 선택적 자유를 의미한다.

최소한의 차이

인간의 의식은 자신의 행위에 비해 뒤처진다. 역사란 이 차이, 뒤처짐의 흔적이다. 우연성은 예컨대 이념이 실현된 것처럼 보이더라도 결코 없어지지 않는다. 우연성은 재출현한다. 그러나 또한 그로 인해 사람들은 반복해서 이념의 실현을 목표로 역사적 행위를 하고 역사를 반복하는 것이다. 그러한 의미에서 우연성이 소멸했을 때엔 역사도 또한 소거될 것이다. 맑스에게 반복은 우연성을 필연성으로 회수하지 않고 인간의 역사적 행위의 기본조건으로서 추출抽出하기 위한 장치이다.[19] 반복은 이념의 실현을 방해하지만, 반복이 없다면 이념도 발견되지 않는다. 반복에서 역사를 보는 것에 의해 맑스는, 생산관계들의 발전·변화를 둘러싼 사람들의 저항의 흔적을 반복하여 추적하고, 이와 같은 반복-저항이 가져온 효과들을 미래의 발전과 연결하려고 했다. 현재를 살아가는 개인들의 신체는 자유의 이념을 실현하려는 사람들의 의지를 방해하는 장해임과 동시에, 그들이 계승-상속하는, 과거를 살았던 세대들의 사람들이 남긴 기억이라는 유산遺産의 아카이브이기도 하다. 사람들은 이 유산 속에서 자유의 이념을 실현하기 위한 소재와 수단을 끄집어내는 것이다.[20]

---

19. 이 점에 관해 역사에서의 반복의 문제를 고찰한 Jean-François Hamel, «Le second empire du passé : l'agonistique de la narrativité chez Karl Marx», *Revenances de l'histoire. Répétition, narrativité, modernité,* Édition de Minuit, 2006을 참조.
20. 이 점에 관해 유산 상속-계승과 재래(再來)-유령이라는 문제 기제에서 맑스를 논한 Jacques Derrida, *Spectres de Marx : l'état de la dette, le travail du*

현재를 살아가는 사람들이 과거를 살았던 사람들에게 자신의 신체를 대여함으로써 과거를 현재에서 반복함과 동시에 현재로부터 미래를 변혁할 힘을 과거로부터 획득하는 기제는, 『자본론』이 묘사한 죽은 노동이 산 노동의 피를 뽑아먹음으로써 자본으로서 생존하는 잉여가치 발생의 방법과 같다. 이를 맑스는 '죽은 자가 산 자를 붙잡는' 유산 상속의 장면으로 포착했다.

들뢰즈는 니체의 철학을 '가면의 철학'으로 요약하면서, 힘은 가면을 쓰지 않는 한 효과를 발휘할 수 없다(그래서 가면을 벗긴 후에 나타나는 것은 얼굴이 아니라 또 하나의 가면이다)는 테제를 세웠다.[21] 맑스도 또한 미래를 변혁할 힘(차이)은, 과거의 영웅이라는 인물 형상을 현재에 소환한다는 반복(가면)의 형태를 통해 출현한다고 생각했다. 루이 보나파르트를 분석하는 맑스를 몰아세웠던 혁명에의 의지 그 자체도 또한 맑스 개인의 주체성에 속한 의지가 아니라, 과거에 해방의 정치

---

deuil et la nouvelle Internationale, Éditions Galilée, 1993 (デリダ, 『マルクスの亡靈たち－負債状況=国家, 喪の作業, 新しいインターナショナル』, 増田一夫訳, 藤原書店, 2007年) [자크 데리다, 『맑스의 유령들』, 진태원 옮김, 그린비, 2014]를 참조.

21. Gilles Deleuze, *Nietzsche et la philosophie*, Press Universitaires de France 1962 (ジル・ドゥルーズ, 『ニーチェと哲学』, 江川隆男訳, 河出文庫, 2008) [질 들뢰즈, 『니체와 철학』, 이경신 옮김, 민음사, 2001].

를 시도한 무수한 좌절·실패의 퇴적이 맑스의 신체를 통해 하나의 집합적 의지로서 출현하고 있다는 것의 증거證佐이다. 아마 코뮤니즘은 죽은 자로부터 유산을 상속하는 장면을 경유하지 않는 한 출현하지 않을 것이다. 코뮤니즘은 이 근원적 수동성의 경험 없이는 성립하지 않는다.

죽은 노동으로서의 자본의 한계는 자본 그 자체다. 그래서 살아 있는 노동과 접속함으로써, 죽어 있는 그대로 자본은 생존할 수 있다. 한계의 제한으로의 이 치환에 의해서, 잉여가치율이 어느 정도 저하되어도 잉여가치는 소멸하지 않는다. 자본은 노동과의 상호 규정에서 자신의 극한에 한없이 접근해 가지만, 거기에는 항상 무한하게 작은 거리距離가 있고 결코 자기 자신에 도달하지는 않는다. 자본의 변동과 노동의 변동은 일치하지 않으며 이 거리는 소멸하지 않는다. 한없이 자신의 극한에 접근하는 자본, 한없이 서로 접근해 가는 노동과 자본의 상호 규정의 운동을 분석하면서, 맑스는 자본의 운동을 지탱하는 최소한의 요소를, 그것을 넘으면 자본도 노동도 소멸하는 최소한의 간격-차이를 파악하려고 했다.[22]

---

22. 노동과 자본의 최소한의 차이에 관해서는 Étienne Balibar, *La philosophie de Marx*, Éditions La Découverte, 1993 (エティエンヌ・バリバール, 『マルクスの哲学』, 杉山吉弘訳, 法政大学出版局, 1995年) [에티엔 발리바르, 『맑스의 철학』, 배세진 옮김, 오월의 봄, 2018]을 참조.

반복으로서의 역사에서 최소한의 간격은 언어의 과잉(내용과의 차이)으로서 출현한다. 이미 「헤겔 법철학 비판 서설」은 철학의 선구성과 프롤레타리아트와의 관계로서 이 문제를 제기하고 있었다. 프롤레타리아트는 자신을 형성할 때 선구적 관념론 철학을 사용한다. 그때 철학이 프롤레타리아트를 자신의 물질적 무기로 삼는 것에 대해 프롤레타리아트는 철학을 자신의 정신적 무기로 삼는다고 맑스는 말한다. 철학은 그 말의 과잉 때문에 프롤레타리아트에게서 비판받는다. 그러나 프롤레타리아트는 잉여로서의 말을 사용하여 비판을 행한다. 이때 말은 정신적인 것으로서의 지위(신분)를 일탈하고, 자연발생적이 아닌 인위적으로 산출된 빈민인 프롤레타리아트의 집합적인 힘을 주입하여 물체적인 위력으로 화하며, 프롤레타리아트라는 계급 그 자체를 완성시키고 그에 따라 해체한다. 문제는 말에 물체적인 힘을 주입하는 것, 들뢰즈식으로 말하면, 사람들의 힘을 결집하기 위해 프롤레타리아트라는 가면을 씌워서 그 효과를 발휘시키고, 가면을 그 자신이 허물어뜨리는 것이다.

무한소의 정치

잉여로서의 말이 철학이라고 불리는 곳간의 재고품이듯이 프롤레타리아트는 상품화되는 것을 기다리는 잉여로서의 노동(력)이다. 노동과 자본이 서로를 규정하여 최소한의 간격-차이를 출현시키듯이, 철학과 프롤레타리아트는 서로를 규정함으로써 말-물질의 구분을 쌍방이 횡단한다. 그리고 말은 자신의 지위를 물질의 지위로 전환하고 물체화하여 말의 위력을 현현顯現시킨다. 혁명은 말의 물체적 사용이고, 그 결과로서 '프롤레타리아트'가 그 의미 내용과 참조물과의 관계를 절단하여 과잉으로서의 말 그 자체로 화하는 것이다. 최소한의 차이에 근거한 노동자의 정치를 맑스는, 『자본론』에서는 노동과 자본의 상극相克을 통해, 『브뤼메르』에서는 반복으로서의 역사의 차이로 묘사해 냈던 것이다.

맑스에 의하면 경제적 심급이, 또는 종래의 표현을 사용하자면 이른바 하부구조가, 사회 변혁을 규정하는 주요 원인을 이루는 것은 확실하다. 그러나 그것은 '최종적인' 심급이라기보다는 오히려 자본주의의 경향적 법칙과 역사적 조건들이 만나 충돌하는 장場을 구성하는 원인이고, 또한 이 원인은 그 장에는 부재한다. 그러한 의미에서 정치는 경제로 환원되지 않는다. 정치는 경제의 난외-여백이며, 양자의 관계는 무관계한 관계이다. 중요한 것은 이 장에서 자본주의의 경향적 법칙과 그것에 저항하는 현존하는 노동자(파견 노동자·비정규직 노동자·노무자·실업자·미취업 노동자 등도 포함한다) 사이에 전개되는 투쟁의 정치 과정이다. '과정'이라는 개념이 정치적인 것은, 자본주의적 상품으로서의 신분을 노동자에 압착^{壓搾}하여 종속(포섭)시키려고 하는 자본의 논리-힘과, 이에 저항하고 이 신분에서 벗어나려고 하는 노동자가 만나고 조합되어 서로를 상호 규정하는 그 결과를 예측하는 것이 가능하지 않기 때문이다.

이른바 역사는 과정의 결과의 퇴적이고, 그 결과들의 흔적을 그려낸 궤적이다. 이 궤적은 현재에서 되돌아보면, 어떤 일정한 방향을 향해 하나의 모습으로 늘어져 있는 듯이 보이고, 또한 이 궤적을 관측하는 현재는 그 궤적의 첨단^{尖端}에 위치해 있는 것처럼 보인다. 따라서 역사주의적 사고는, 이 궤적 그 자체를 법칙으로 간주하고 노동과 자본의 상호 규정에서의 현실적 모순을 사고의 바깥에 둔다. 그러나 이 선의 어느 '순간'moment으로서의 한 점을 골라낸다면, 거기서부터 현재라는 첨단까지 이르는 것과는 다른 방향으로 늘어지는 선이 끌어당겨지는 경우도 있다. 또한 현재를 기점으로 지금까지의 궤도와는 별개의 방향으로 선을 끌어당기는 일도 가능하다. 원래 그와 같은 점을 골라내고, 현재와는 다른 방향으로 늘어지는 선을 끌어당기려는 시도 그 자체가 이미 우리들이 현실적 모순 안에 있다는 증거다. 정치경제학 비판이라는 맑스의 과제에서 '과정' 개념이 정치적인 까닭이 여기에 있다. 노동자의 정치는 정치 과정에 위치해 있다.

어떤 선의 임의의 한 점을 가설의 기점으로 하고, 이와는 다른 방향으로 늘어져 가는 선을 끌어당기려는 시도試行를, 나는 '무한소픽션의 정치'라고 부른다. 어떤 운동의 평균 속도는 그 거리와 시간의 비比에서 구해진다. 평균 속도의 궤적이 하나의 직선으로서 그려진다면, 운동은 이 평균 속도 이외의 속도를 내지 않았던 것처럼 표상된다(자본주의의 경향적 법칙 또는 역사의 필연-진보의 표상).

그러나 실제로는 운동이 항상 평균 속도를 유지하는 것은 아니다. 어떤 한 점에서 순간의 속도가 평균 속도보다 높은 경우도 있고 낮은 경우도 있다. 순간은, 그 자체만 취해 보면, 영의 지점地點-영의 시점時點이다. 어떤 순간에서의 속도를 조사하기 위해서는, 이 순간의 주변에 있는 여러 '운동량·추진력momentum'을 이 순간에 한없이 접근해 가는 운동으로 포착해야 한다. 이 순간과 이 순간에 한없이 접근해 가는 운동 사이의 한없이 작은 차이=속도를 알아내어 이 속도의 평균치를 구하면, 당초의 선과는 다른 선이 그려질 것이다. 그 자체로서는 영인 순간은, 무한소의 차이를 분리하는 일시적인 기점이 될 때 현재에 저항하여 현재와는 다른 양상을 향하는 계기moment가 된다.[23]

---

23. 코뮤니즘의 «moment(um)»에 관해서는, ジャック・ランシエール,「共産主義な

맑스에게 노동자의 정치란, 노동과 자본이 마주치는 임의의 순간에 무한소라는 픽션을 도입하여 이 순간을 변혁의 기회로 삼는 것이다. 결국 자본주의 사회에서 변혁은 언제든 어디서든 일어날 수 있다. 주변 지역이든 반대로 선진지역이든, 거기가 자본주의 경제의 난외-여백인 한에서 말이다. 그리고 혁명에는 때가 익었다거나 시기상조라거나 하는 것은 존재하지 않는다.

현재에서의 현재에 대한 무한소의 차이로부터 현재와는 완전히 다른 사회를 묘사해 낸 '노동자의 정치'에는 무한소라는 픽션이 맥박 치고 있다. 말의 과잉(내용과의 불일치)으로서의 픽션은, 현실을 참조하거나 현실에 준거référent하지 않음에도 불구하고(/않기 때문에), 현실의 자기 자신에 대한 무한소의 차이를 도출하는 정치적 장치이다. 말이 정신적 속성을 일탈하여 물체로 변하는 사태는 자본과 노동의 마주침 및 상호 규정에서 보이는 노동과 자본의 최소한의 차이에 대한 우의寓意이다. 노동자의 정치는 이 속성의 상호 전환을 통해 고정된 여러 사회적 지위로부터 사람들을 일탈시킨다.

き共産主義者たち?」, 松本潤一郎訳, コスタス・ドゥズィーナス, スラヴォイ・ジジェク編, 『共産主義の理念』, 長原豊監訳, 水声社, 2012年, p. 279. [자크 랑시에르, 「공산주의 없는 공산주의자들?」, 『공산주의라는 이념』, 슬라보예 지젝·코스타스 두지나스 엮음, 진태원 외 옮김, 그린비, 2021, 318쪽.]

'절대빈곤' 쪽으로

영도^{零度}의 프롤레타리아트[1]

『자본론』의 '착상'^{着床}을 둘러싼 지^地–시정학^{時政学}적 복잡성

자본주의 체제에서 일어나는 사회적 모순을 하나의 계기–기점으로 하여 프롤레타리아트와 부르주아지라는 두 계급의 적대 관계를 분석하고, 쌍방의 그때그때의 정세에 따르는 이해를 검토하며, 양자의 투쟁을 조직하여 자본주의 사회로부터 코뮤니즘 사회로의 과도기를 담당하는 프롤레타리아트 독재를 감행함으로써 프롤레타리아트 계급의 승리를 그 계급의 주도에 의한 국가권력 장악을 통해 역사적·정치적으로 확정한다.

---

1. 이 글은 ギャヴィン・ウォーカー, 「資本のプロレタリア的零度－外部の政治的物理学」(長原豊編, 『政治経済学の政治哲学的復権－理論の理論的〈臨界－外部〉にむけて』, 法政大学出版局, 2011년에 수록)에 촉발되어 쓴 것이다.

맑스주의에 의한 혁명 구상을 단순화하면 예컨대 이와 같은 단선적 구도가 그려진다. 실제로는 이와 같은 단선적 이야기보다 훨씬 복잡한 사건이 격발했다. 게다가 맑스가 살았던 19세기부터 오늘에 이르기까지의 역사에서, 이 이야기를 벗어나거나 나아가 파괴되기조차 하는 다양한 경위經緯가 연쇄적으로 진행되었다. 그리고 현상만을 본다면 이 단순한 구상은 아직 실현되지 않았고, 또한 실현도 곤란해 보인다.

그 한 원인으로, 프롤레타리아트 '계급'을 형성하는 장치의 기능 부전이 있다. 『공산당 선언』(1848년, 이하 『선언』)에서 맑스와 엥겔스는 주로 농민의 프롤레타리아트화가 진전되면서 자본축적의 규모도 증대하고 그와 병행하여 노동과 자본의 모순도 격화하여 프롤레타리아트의 세계 규모에서의 연대(계급화)와 계급투쟁이 일어나리라고 예측하고, 노동자(프롤레타리아트)의 '단결'을 주장했다.[2] 그러나 『선언』의 의도와는 정반대로 오늘날 세계화라고 불리는 자본주의의 진전 속에서 노동자는 '단결'하는 것이 아니라 오히려 반대로 서로 반목하고 서로를 밀어내고 있다.

이 문제를 생각할 때 시사적인 것이, 예를 들면 조반니 아

---

2. マルクス=エンゲルス, 『共産党宣言』, 村田陽一訳, 大月書店, 2009年. [카를 마르크스·프리드리히 엥겔스, 『공산당 선언』, 이진우 옮김, 책세상, 2018.]

리기의 작업이다. 아리기는 이른바 '세계체제론'의 입장에서 맑스의 자본축적 분석을 기초로 삼으면서도, 세계화에 의한 세계의 균질화·획일화를 자명하게 여기지 않고 오히려 주로 지정학적 차이에 착목하여 포착하려고 한다.

예를 들어 1960년대 백인 식민자 정당 로디지아 전선당에 의해 영도되었던 아프리카 남부 로디지아 정권하에서의 농민의 프롤레타리아트화 양태를 조사하면, 프롤레타리아트화는 자본축적에 적합하기는커녕 반대로 모순과 문제점을 낳았다는 것이 명확하게 되었다고 한다. 어떤 인터뷰에서 아리기는 과거 자신의 작업을 회고하는 방식으로 이에 대해 언급하고 있다. '실제 그것은 결과적으로 자본 부문에서 이점보다 문제점을 많이 산출했던 것입니다. 프롤레타리아아트화가 부분적일 때에는 아프리카 농민이 자본축적을 돕는 조건이 만들어졌습니다. 그것은 그들이 자신들의 생존을 위한 것의 일부를 생산하기 때문입니다. 그러나 농민이 더욱 프롤레타리아트화하면 이와 같은 메커니즘이 붕괴되기 시작합니다. 노동이 완전하게 프롤레타리아화하면 생활 임금이 완전히 지불되지 않는 한 착취할 수 없게 되기 때문입니다. 그래서 프롤레타리아트화는 노동 착취를 용이하게 만들기는커녕 실제로는 오히려 어렵게 만들고, 정치 체제를 점차 보다 억압적이게 하는 것입니다.'[3]

자본축적은 농민의 획일적이고 균일적인 프롤레타리아트

화에 기반하고 있는 것은 아니다. 자본축적 체제가 확립될 때에는, 차라리 그 곤란 쪽이 두드러진다. 이 점에 관해 아리기는 로디지아에서는 프롤레타리아트화에 세 개의 단계가 나타난다며 다음과 같이 말하고 있다. '로디지아에 관해 나는 프롤레타리아화의 세 개의 단계가 있다고 말했습니다만, 그중 하나만이 자본주의 발전에 적합했던 것입니다. 제1단계에서는 농민은 농산물을 공급하는 것으로 지역의 자본주의 발전에 대응하고 있어서 고임금과 교환하지 않는 한 노동을 공급하려고 하지 않았습니다. 따라서 지역 전체에 걸쳐 노동력 부족이 특징이었습니다. 자본주의적인 농업과 광업이 발달하기 시작하면 반드시 지방의 생산물에 대한 수요가 만들어지고, 아프리카의

---

3. 「ジョヴァンニ・アリギ・インタビュー ― 資本の曲がりくねった道(インタビューアー/デヴィッド・ハーヴェイ)」, ジョヴァンニ・アリギ, 『北京のアダム・スミス ― 21世紀の諸系譜』, 中山智香子 訳, 作品社, 2011年, pp. 544~545. [조반니 아리기, 『베이징의 애덤 스미스』, 강진아 옮김, 길, 2009.] [*한국어판 번역: "저는 로디지아 농민의 전면적 프롤레타리아트화가 자본축적에 어떤 모순들을 탄생시켰는지를 ― 사실 자본주의 부문에 이득보다 훨씬 더 많은 문제들을 안겨주는 것으로 끝났습니다 ― 분석했습니다. 프롤레타리아트화가 부분적인 한, 이 때문에 아프리카 농민들이 자본축적을 보조하게 하는 조건들이 형성되는데, 왜냐하면 농민들이 자신의 생계의 일부를 생산하기 때문입니다. 그러나 농민들이 더 프롤레타리아트화할수록 이런 기제는 더욱더 붕괴하기 시작합니다. 전면적으로 프롤레타리아트화한 노동은 생활임금을 온전하게 지불할 때만 착취될 수 있습니다. 이렇듯 프롤레타리아트화는 노동 착취를 손쉽게 만들기보다 실제로 더 어렵게 만들고, 체제는 종종 더 억압적이 되지 않을 수 없습니다."(조반니 아리기, 「곡절이 가득한 자본의 여정 ― 데이비드 하비와의 인터뷰」, 백승욱 옮김, 『뉴레프트 리뷰·2』, 길, 2009, 436쪽.)

농민은 즉시 그것을 공급하기 때문에 그들은 노동 공급보다도 생산물의 판매를 올려 화폐경제에 참가하는 것이 가능했기 때문입니다.'4

이와 같은 농민의 프롤레타리아트화에서의 복잡한 양상을 더듬는 작업으로부터 왜 노동자는 단결할 수 없었는가라는 물음에 대한 응답이 부분적으로는 명확해진다. 각 지역에서 자본축적의 양태는 달라서, 한결같은 실체로서의 '프롤레타리아트 계급'이 존재할 리는 없다.

복잡한 현실을 근거 삼아, 노동자의 단결을 생각하는 것은 가능할까. 나아가 프롤레타리아트 이외의 사람들이 단결에 협동·참가할 수 있을까.

아리기 자신은 이 물음과 직접 마주하고 있지는 않지만, 앞에서 언급한 그의 분석은 이 문제를 생각하는 데에 시사적이다.

---

4. 같은 책, p. 546. [*한국어판 번역 : "저는 로디지아에서 세 가지 프롤레타리아트화 단계를 구분했는데, 그 가운데 하나만이 자본주의 축적에 우호적이었습니다. 첫 단계에서 농민들은 농촌자본주의의 발전에 대응하여 농산물을 공급했으며, 고임금을 받을 때만 노동을 공급하곤 했습니다. 이렇듯 전 지역이 노동 부족이라는 특징을 갖게 되었는데, 왜냐하면 자본주의적 농업이나 광업이 발전하기 시작할 때마다 이는 현지 생산물에 대한 수요를 만들어냈고, 아프리카 농민들은 신속하게 이를 공급했기 때문입니다. 그들은 노동 판매보다 생산물 판매를 통해서 화폐경제에 참여할 수 있었습니다."(「곡절이 가득한 자본의 여정」, 『뉴레프트 리뷰·2』, 437쪽)]

이 물음에 대해 간접적이고 우회적인 접근을 조금만 시도해 보고자 한다. 그것은 '빈곤'이라는 문제, 개념으로서의 '빈곤'의 문제에 관련된다.

프롤레타리아트화의 복잡성·다양성과 관련된 사태의 하나로서 '빈곤'이 있다. 알다시피 맑스주의라고 불리는 정치운동은 '빈곤'의 소멸을 근거 혹은 이상으로 삼아 혁명을 지향해 왔다. 그리고 '빈곤'의 소멸을 근거 또는 이념으로 내걸었기 때문에 오늘날 맑스주의 그 자체가 소멸하고 있는 중인 것도 또한 확실하다. 그러나 이른바 금융 공황을 경과한 이후 현재, '빈곤'이 다시 부상하고 있다고 생각된다.

그래서 문제는, 도대체 '빈곤'을 어떻게 규정할 것인가를, 과연 그것을 규정할 수 있을까라는 것 자체도 포함하여 생각하는 것이다. 그 위에서 맑스를 다시 고쳐 읽고, 종래의 '프롤레타리아트' 개념으로 환원되지 않는 사람들의 단결을 구상하는 것이다.

룸펜 프롤레타리아트라는 막힘없는 융통성融通無礙

맑스는 '프롤레타리아트' 개념을 어떻게 구성했던 것일까. 어떤 개념을 정의하는 손쉬운 방법의 하나로서, 그 개념에 반하는 속성이나 그 개념에 속하지 않는 요소를 열거하고, 그것에 되비추어^{反照} 해당 개념을 규정하는 양식이 있다. 그러면 맑스에게 '프롤레타리아트'에 적대하는 개념은 어떠한 것일까. '룸펜 프롤레타리아트'다.

임노동자와 빈농을 어떻게 단결시키고, 국가 권력 장악을 향해 조직화할 것인가. 만국의 임노동자와 빈농들을 어떻게 단결시켜 하나의 커다란 힘으로 집합시킬 수 있을까. 현실에는 다양한 요인이 이 단결을 방해해 왔다. 이를 방해하는 요인 중 하나에 맑스는 '룸펜 프롤레타리아트'라는 이름을 부여했다.

『루이 보나파르트의 브뤼메르 18일』(1852년)에서 맑스의 관심의 하나는 다음과 같다. 역사의 흐름을 담당한다고 그가 생각했던 유물론·하부구조·경제적 심급이라는 개념으로 규정되는 힘과 개념론·상부구조·의식 등이라고 그가 불렀던 개념들과의 착종된 관계 안에서 인간은 자기 자신의 역사를 만들어낸다. 하지만 단순히 자신이 생각하는 대로 자발적으로가 아니라 과거부터 부여받은 조건·상황이라는 여러 제도 아래에서 만들어가기에 역사는 반복된다. 이러한 가설에 근거하여, 그는 나폴레옹의 조카라는 것 이외에 어떠한 특필할 점을 가지지 않는 듯이 보이는 루이 보나파르트가 어떠한 계층의 어떠한 이해의 대변자로서 출현하여 국가권력을 장악했는가를 분석하고자 했다.

맑스가 염두에 두었던 것은, 역사상의 영웅을 현재로 소환하고 그 형상으로써 사람들의 사회적 힘을 결집시킨다는, 세계사에서 자주 눈에 보이는 권력에 의한 자본화의 수순이었다. 그리고 그러한 한에서 역사는 전진하는 것이 아니라, 반대로 과거의 형상에 의지하기에 과거로 후퇴한다는 것, 그래서 과거의 반복에 의해 과거와의 차이(비극-희극)를 노정시키는 역설적 양태로서 진전하는 운동이라고 맑스는 이해하고 있었을 것이다.

결국 역사의 반복이라는 가설은 현재가 과거에 기생하고, 그것을 이용한다는 것을 의미한다. 그래서 이 가설은 룸펜 프롤레타리아트에 의한 프롤레타리아트에의, 나아가 부르주아지에의 기생을 흉내擬態5내고 있다.

그리고 자본이란 죽은 노동이 산 노동과 접속하여 생존하는 운동임을 상기하면, 역사의 반복에서 현재가 과거에 기생

---

5. * 저자는 simulacre를 '의태(擬態)', '의장(擬裝)', '모방' 등으로 문맥에 맞게 번역하여 쓰고 있다. 이 번역서에서는 '의태'는 '흉내'로 번역했다. 의태 그대로 번역할 수도 있겠지만, '의태'를 동사화하여 '의태하다'라고 쓰면, 웹사전에서 그 말은 '의심하고 두려워하다'라는 의미만 있는 것으로 검색되고 있고 또한 어색하기도 하므로 '흉내'라고 번역했다. '의장'은 한자 그대로 '의장'이라고 번역했다. '의장하다'라는 말이 잘 쓰지 않는 말인데다가 어색하기도 해서 '위장'이라고 번역할까 고심했지만, 위장은 거짓으로 꾸민다는 의미여서 비슷하게 꾸민다는 '의장'의 뜻을 벗어나는 면이 있다고 생각했다. 또한 '의장하다'라는 말은 사전에도 있기 때문에 다소 어색하더라도 '의장'은 '의장' 그대로 번역했다. '모방'은 한자 그대로 '모방'이라고 번역하였다. 또 저자가 원어 simulacre를 병기한 경우에는 원서 그대로 원어를 병기했다.

는 한편, 반대로 과거 쪽이야말로 현재에 기생하는 것으로 재출현하고 생존한다는 측면도 역사의 반복이라는 가설과 관계되어 있다고 생각한다.

난초가 말벌의 형상을 흉내 내어 말벌을 유인함으로써 꽃가루를 운반하는 한편 말벌은 난초의 꿀을 빨아들이는 그 상호작용6을 떠오르게 하는 이 사태가 시사하는 것은, 프롤레타리아트든 부르주아든 '계급'이라는 범주는 룸펜 프롤레타리아트에 의한 '흉내-모방'simulacre을 거치지 않으면 성립할 수 없는 개념은 아닐까라는 점이다.

맑스는 『프랑스의 계급투쟁』(1850년)에서, 생산된 부에 기생하여 투기·도박을 일으키는 자들을 '금융귀족'이라고 부르고 그들은 부르주아지 최상층에서 재생된 룸펜 프롤레타리아트에 불과하다고 규정했기 때문이다.7

즉 프롤레타리아트이자 부르주아지이고, 모든 계급을, 그리고 역사를 횡단하여 모든 시간과 공간에서 출현한다는 의미

---

6. 들뢰즈와 과타리는 『천 개의 고원』에서 (재)영토화와 탈영토화의 병행을 보여주는 알레고리로서 이 예를 들었다. Gilles Delleuze et Félix Guattari, *Mille Plateaux*, Éditions de Minuit, 1980 (宇野邦一 외 訳, 전3권, 河出文庫, 2010年) [『천 개의 고원』, 김재인 옮김, 새물결, 2001].
7. マルクス, 『フランスにおける階級闘争』, 中原稔生訳, 国民文庫, 1960年. [카를 마르크스, 「1848년에서 1850년까지 프랑스에서의 계급투쟁」, 『프랑스 혁명사 3부작』, 임지현·이종훈 옮김, 소나무, 2017.]

에서 '계급-바깥'hors-classe에 있는 '룸펜 프롤레타리아트'라는, 이 막힘없는 융통성을 지닌 〈과학적 허구〉SF, science fiction와 같은 장치仕掛け가, 역으로 '계급'(또한 '빈곤층' 및 '부유층')의 규정을 가능하게 하고 '진보'와 '필연'이라고 불리는 역사 법칙을 둘러싼 지식(과학)을 지탱하고 있는 것은 아닐까. 프롤레타리아트이든 부르주아지든 그러한 '계급'은 '룸펜 프롤레타리아트'라는 가상의 제로0 좌표座標로부터의 거리에서 대립 또는 되비침反照을 통해 분석되어 도출된 것이라면? 그렇다면 '역사에는 법칙이 있고, 과학적으로 파악 가능하다'라는 확신을 지탱하는 것은 '룸펜 프롤레타리아트'는 아닐까. 그리고 맑스 또한 임노동자를 고용하여 방적 공장을 경영하고 있었던 엥겔스에게 기식하여 자본주의 체제의 구조를 해명하기 위해 몰두했던 '룸펜 프롤레타리아트' 중 한 명 아니었던가. 룸펜 프롤레타리아트, 그것은 맑스에 의한 마법의 말인 것일까.

『철학자와 그 빈자들』에서 자크 랑시에르는 그렇게 생각하고 있다. 그는 그 책에 실린 논고 「속임수手品에 의해 지워진 혁명」에서 맑스를 '자본가와 노동자를 희생시켜 살아가는 걸식의 왕'이라고 부르고, '룸펜 프롤레타리아트'라는 '신화'에 의거함으로써 비로소 맑스에 의한 일련의 계급 분석이라는 지식(과학)의 작동이 가능하게 되었으며, 또한 애초의 '계급' 개념의 규정도 가능했다고 주장했다. 그리고 『브뤼메르』에서의 분할지 농민―룸펜 프롤레타리아트와 함께 루이 보나파르트 약진의 한 원인이 되는―에 대한 분석을 들면서 이 지식이 붕괴하는 양상을 보여주려고 했다.[8] 붕괴란 개념적 통일성의 해체이고 지식의 이산離散이다.

분할지 농민은 수확한 감자를 세어보고 골라 갈 때처럼 가산加算되는 수량적인 것으로 존재하지만, '계급'이라는 조직된 통일성 또는 단일성-단위unit[y]를 가지지 않는다. 그리고 그들은 자신들의 단결로 얻을 수 있는 '계급'적 이해에 대한 의식이 없어서, 각각 개별적으로 루이 보나파르트를 지지하며 결집하여 루이 보나파르트의 군림을 뒷받침하게 된다고 맑스는 분석했다.

계급적 이해에 대한 '의식-의식 없음'이라는 지식(과학)적 차이로 농민을 규정하는 맑스의 관점에 대해 랑시에르는 지식(이라는 권력)에의 의지를 감지한다. 거기에서는 역사의 과학(역사를 인과성이라는 논리적 허구로 장전하는 비非아리스토텔레스적 시학)을 수립하려는 맑스의 이해利害가 발견된다.

그러나 혁명은 일어나지 않았다. 역사의 필연은 증명되지 않았다. 계급은 형성되지 않았고 단순한 계산의 총계에 의해

---

8. Jacques Rancière, "La révolution escamotée", *Le philosophe et ses pauvres*, Éditions Flammarion, 1970. 일본어판은 ジャック・ランシエール, 「くすね盗られた革命」, 長原豊訳, 『現代思想』, 2005年 1月号 수록.

보나파르티즘이 승리했다. 공화제는 다시 제정으로 후퇴하고, 결국 역사는 반복되었다. 신화에 근거한 과학은 신화에 의해 뿌리뽑혔다. '계급'은 비계급적인 룸펜 프롤레타리아트에 패배했다. 〈하나〉는 총계로 환원되었다. '해야 함-당위sollen'는 덧셈에 의해 좌절되었다. 혁명은 과학의 관점에서만 부상하는, 과학에 의한 자작^{自作}이자 자기 연출의 산물이었다. 혁명은 역사의 과학이라는 속임수에 의해 일단 특별히 피력^{披瀝}된 위에서, 세심하게 다시 지워졌던 것이다. 그런 의미에서 이미 맑스 자신이 불가능한(신화로서의) '노동자의 단결'이라는 곤란함에 직면하고 있었다고 말할 수 있다.

해방-해체

랑시에르의 주장에 어느 정도 공감을 품으면서, 나는 맑스의 사고에서 별도의 가능성을 탐구하고 싶다. 과학적 개념으로서의 '계급'이라는 단위-통〈일〉성이 단순한 셈(감자 자루)으로 실체 변화하는 모습을 맑스는 혐오스럽게 조망했다고 랑시에르가 생각한 것에 대해, 나는 반대로, 맑스는 오히려 지식(과학)의 자기 해체를 도모했던 것은 아닐까라고 생각되기 때문이다. 결국 맑스는 계급을 분석 추출한다는 목적을 꾸며 굳이 '계급'이라는 개념장치를 구사하고, 그것에 의해 개념장치의 억압적·구속적 기능을 자신의 몸을 가지고 폭로해 보였던 것은 아닐까라고 생각하기 때문이다. 그리고 지적 장치에 따르자면 단순한 가산되는 것에 지나지 않는 노동자와 농민을, 지식이라는 포획장의 항목에서 굳이 끌어내리려고(누출-도주^{fuite}시키려고) 했던 것은 아닐까. 문자 그대로 자작-자기 연출인 이 행동으로써, '걸식의 왕'은 지식의 포획적 조작을 몸으로 비판했다고 생각된다. 지식을 해체하기 위해 지식을 의장$^{擬裝, simulacre}$하는 지식에 맑스는 착수했던 것이라고 말해도 좋다. 그가 구상했던 '정치경제학 비판'을 그렇게 파악할 수 있을 것이다. 그리고 『자본론』에서의 서술자도 또한 정확히는 맑스가 아니라 맑스의 정신과 신체를 매체로 한 자본, 사회의 유일한 주체를 자칭하는 자본이었다. 맑스가 자신의 정신과 신체를 혹사하면서 이 영매적이라고도 형용할 수 있는 실험을 실행한 것은, 사회적 관계들의 총체로부터 잉여가치를 생산하는 자본이 진정으로 사회의 유일한 주체가 되었을(자본의 실질적 포섭이 완료-성취되었을) 때, 자본이 사회적 관계들의 총체와 함께 소멸한다는 것을 자본 스스로의 입으로 발언하도록 만들기 위해서였다. 잉여를 원동력으로 하는 자본주의[9]를 비판함으로써, 지식도 또한 무용지물로 허비되었다. 그것은 이른바 '아무 말도

---

9. 이 점에 관해서는 沖公祐, 『余剰の政治経済学』, 日本経済評論社, 2012年을 참조.

하지 않는다'는 것을 말하기 위해 의지와 노력을 다하는 것, 침묵하기 위해 계속 말한다는 역설과도 비슷한 자작-자기 연출이고, 지식의 해체와 해방이었다.

그리고 이 지식의 해방적 해체를 통해 농민과 노동자가 만나기 위한 장소가 열리는 것은 아닐까. 역사의 진보란 과학 법칙이 아니라 역사의 반복이라는 꺼림칙한 양상을 통해 우리는 아무리 실패를 거듭한다고 해도 피로해 하지 않고 반복하면서 이 불가능한 단결-조직화를 향해 도약을 시도하는 것은 아닐까. 인간은 자기 자신의 역사를, 선행 세대로부터 계승한 과거를 조건과 소재로 삼아 만들어낸다. 맑스에게 역사는 인간의 자유라는 이념이 실현되는 과정이 아니라, 역으로 그 실패의 퇴적이다. 이 퇴적이 자유-해방을 목표로 했던 과거 사람들의 의지와 행위를 계승하고, 우리들에게 지금 여기에서 그것을 다시 반복할 것을 반복해서 고무시킨다. 실패는 자유의 증거인 것이다.

반복은 이념의 실현을 방해한다. 그러나 반복이 보여주는 차이 없이 이념은 출현하지 않는다. 현재를 살아가는 개인들의 신체는 자유의 이념의 실현을 목표로 삼은 사람들의 의지를 방해하는 장해인 동시에, 그들이 계승-상속하는 기억이라는 유산의 아카이브이기도 하다. 이 유산 안에서 사람들은 도약하기 위한 힘을 빌리고, 과거를 해방하는 동시에 미래를 열어

젖힌다. 루이 보나파르트를 분석하는 맑스를 몰아넣는 혁명에의 의지도 또한 맑스 개인에게 속한 것은 아니고, 과거 해방 시도의 무수한 좌절의 퇴적이 맑스의 신체를 통해 하나의 집합적 의지로서 출현했던 증거는 아닐까.(아마 이 유산 상속의 장면을 경유하여 코뮤니즘은 도래할 것이다.)

[이상과 같이 맑스는] 역사에서의 반복과 차이를 재파악하여, '계급' 개념을 지식의 포획장치라는 지위로부터 이탈시키고 하나의 정치적 개념으로 벼리는 방도를 지시할 수 있었다. 그때 생각되어야 하는 것 중 하나는 사회적 관계들의 총체에 있어서 잉여가치를 생산하는 '계기-운동량'le moment[um]으로서의 노동과 자본의 마주침 및 상호 규정의 장면이다. 사회체 내부의 어떤 시공간에도 국소화되지 않는 잉여가치의 생산은 노동력이 상품화되는 기제에서 가능하게 되기 때문이다. 자본에 의한 노동의 포획 장면에서는, 정규-비정규, 노동자-노무자, 실업자, 미취업자라는 구분과는 무차별적으로 사람들이 자본과 대치하기 때문이다. 거기서 '계급'을 소여 또는 여건으로서가 아니라 새로운 류類의 발생, '류 발생적'générique 개념으로서 다시 포착할 수 있지 않을까. '비정규'가 증대하고 '금융귀족'이 날뛰는 오늘날의 정세에서, '계급' 개념의 재편은 중요한 정치적 과제의 하나라고 생각된다. 그리고 이 정치적 과제는 우리들 각각이 각각의 방법으로 살고 죽어간다는 것과 결코 분리할 수

없는 구체적 과제이다.

절대적 빈곤

이상을 근거로 오늘에 있어 '빈곤'의 규정이라는 문제에 접근하고 싶다. 그 발판으로 하트와 네그리 공저, 『공통체』 제1부 1장 「공화국(그리고 빈자 다중)」, 3장 「빈자 다중」을 채택한다.[10] 이 절들에서 하트와 네그리는 그들이 '삶정치적 생산'이라고 부르는 세계적 현상에서의 '빈곤' 양상을 종래와는 다른 방법으로 규정하려고 하기 때문이다. 그리고 [그들은] 빈자들(종래 그들이 '다중'이라고 불렀던 사람들)의 협동적인 〈공통〉^{共}의 생산을 촉구하기 위한 정치경제 체제의 확립을 제창한다. 이 확립을 둘러싸고 일어나는 정치투쟁이 〈공통〉을 쟁점·판돈으로 하는 오늘날의 계급투쟁이다.

〈공통〉이란 무엇인가. 저자들의 규정은 다음과 같다. '이 책에서에서 "〈공통〉"이라고 할 때, 거기에는 주로 두 가지 의미가 있다. 우선 하나는 물질세계의 커먼웰스commonwealth(〈공통〉적인 부^{富}) – 공기와 물, 대지의 혜택 등 모든 자연의 선물 – 이

---

10. アントニオ・ネグリ, マイケル・ハート, 『コモンウェルス —〈帝国〉を超える革命論』 全2卷, 水嶋一憲監訳, 幾島幸子, 古賀祥子訳, NHK出版, 2012年을 참조. [안토니오 네그리·마이클 하트, 『공통체』, 정남영·윤영광 옮김, 사월의책, 2014.]

다. 고전적인 유럽 정치적 문맥은 많은 경우 그와 같은 〈공통〉common적인 부wealth는 인류 전체의 유산이고, 인류가 함께 나누어야 할 것이라고 주장한다. 또 하나는 (이쪽이 더 중요한데), 지식과 언어, 코드, 정보, 정동 등의 사회적 생산의 결과들(사회적 상호작용, 나아가 사회적 생산에 필요한 것들)이라는 의미다. 이 두 번째의 〈공통〉 개념에서 인간은 자연과 분리된 착취자(= 개발자)와 보호자로서 위치 지어지는 것은 아니다.'[11]

이와 같이 규정된 〈공통〉이 삶정치적 생산의 중심이 된다. 〈공통〉은 예전에는 경제 내부 또는 중심에 놓여 있지 않았지만, 오늘날에는 이것을 중심에 놓은 정치경제가 구상될 수 있다. 이것이 『공통체』 전체를 통한 저자들의 주장이다. '오늘의 경제적 생산을 이해하는 열쇠가 되는 것은 생산력으로서의, 그리고 부가 생산되는 형태로서의 〈공통〉common이다. … 경

---

[11]. 같은 책, 上卷, pp.14~15. [*한국어판 번역 : " '공통적인 것'이라는 말로 우리가 맨 먼저 의미하는 것은 물질적 세계의 공통적 부 — 공기, 물, 땅의 결실을 비롯한 자연이 주는 모든 것 — 인데, 이 공통적 부는 유럽의 고전 정치 문헌들에서 공유되어야 할 인류 전체의 유산이라고 종종 주장되었던 것이다. 또한 우리는 더욱 의미심장하게, 사회적 생산의 결과물 중에서 사회적 상호작용 및 차후의 생산에 필요한 것들 — 지식, 언어, 코드, 정보, 정동(affect) 등 — 을 공통적인 것이라고 본다. 공통적인 것을 이렇게 보는 입장은 인간을 (자연의 착취자 혹은 관리인이라는) 자연과 분리된 위치에 놓지 않"는다. (『공통체』, 16~17쪽.)]

제학자는 〈공통〉을 인식하고 있다. 하지만 그것을 대충 본래적 의미에서의 경제 관계 바깥으로 쫓아 보내고는, "외부경제" 혹은 더 간단하게 "외부성"이라고 부른다. 그러나 삶정치적 생산을 이해하기 위해서는 이 관점을 역전시켜 생산적인 외부성을 내부화하고, 〈공통〉을 경제생활의 중심에 놓을 필요가 있다. 〈공통〉의 관점에 섰을 때, 현재 진행되고 있는 이행 안에서 경제적인 가치 증식과정이 사회생활 구조의 내부에 존재하는 정도가 점점 더 높아지고 있다는 것이 명확해진다.'[12]

〈공통〉은 사회 내부에서 집합적·협동적으로 생산·쇄신되는 앎·정동이며, 수량적인 가치의 측정이 곤란하다. 그래서 '〈공통〉'은 '공'[公]과 '사'[私] 어느 쪽과도 구별되며, 종래의 방법으로는 사유재산으로 확정시키는 것도 곤란하다. 그래서 자본은 〈공통〉을 어떻게 포획하는가가 문제로 된다.

자본으로서는 〈공통〉의 생산을 조직화할 수 없다고 저자들은 말한다. '자본은, 삶정치적 노동을 억압하는 동시에 그

---

[12]. 같은 책, 下卷, pp.127~128. [*한국어판 번역 : "사실 경제학자들은 공통적인 것을 인식하지만, 일반적으로 그것을 본격적인 경제적 관계 외부에 있는 것으로, '외부경제' 혹은 단순히 '외부성'으로 본다. 그러나 삶정치적 생산을 이해하기 위해서는 이 관점을 전도시켜 생산적 외부성을 내부화하고 공통적인 것을 경제적 삶의 중심으로 가져올 필요가 있다. 공통적인 것에 초점을 맞추면, 현재의 이행 과정에서 경제적 가치화 과정이 점점 더 사회적 삶의 구조 내부로 진입하고 있다는 점이 드러나게 된다."(『공통체』, 389쪽.)]

생산물을 수탈-수용하고, 경우에 따라서는 필요한 생산수단을 제공하는 일은 있어도 **생산적 협동**〔협업〕을 조직하지는 않는다.'13 반대로 삶정치적 노동은 자본으로부터의 자율성을 증대시킨다고 저자들은 파악한다. '삶정치적 문맥에서 자본은 노동만이 아니라 사회 전체를 포섭한다. 또는 실질적으로 사회적 삶〔사회생활〕 그 자체를 포섭한다고 말할 수 있을지도 모른다. ─ 그 이유는 삶정치적 생산에서 삶은 노동하는 것임과 동시에 생산되는 면도 있기 때문이다. 이 자본과 생산적인 사회적 삶과의 관계는 이젠 맑스가 생각했던 의미에서 유기적인 것은 아니다. 왜냐하면 자본은 점점 더 외적인 것이 되며, 생산과정에서 담당하는 기능적 역할은 거의 없을 정도로 작게 되기 때문이다.'14

또한 『공통체』에서의 '빈곤', '빈자'의 규정이 있다.15 〈공

---

13. 같은 책, 上卷, p. 228. [*한국어판 번역:"자본은 삶정치적 노동을 제한하고 그 생산물을 수탈하며 어떤 경우에는 생산에 필요한 수단을 제공할 수도 있지만, 생산적 협력을 조직하지는 않는다."(『공통체』, 208쪽.)]
14. 같은 책, 上卷, p. 231. [*한국어판 번역:"삶정치적 맥락에서는 자본이 노동만이 아니라 사회 전체를, 아니 실로 사회적 삶 전체를 포섭한다고 할 수 있다. 삶이 바로 삶정치적 생산에 투여되는 것인 동시에 거기서 생산되는 것이기 때문이다. 그러나 자본과 생산적인 사회적 삶 사이의 관계는 더 이상 맑스가 이해했던 의미에서 유기적(organic)이지 않다. 자본이 점점 더 생산의 외부에 있게 되면 따라서 생산과정에서 자본이 차지하는 기능적 역할이 점점 더 감소하기 때문이다."(『공통체』, 211쪽.)]
15. 네그리에게는 빈곤론이 있다. Antonio Negri, *Kairòs, Alma Venus, Multitu-*

통)의 가치 측정 곤란과 병행하여 오늘날의 '빈곤', '빈자'도 또한 수량적·통계적으로 규정되지 않는다. '공화국의 지배적인 체제는 소유재산에 의해 규정되기 때문에 다중은 빈곤에 의해 특징지어지는 한에서 공화국의 대극에 위치한다. 그러나 이 대립은 부와 빈곤이라는 관점에서만 이해할 수 있는 것은 아니다. 보다 중요한 것은 거기서 생산되는 주체성의 형태라는 점에서 이해하는 것이다. 사유재산은 개인적(서로 경쟁함에 있어서)임과 동시에, 자신들의 재산을 (빈자로부터) 지키기 위해 하나의 계급으로 통합되는 주체성을 만들어낸다. 근대의 대규모 부르주아 공화제의 구성은 개인주의와 재산에 관한 계급적 이해 사이의 균형을 위한 타협을 통해 이루어진다. 그렇다면 이 관점에서 본 다중의 빈곤은 그 빈궁과 박탈, 또는 결여로 언급되는 것이 아니라, 개인주의와 통합된 재산이라는 배타적인 사회적 신체 쌍방에 저항하면서 근원적이고 복수複數인 열린 정치체를 가져오는 사회적 주체성의 생산을 지칭한다. 바꾸어 말하면 빈자는 가질 수 없는 자를 가리키는 것이 아니라 사회적

---

do : Nove Lezioni impartite a me stesso, Manifesto libri, 2000 (ネグリ, 『革命の秋―いまあるコミュニズム』, 長原豊, 伊吹浩一, 真田満訳, 世界書院, 2010年)의 제2부 '好機·豊穣·多数性' 중에서 「豊穣」이라고 제목 붙인 장의 '가난' 항목을 참조. 여기서의 논의가 『공통체』에서의 '빈곤'론의 골격을 이루고 있다. [*안또니오 네그리, 『혁명의 시간』(정남영 옮김, 갈무리, 2004)은 일본어판 『革命の秋』 2부에 해당하는 글이 번역된 책이다.]

계급과 재산과는 관계없이 사회적 생산의 메커니즘에 삽입된 모든 사람들이라는, 매우 폭넓은 다양성을 가진 집단을 가리킨다. 이것은 개념적 대립만이 아니라 정치적 대립이기도 하다. 빈자 다중은 그 생산성에 의해 소유 재산의 공화국에서 현실적으로 유효한 위협이 되고 있는 것이다.'16

빈자는 '사회적 계급과 재산과는 관계없이 사회적 생산의 메커니즘에 삽입된 모든 사람들이라는, 매우 폭넓은 다양성을 가진 집단'으로 한정된다. 그리고 이런 의미에서만 '빈자'에는 고유한 힘이 있다. 근대 이탈리아 정치가이자 역사가인 니

---

16. ネグリ, ハート, 『コモンウェルス』 上卷, 앞의 책, p. 80. [*한국어판 번역:"소유가 공화국의 지배적인 형태를 규정하기 때문에, 다중은 가난을 특징으로 하는 한에서 공화국에 대립한다. 그러나 이 갈등은 부와 가난의 측면에서만이 아니라 더 중요하게는 생산되는 주체성의 형태라는 측면에서도 이해되어야 한다. 사적 소유가 창출하는 주체성들은 (서로 경쟁하는) 개인들인 동시에 (빈자에 맞서서) 재산을 보존하기 위해서 모인 계급이다. 거대한 근대 부르주아 공화국의 헌법들이 개인주의와 (재산과 관련된) 계급 이익 사이를 매개하여 균형을 잡는다. 그렇다면 이 관점에서 볼 때 다중의 가난은 비참함이나 박탈을 가리키는 것도, 심지어는 결핍을 가리키는 것도 아니다. 그것은 특정한 사회적 주체성의 생산을 의미한다. 이는 개인주의와 대립하는 동시에 배타적인 유산(有産) 집단과도 대립하며 근본적으로 복수(複數)적이고 개방적인 정치 집단을 낳는 사회적 주체성이다. 바꾸어 말하자면, 빈자는 아무것도 가진 것이 없는 사람들을 지칭하는 것이 아니라, 사회 질서나 재산과 무관하게 사회적 생산 메커니즘에 편입되어 있는 모든 사람들이 구성하는 광범한 다양체를 지칭한다. 이러한 개념적 갈등은 또한 정치적 갈등을 의미한다. 빈자 다중은 그 생산성으로 인해서 소유 공화국에 실질적이고 효과적인 위협이 된다."(『공통체』, 77~78쪽.)]

콜로 마키아벨리를 참조하면서 저자들은 이렇게 논한다. '빈자는 배제됨과 동시에 포함된다는 모순된 입장에 있고, 이는 일련의 사회적 모순 – 우선 빈곤 사이의 모순, 나아가 종속과 생산 사이, 계급질서와 〈공통〉 사이의 모순 – 을 부각시킨다. 그러나 마키아벨리가 명확히 한 이 대안적인 행로에서 가장 중요한 것은, 그 사회적 모순들이 적대성과 저항에 의해 활기를 얻은 역동적인 성격의 것이라는 점이다. 그가 묘사한 역사와 정치적 분석의 요체는 분격憤激의 정동에서 출발하여 사회적 혼란과 폭동tumulti의 창출에 이르는 점진적인 발전 과정에 있다. 나아가 그것에 의해 부에서 배제되고 있지만 생산에는 포함되어 있는 다중의 반역을 위한 조건이 제시된다. 인간이란 결코 벌거벗은 그대로 있지 않으며 부서진 삶을 특징으로 하지도 않는다. 인간은 항상 옷을 걸치고 있다. 또한 고난의 역사를 짊어지고 있을 뿐만 아니라 생산하는 역능과 반역하는 힘을 수여 받고 있는 것이다.'[17]

---

[17] 같은 책, 上卷, pp. 100~101. [* 한국어판 번역: "빈자는 배제되는 동시에 포함되는 역설적 위치를 차지하는데, 이는 일련의 사회적 모순들 – 일차적으로 가난과 부 사이의 모순이지만 또한 종속과 생산, 위계와 공통적인 것 사이의 모순 – 을 부각시킨다. 그러나 마키아벨리가 드러내는 대안에서 가장 중요한 것은 이 사회적 모순들이 역동적이라는 점, 적대와 저항에 의해 활성화된다는 점이다. 그의 역사 및 정치 분석에 핵심적인 것은 분개(憤慨)에서 사회적 무질서 혹은 봉기('투물티'[tumulti])의 창출에 이르고 다시 다중 – 다중은 부로부터 배제되지만 부의 생산에는 포함된다 – 의 반란을 위한 조건을 마련하는

이 '빈자'의 규정은 마키아벨리와 스피노자를 경유하여 맑스의 '절대적 빈곤' 개념을 가교로 삼는다. '맑스는 이렇게 썼다. "노동수단 및 생활 수단을 박탈당한 노동능력은… 절대적 빈곤 그 자체이고 또한 노동자는 그러한 노동능력의 단순한 인격화(이다)… 그 개념으로서 빈민이다."라고. 여기서 맑스가 말한 "빈민"이란 아사 직전에 놓인 상태에서 비참한 생활을 보내는 자가 아니라 그 살아 있는 노동이 자본에 축적되고, 대상화된 노동으로부터 분리되고 있는 한에서의 모든 노동자를 지칭한다. 마키아벨리와 스피노자처럼 맑스도 또한 살아 있는 노동이 자본주의 사회에서 "물질적 부의 일반적 가능성"이라는 의미에서, 이 프롤레타리아트의 빈곤을 그 역능과 직접 결부짓는다. 따라서 살아 있는 노동은 대상으로서는 "절대적 빈곤"이면서 동시에 주체로서는 "일반적 가능성"이라고 한다. 맑스는 이 빈곤과 역능의 폭발적 힘을 간직한 결합을 사유재산에 대한 – 게다가 바로 그 핵심에 존재하는 – 궁극적 위협으로 파악한다.'[18]

데로 나아가는 진전과정이다. 인간은 결코 벌거벗고 있지 않고 벌거벗은 삶으로 특징지어지지 않는다. 인간은 늘 옷을 입고 있으며 고난의 역사뿐 아니라 생산능력과 반란의 힘 또한 부여받고 있다."(『공통체』, 95~96쪽.)]

18. 같은 책, 上卷, pp. 102~103. [*한국어판 번역 : "맑스는 이렇게 썼다. '생산수단과 생활수단을 박탈당한 노동력은… 절대적 가난 그 자체이며 노동자는 노동력의 단순한 인격화일 뿐이다.… 그러한 존재로서 노동자는 개념적으로

이러한 '빈곤' 개념의 제기 자체가 〈공통〉의 생산의 일부이고, 가치 창출의 하나의 시도이다. 그리고 이 [빈곤 개념]의 제기로 인해 예전에는 프롤레타리아트 바깥에 위치해 있었던 사람들도 또한 프롤레타리아트 편에 설 수 있게 되었다고 저자들은 생각한다.

감산減算과 섬망譫妄

'빈곤'에 대한 이러한 새로운 규정에 철학은 어떻게 응답할 것인가. 일반적으로 어떤 과학에서도 형이상학적 전제는 발견된다. 특히 근년의 경제학에서 그 검토는 급선무다.[19]

말해서 극빈자이다.' 여기서 맑스가 말하는 극빈자는 단지 기아선상의 비참한 상태에서 사는 사람들을 가리키는 것이 아니라 자본의 형태로 축적된 대상화된 노동으로부터 산 노동이 분리되어 있는 한에서 모든 노동자들을 가리킨다. 그러나 벌거벗은 상태와 가난은 문제의 한 측면일 뿐이다. 마키아벨리와 스피노자처럼 맑스도 프롤레타리아의 가난을 곧바로 프롤레타리아의 힘―자본주의 사회에서 산 노동이 '물질적 부의 일반적 가능성'이라는 의미에서 프롤레타리아가 가진 힘―과 연결시킨다. 따라서 산 노동은 객체로서 '절대적 가난'인 동시에 주체로서 '일반적 가능성'이다. 맑스는 가난과 힘의 이러한 폭발성을 띤 결합을 사적 소유에 대한 궁극적 위협으로, 사적 소유의 심장부에 놓여 있는 위협으로 파악한다."(『공통체』, 97~98쪽).] 여기서 네그리와 하트가 의거하는 맑스의 문헌은 『1857~1858年の経済学草稿―資本論草稿集 2』, 資本論草稿集翻訳委員会訳, 大月書店, 1993年이다. [칼 맑스, 『정치경제학 비판 요강 I-III』, 김호균 옮김, 백의, 2000.]
19. '신자유주의'의 일파인 '시카고 보이즈'에 관해서는 中山智香子, 『経済ジェノサイド―フリードマンと世界経済の半世紀』(平凡社新書, 2013年)와 과학철학적

네그리와 하트에 의한 '빈곤' 규정화에는 어떠한 형이상학적 전제가 깔려있는 것일까. 그 전제를 구성하는 요소들의 하나로, 스피노자부터 베르그손, 그리고 니체를 거쳐 들뢰즈에 이르는, '삶의 철학'bio-philosophie [20]이라고도 형용할 수 있는 사고의 계보가 있겠다.

특히 베르그손의 사고는 사변적·관념적이라는 의미에서 '주체-주관'적인 것도 아니고, 수량적·통계적이라는 의미에서 '객체-객관'적이지도 않다. 베르그손에게는 '삶-생명-생활'vie에 대한 독자적인 관점이 있다. 단적으로는 『물질과 기억』(1896

관점에서 오늘날의 유럽 부채 위기를 원리적으로 고찰한 ジャン=ピエール・デュピュイ, 『経済の未来 ― 世界をその幻惑から解くために』(森元庸介訳, 以文社, 2013年) [장 피에르 뒤피, 『경제와 미래 ― 경제에 현혹된 믿음을 재고하다』, 김진식 옮김, 북캠퍼스, 2022]를 참조. 세계적 금융위기에 관해서는, アンドレア・フマガッリ, サンドロ・メッザードラ編, 『金融危機をめぐる 10のテーゼ ― 金融市場・社会闘争・政治的シナリオ』(朝比奈佳尉, 長谷川若枝訳, 中山智香子解説, 以文社, 2010年) [산드로 메자드라·안드레아 푸마갈리 엮음, 『인지자본주의와 전 지구적 경제위기』, 진성철 옮김, 두 번째 테제, 2023] 및 クリスティアン・マラッツィ, 『資本と言語 ― ニューエコノミーのサイクルと危機』(柱本元彦訳, 水嶋一憲監修, 人文書院, 2010年)[크리스티안 마라찌, 『자본과 언어』, 서창현 옮김, 갈무리, 2013]를 참조.

20. * 이 책의 원서에서 '생(生)의 철학', '생정치'로 번역된 'bio-philosophy'와 'bio-politics'는, 한국에서는 주로 '생명철학', '생명정치'로 번역되고 있다. 하지만 '삶의 철학', '삶정치'로 번역되기도 한다. 후자의 경우 'bio'에 내재된 능동성을 강조하기 위해 'bio'를 동사 '살다'의 명사형인 '삶'으로 번역하는 것 같다. 옮긴이는 후자의 입장에 동의하는 편이다. 게다가 이 책의 원서는 '생-생명-생활'을 구분하여 사용하기도 한다. 그래서 생과 생명을 구분하기 위해서라도, 후자의 '삶의 철학', '삶정치' 등의 번역어를 채택한다.

년)에서 제시된 '이마주'image 개념이다.

베르그손이 제창한 의미에서의 이마주는 철학사에서 여러 방법으로 변주·반복되어 왔던 관념론과 유물론의 대립을 탈피하고, 어느 편도 아닌 '상식'sens commun 21에 따라 지각·인식된 사물들을 지칭한다. 결국 베르그손에 의하면 지각이란 세계에 부가하기도 하고 세계를 변형하기도 하는, 주체-객체의 구분을 전제하여 성립하는 행위가 아니다. 역으로 지각이란 세계로부터 사물들을 단순히 **빼기**만 하는 행위(감산減算, soustraction)이다.

생체에 의한 지각의 이러한 파악으로부터 베르그손은 단순히 주관적이거나 관념적인 것도 아니고, 단순히 객관적이거나 유물론적인 것도 아닌 생명에의 접근을 모색한다.

그러나 이는 어디까지나 지각이라는 행위를 권리상의 문제로서 포착한 경우이다. 사실상 생명의 유한성 때문에 지각은 생명에 있어 유용한 사물과 사건 이외의 것을 세계로부터 **빼내**는(차라리 '차단'하는) 행위이고, 이 경우 지각은 그 순수성을 잃어버리고 각각의 생명체 고유의 기억과 서로 교차한다. 그런 의미에서 베르그손에게서 지각은 권리상의 그것과 사실상의

---

21. * 철학에서 'sens commun'은 보통 '공통감각'으로 번역된다. 그런데 저자는 이 단어를 '상식'으로 번역하여 원어를 병기하고 있다. 어떤 의도가 있을 것이다. 그래서 한자 그대로 '상식'이라고 번역한다.

그것으로 구분된다. 전자가 '감산'적이라는 것에 대해 후자는 '축약'contraction적이라고 형용된다.

'사변적 실재론'réalisme spéculatif의 입장을 표방하는 철학자 퀑탱 메이야수는 베르그손-니체-들뢰즈를 잇는 선상에서 이러한 접근을 다시 파악한다. 그리고 그 과정에서 단순히 주체적이지도 않고 단순히 객체적이지도 않는, 이른바 생명에 내재적인 '빈곤' 개념을 제기했다.[22] 그는 생명체에 의한 지각이 종래의 '축약'적 상태를 일탈하고, '감산'적 지각에 의해 습격을 당하면 어떻게 될까라는 사변 ─ 이것이 니체-들뢰즈에 의한 베르그손의 탈 '공통감각'sens commun화이다 ─ 을 시행하고, 생물을 세계라는 '유동流動의 국소적 희박希薄화raréfaction locale'로서의 신체로 포착한다. 희박화가 한계에 달했을 때 생물은 죽는다. '생물이란 복수複數의 차단으로부터 이루어지는 비연속적인 고리環, loop이다. … 유동의 모든 국소적 빈곤화, 결국 모든 생물을〔나는 ─ 인용자〕"희박화"라고 부른다.'[23] 이 '희박화'가 생명에 내재적 ─ 비주체적이면서 비객체적 ─ 인 것으로 파악되는 '빈곤'이다. 그리고 이 '희박화'로서의 '빈곤'이, 유한한 동시에 유용성에 근

---

22. Quentin Meillassoux, "Soustraction et contraction ; À propos d'une remarque de Deleuze sur Matiére et mémoire", in *Philosophie*, numéro 96 (avril 2007), Minuit, pp. 67~93. (カンタン・メイヤスー,「減算と縮約 ─ ドゥルーズ, 内在,『物質と記憶』」, 岡嶋隆佑訳,『現代思想』, 2013年 1月号.)
23. メイヤスー,「減算と縮約」,『現代思想』, 앞의 책, p. 162.

거한 생물에게 '축약'에서 '감산'으로의 이행을 재촉한다. 그래서 '축약'과 '감산'에 대응하여 두 종류의 죽음을 구별할 필요가 있다. 메이야수가 니체의 도덕의 계보학을 도입하는 것은 여기에서다.

'감산'적 지각이 전면적으로 개방-절대화될 때, 생물은 자신의 유한성을 넘는 무한 속도로 소용돌이치는 정보량에 압도되어 세계라는 카오스에 말려들어가면서 섬망과 치매에 빠져들면서 죽어간다. 니체라면 이 상태를 '디오니소스적'이라고 형용했을 것이다.[24]

다른 한편, 오로지 '축약'의 원칙에 따라 살아가는 생물은 '반동적'反動的이다. 절대화로서 열리는 세계, 압도적 양의 정보로 소용돌이치는 세계가 가져오는 현기증과 치매 상태에 노출된다는 공포에 대한 끊임없는 무관심으로 인해, '감산'적 지각이 훈육되기 때문이다. 메이야수는 이 체제를 보강하는 개념적 인물을, 니체를 따라 '사제-승려'prêtre라고 부른다. '사제'는 생물로서, '축약'의 원칙에 따라 적당히 살아가고 죽는 것을 설명하기 때문이다.

---

24. 메이야수의 논의와 네그리-하트의 그것을 이어주는 전 단계로서, ネグリ, ハート, 『ディオニュソスの労働 — 国家形態批判』(長原豊, 崎山政毅, 酒井隆史訳, 人文書院, 2008年)을 참조. [안토니오 네그리·마이클 하트, 『디오니소스의 노동 1, 2 — 국가형태 비판』, 이원영 옮김, 갈무리, 1996/1997.]

이리하여 생명에 내재적으로 규정된 '빈곤', 맑스의 '절대적 빈곤'을 흉내 낸다면 '절대빈곤' 개념의 존립 가능성을 여기서 엿볼 수 있다. 그리고 '감산'과 '축약'이라는 하나의 적대적 관계가, 아직 지각 수준에 머문다고 하더라도 여기에는 확실히 맹아로서 존재한다. 네그리와 하트가 제시한 〈공통〉을 쟁점으로 하는 오늘날의 계급투쟁, 그리고 혁명을 사고하는 데 있어서 메이야수가 베르그손으로부터 길어 올린 '빈곤'은 시사적이다.

〈절대빈곤〉 개념의 존립은 오늘날의 계급투쟁의 가능성과 관련되며, 이에 따라 종래 '프롤레타리아트'의 범주에 포함되어 있지 않았던 사람들과의 협동-단결의 가능성과도 관련된다. 〈절대빈곤〉은 〈프롤레타리아트의 영도^{零度}〉의 수준에서, 어떠한 속성도 갖지 않는 존재에 대해 내재적으로 획득된 개념이다. 그렇다면 섬망에 휘말려 들어가는 것을 수락하는 한에서, 모든 생물을 〈프롤레타리아트〉로 부르는 것이 허용될 것이다.

'빈곤'의 가치전환

마지막으로 니체의 사고로부터 오늘날의 계급투쟁을 생각하기 위한 가능성을 소묘해 둔다. 앞의 절에서 잠깐 보았던 메이야수의 논문은 이 논점을 취급하고 있지 않기 때문이다. 그리고 이 논점은 니체가 생애의 과제로 삼은 '모든 가치의 가치전환'과 관련된다.25

자기의 생명을 유지하고 보존하기 위해 외부로부터의 자극에 대해 여러 해석을 실행하는 유기체(생물)와는 달리, 무기적 세계에 오해의 여지는 없다고 쓰면서, 니체는 생물에서의 해석능력을 정동의 촉발이라는 관점에서 검토한다.26 '모든 운동은, 그 안에서 여러 (정동의) 힘이 상호 이해하는 일종의 언어로서, 몸짓으로서 생각해야 한다. 무기적인 세계는 오해가 없고 커뮤니케이션은 완벽한 것처럼 생각된다. 유기적인 세계에서 착오가 시작된다. 마땅히 "사물", "물질", "질", "활동" – 이러한 것들을 무기적인 세계에 투영하는 것을 피해야 하는 것이다! 이것들은 그 덕분에 생물이 살아가고 있는 특수한 착오이다. "착오" 가능성의 문제? 모순은 "참"과 "거짓" 사이에 있는 것이 아니라 "기호의 약호화"와 "기호" 그 자체 사이에 있다. 본질적인 것은 이것이다. 결국 다수의 운동을 표상하는 형식의 창조, 기

---

25. 니체와 정치의 가치전환적 연관에 관해서는 マルコム・ブル, 「反ニーチェ所在を問う」, 松本潤一郎訳, 『現代思想』, 2013年 2月号 참조.
26. 니체와 생물학의 연관에 관해서는 Barbara Stiegler, *Nietzsche et la biologie*, Presses universitaires de France, 2001을 참조. 또한 니체와 삶정치의 연관에 관해서는 ロベルト・エスポジト, 「生權力と生潛勢力」, 多賀健太郞訳, 『思想』, 2013年 2月号를 참조.

호의 모든 종류를 위한 기호의 발명. 모든 운동은 어떤 내부의 사건을 나타내는 기호이다. 그리고 내부의 운동 하나하나는 형식과 같은 양태로 변경되어 표현된다. 사고思考는 아직 내부의 사건 그 자체는 아니어서 그것도 또한 정동들의 힘의 보상에 대응하는 하나의 기호론에 지나지 않는 것이다. / 자연의 인간화 — 우리 인간에 따른 해석.'[27]

이 정동의 기호론에서 섬망 상태에 빠진 것으로 보이는 〈영도의 프롤레타리아트〉에 내재적인 '무한하게 광대한 지성'*un intellect infiniment plus vaste*의 가능성이 제기된다.[28] 이 가능성은 베르그손의 어휘로 말하면 '축약'의 원칙으로부터 이탈하면서 열린다.

---

27. Friedrich Nietzsche, *Sämtliche Werke : kritische Studienausgabe*, Walter de Gruyter, 1980, vol. 12. pp. 16~17, Fall 1985~Spring 1986. [프리드리히 니체, 『유고 — 1885년 가을~1887년 가을 : 책세상 니체전집 19』, 이진우 옮김, 책세상, 2005.] Pierre Klossowski, *Nietzsche et le cercle vicieux* (édition revue et corrigée), Édition Mercure de France, 1969, p. 73. (ピエール・クロソウスキー, 『ニーチェと悪循環』, 兼子正勝訳, ちくま学芸文庫, 2004年, p. 96.) [피에르 클로소프스키, 『니체와 악순환 — 영원회귀의 체험에 대하여』, 조성천 옮김, 그린비, 2009.]
28. 니체의 기호론에 관해서는 폴 드 만의 세 개의 니체론인 「生成と系譜(ニーチェ)」, 「文彩のレトリック(ニーチェ)」, 「說得のレトリック(ニーチェ)」, ポール・ド・マン, 『読むことのアレゴリー — ルソー, ニーチェ, リルケ, プルーストにおける比喩的言語』(土田知則訳, 岩波書店, 2012)을 참조. [폴 드 만, 「기원과 계보 : 니체」, 「비유의 수사학 : 니체」, 「설득의 수사학 : 니체」, 『독서의 알레고리』, 이창남 옮김, 문학과지성사, 2010.]

'축약'이라는, 유한한 유기체의 자기 보존 활동으로부터의 이탈을 니체는 '나'로부터의 이탈(탈주체화로서 탈자기화의 운동으로 파악한다. 이 이탈에서 신체는 여러 충동·정동이 다투는 전장으로서 출현한다. 그곳은 무기물도 포함한 영역에서 커뮤니케이션이라는 〈공통〉[#]을 생산하는 공장 혹은 공사 현장임과 동시에 오늘날의 계급투쟁의 무대이기도 하다. 여기에서 인간적 의식과 자아를 능가하는 지성이 열린다. 『니체와 악순환』에서 피에르 클로소프스키는 다음과 같이 말한다. '신체가 (예속되고, 조직되고, 서열화로 짜여진) 충동들의 산물로서 인지되자마자 자아와의 통일성은 우연적인 것이 된다. 충동들은 다른 신체를 섬길 수 있고, 그 때문에 새로운 조건을 탐색한다고 간주된다. 충동들에서 출발하여 니체는 (두뇌의) 지성 저쪽에, 우리의 의식과 혼동되는 지성보다도 무한하게 광대한 하나의 지성이 있는 것은 아닐까라고 생각하는 것이다.'[29]

---

29. Klossowski, *Nietzsche et le cercle vicieux*, 앞의 책, p. 59. (クロソウスキー, 『ニーチェと悪循環』, 앞의 책, p. 76). [*한국어판 번역: "신체가 (예속되고, 조직되고, 위계화된) 충동들의 산물로서 인지되자, 자아와의 일관성은 우연한 것이 된다. 충동들은 새로운 신체에 봉사할 수 있으며, 그 신체의 새로운 조건을 탐구한다고 전제된다. 충동들로부터 출발해서, 니체는 (두뇌의) 지성 저 편에서 우리의 의식과 혼동되는 지성보다 무한히 더 넓은 하나의 지성을 어렴풋이 느낀다."(『니체와 악순환』, 58쪽.)] 이 '무한하게 광대한 지성'에는 맑스에 의한 앎의 해체-해방적 사용도 포함될 것이다.

니체의 철학은 부르주아적 개인의 일종의 독아론으로 파악되곤 했다. 클로소프스키는 이러한 견해와는 반대로 니체에서 자아로부터 이탈하는 움직임을 본다. 확실히 니체에게는 집단적인 것을 멸시하고 개인을 우위에 두는 경향이 있다. 그러나 클로소프스키는 니체의 자아에의 고집을 오히려 탈자아의 시도라며 가치의 전환을 시도한다. 니체가 '커뮤니케이션'이라는 개념의 의미를 변화시켜, 역으로 무기적인 것에서의 커뮤니케이션을 '무한히 광대한 지성'으로 제기했듯이 말이다.

그리고 〈절대빈곤〉에서 '빈곤' 개념의 가치전환이 요청되고 있듯이, 오늘날의 계급투쟁에서도 또한 단순한 우열의 역전이 아니라 우열의 위계 그 자체의 전복轉位이 요청될 것이다.

예를 들어 니체는 정오를 일몰의 개시로 포착하고, 병을 건강의 싹으로 파악한다. 이 관점에서 본다면, 니체에게 반동적 힘들의 제도화와 다를 바 없는 기독교 도덕에서도 저 '힘에의 의지'Wille zur Macht가 싹트고 있는 것이 된다. 사람을 쇠약하게 하는 힘은 유해하다. 그러나 도덕이란, 그러한 유해한 힘의 침입을 막기 위한 장치는 아니었던가. 그렇다면 이때 '힘에의 의지'란 유해한 힘인 것일까. 아니면 유해한 힘에 저항하는 힘인 것인가. 약함이란 무엇이고 강함이란 무엇인가. 이러한 개념들의 요동침을 통해 가치전환의 조건들이 정비된다. '힘', '유해(악)', '약함'이라는 개념들이 단순히 위치를 역전시키는 것이 아니라 각각의 고정된 의미로부터 몸을 뿌리치며 나오려고 한다.

이러한 니체의 태도에 관하여 클로소프스키는 다음과 같이 주석을 단다. '힘에의 의지와 **탐욕**은 니체에게 명확히 긍정적인 것이기 때문에 … 하나의 관점이 또 하나의 관점으로 치환되어 있는 듯이 보인다. 첫째 관점에 의하면, 힘이란 유해한 것의 침입에 대항하는 저항이었다. 두 번째 관점에 의하면, 약함이란 탐욕 안에서 현현하는 힘에의 의지를 앞에 두고 뒷걸음질 치는 것이었다. 따라서 건강과 병의 판단 기준 그 자체가 변화하고 있는 것이다. 그것은 단순히 삶이 있는 상태로부터 다른 상태로의 "정도의 차이"가 문제이기 때문만은 아니다. — …, 그것만이 아니라 니체 자신이 **전통적 도덕**은 삶의 부정임을 증명하고 싶다고 생각하면서도, 살아 있는 것의 힘이란 무엇이고 **무력함**이란 무엇인가를 알기 직전에 주저하고 있기 때문이며, 따라서 자기 자신에 관해 무엇이 정말로 유해한가를 결정할 수 없었기 때문이다.'[30]

---

30. 같은 책, pp. 127~128. (같은 책, pp. 170~171) [* 한국어판 번역 : "그리고 힘에의 의지와 갈망은 니체에게는 분명히 긍정적이므로, 이 동일한 단편 안에서 한 관점은 다른 한 관점으로 대체되는 것처럼 보인다. 첫 번째 관점에 의하면 힘이란 유해한 것의 침입에 저항하는 것이다. 두 번째 관점에 의하면 약함은 갈망 안에서 뚜렷한 힘에의 의지 앞에서 물러서는 것이다. 그러므로 건강과 질병이라는 기준 자체가 변한 것이다. 그 변화는 단순히 실존의 '어떤 상태

그래서 니체에게서 표현상의 개인 또는 자아에의 몰입과 침잠은 실제로는 집단적(인 것의) 변혁에의 의지 – 클로소프스키는 그것을 '음모'complot라고 부른다 – 를 싹 틔우고 있다고 생각할 수 있다. 집단이 집단으로서의 자기 자신을 유지하고 보존하기 위해서 의식 밑으로 억압하고 과거로 망각해 갔던 것을 개체적인 것이 발견하고, 현재에 그 망각되고 억압된 것을 아나크로닉anachronic하게(시계열에 반대로) 회귀시키는 사례가 있을 수 있다. 그러한 사례에 따라 현재의 제도 쪽을 반대로 비현재적이 되게 하는 것 – 이것이 니체적인 가치전환이라는 변혁의 요체이다. 클로소프스키는 이렇게 말한다. '이러한 관점에서 말하면 개별적 사례는 선행하는 체험들의 망각을 드러낸다. 그 체험들은 지금까지는 집단적 욕동에 의해 무의식 상태에 이르기까지 동화되거나 – 따라서 지배적인 검열 기관에 의해 억압되거나 – 혹은 반대로 종 안에서, 종의 존재에 있어서와 마찬가지로, 개인에 의해서도 동화 불가능한 것으로서 배제되고 있었던 것이다. 니체에 의해 개별적 사례란 이렇게 "시대착오적

로부터 다른 상태로'라는 '정도들의 차이'가 문제이기 때문일 뿐만 아니라(이것이 단편 전체 안에서 가장 명확한 점이다), 또한 니체 자신이 전통적 도덕은 삶의 부정이라는 것을 증명하고 싶다고 생각하면서도, 산다는 것의 힘과 무력함이 무엇으로 이루어지는가를 알기 직전에 계속 주저하기 때문이다. 그러므로 자신에게 무엇이 정말로 유해한 것인지를 결정하지 못하는 것이다."(『니체와 악순환』, 120쪽.)]

인" 방법으로 예전의 존재 조건을 재발견하는 것이다. — 그 예전의 존재 조건이 그의 내부에서 눈을 뜨기 위해서는, 현재의 조건이 그를 통해 현현하는 욕동의 상태에 대응하지 않는 것이 필요하다. 하지만 집단적 제도의 수준에서는 시대착오인 이 개별적 상태는, 자기 자신의 다양한 강도에 따라 제도 그 자체를 비현재화하면서, 이번에는 제도 쪽을 시대착오적인 것으로서 고발할 수 있다. 현실이라고 불리는 모든 것들을 개별적 사례와의 관계에서 비현재화하는 것, 그로부터 생기는 감동이 주체의 활동을 붙잡아서 방치하지 않고 주체가 어쩔 수 없이 행동하게 하는 것 — 이것은 사건의 흐름을 변화시킬 수 있을 정도로 큰 사건이다. 새로운 흐름은 기회偶倖, chance의 회로에 따라 흐르고 있고, 그 기회의 회로를 니체는 자신의 사고思考 세계 그 자체로 삼는다. 그리고 거기에서 그가 역사의 주기성을 끌어냄에 따라 음모의 계획이 〈악순환〉의 기호 아래에서 구체화되어 가는 것이다.'[31]

---

31. 같은 책, p. 122. (같은 책, pp. 164~165) [*한국어판 번역: "이러한 관점에서 특이적 사례는 선행한 체험들의 망각을 나타낸다. 이 체험들은 이제부터 무리적 충동들에 의해 무의식 상태에 이를 때까지 동화되고, 따라서 지배적인 검열기구에 의해 억압되고, 또는 반대로, 종 안에서, 종의 실존에 있어서와 마찬가지로 개인에 있어서도, 동화될 수 없는 것으로서 배제된다. 니체에게 있어서 특이적 사례는 이렇게 '시대착오적인' 방식으로 예전의 존재 조건을 재발견하는 것이다. 그 예전의 존재 조건이 니체 안에서 깨어나기 위해서는, 현재의 조건이 이를테면 그를 통해 확실해진 충동의 상태에 대응하지 않는 것이 필요하

오늘날의 계급투쟁을 나는 이러한 방향에서 구상하고 싶다. '역사의 주기성' 또는 〈악순환〉에서, '기회의 회로'를 따라 〈절대빈곤〉이 '시대착오적'으로 회귀하고 현재를 타격한다. 혁명이란 영(零)으로의 '회귀-재회전'에서의 가치전환(커뮤니케이션)이다.32 이 회귀가 개별적 사례에서 출현하면 '현재의 조건이 … 그를 통해 현현하는 욕동의 상태에 대응하지 않는 것이 필요'하다. 이 차이는 맑스가 이념은 그것의 실현에 필요한 물질적 조건들이 부재하면 공문구에 불과하다고 언급하면서 제시

다. 그렇지만 무리 짓기의 제도적 수준에서, 상대적으로 시대착오적인 이 특이적 상태는 자신의 다소 강력한 강도에 따라서 제도 자체를 비현재화하고, 이번에는 제도를 시대착오적인 것으로서 고발할 수 있다. 그 자체로서의 모든 현실이 특이적 사례와의 관계에 의해 비현재화되는 것, 그로부터 생기는 감동이 주체의 활동을 포착하여 주체가 행동을 하도록 만드는 것, 거기에 사건의 흐름을 바꿀 수 있는 뜻밖의 사건이 있다. 새로운 흐름은 기회들의 회로를 따라 흐르고, 이 회로를 니체는 자신의 사유의 세계로 만들 것이다. 그리고 그가 이로부터 역사 안에서 주기성을 끌어냄에 따라서 음모의 계획은 악순환의 기호 아래 구체화된다."(『니체와 악순환』, 115~116쪽.)]

32. 벤야민도 과거의 현재로의 회귀-구제라는 관점에서 혁명을 구상했다. '역사의 연속을 타파하는 의식은 행동의 시기에 있는 혁명적 계급에게 특유한 것이다. 대혁명은 새로운 달력(曆)을 도입했다. 달력의 제1일은 역사상의 저속도 촬영 카메라로서 기능한다.'(ベンヤミン, 「歴史の概念について」 断章番号 XV, 『ボードレール他五篇 — ベンヤミンの仕事 2』, 野村修編訳, 岩波文庫, 1994年, p. 342. [*한국어판 번역 : "역사의 연속체를 폭파한다는 의식은 행동을 하는 순간에 있는 혁명적 계급들에게서 특징적으로 나타난다. 대혁명은 새로운 달력을 도입하였다. 달력이 시작하는 날은 역사적 저속촬영기로서 기능을 한다."(발터 벤야민, 「역사의 개념에 대하여」, 『역사의 개념에 대하여/폭력비판을 위하여/초현실주의 외 — 발터 벤야민 선집 5』, 최성만 옮김, 길, 2008, 346쪽.)]

했던 말과 내실의 차이라는 사태의 이면이다.

또한 문화라는 지적 축적의 증대는 반대로 우리들 각각을 문화에의 예속으로부터 해방한다고 클로소프스키는 말한다. '문화 − (지식의 총체) − 즉 가르치려고 하고 배우려고 하는 의도 − 란, 혼의 음조의, 그 강도의 반대물이어서, 후자[강도]는 가르치는 것도 배우는 것도 불가능하다. 그러나 문화가 보다 많이 축적되어, 문화가 자기 자신에의 예속을 강화하면 강화할수록 − 그 반대물인 혼의 음조의 침묵의 강도는 한층 커진다. 그리고 마지막으로는 혼의 음조가 교육자의 마음을 엄습하고 가르치려는 의도를 마침내 허물어뜨린다. 결국 문화의 예속성은 그것이 니체 담론의 침묵과 맞닥뜨리는 순간에, 산산조각으로 부서지는 것이다.'[33] 이 과장법의 수사적 논리는 경제적 하부구조의 변화가 문화적 상부구조의 변혁에 앞선다는 표준적 맑스주의의 주장의 이면을 이룬다. 그러한 의미에서 니체-클로소프스키는 맑스의 사고 그 자체의 가치전환을 시도

---

[33] Klossowski, *Nietzsche et le cercle vicieux*, 앞의 책, pp. 15~16. (クロソウスキー,『ニーチェと悪循環』, 앞의 책, p. 18.) [*한국어판 번역: "문화(지식의 총체, 즉 가르치고 배우려는 의도)는 영혼의 음조의, 고강도의 반대물이다. 이 강도는 가르쳐질 수도 배워질 수도 없는 것이다. 그렇지만 문화는 더 많이 축적될수록, 더 스스로에게 예속된다. 그리고 그것의 반대물인 영혼의 음조의 말없는 강도도 함께 증대된다. 그래서 최후에는 영혼의 음조가 교육자를 기습해서 결국 교육하려는 의도를 꺾어버린다. 이렇게 문화의 예속성은 니체의 담론의 침묵과 부딪히는 순간에 폭발한다."(『니체와 악순환』, 12~13쪽.)]

하고 있다. 오늘날 계급투쟁과 혁명을 재구상하기 위한 하나의 시사점이 여기에 있다.

3부 '노동'과 유토피아의 행방

렌탈 라이프
포스트포디즘 시대의 노동

노동과는 별개의 방식으로
『경제학 비판 요강』에서 『살아있는 화폐』로

노동과 예술
벤야민과 클로소프스키

가능세계의 들뢰즈
네그리가 말하는 『맑스의 위대함』

'렌탈 라이프' Rental Life

포스트포디즘 시대의 노동

중첩의 시학

두 가지 사례를 제시하면서 시작하고 싶다. 첫 번째 사례는 내 신변의 일이다. 예전에 나는 모처에서 개최한 교수 능력 개발 연수에 참가할 기회를 얻었다. 대학에서의 교육 방법과 수업 운영의 연구를 목적으로, 교육 현장 종사자가 실행해 온 여러 시도가 소개되었다. 구체적인 것은 언급하지 않고, 개인적으로 갖게 된 전체적인 인상만 써 둔다. 수업이라고 불리는 장에서는 연구자가 자신의 연구를 보고하고 개시한다는 점보다도 어떻게 교육자로서의 연구자가 자신의 연구 보고의 기술을 연마하여 학습자의 주의를 끌어당기고 학습자 자신의 연구 동기나 의욕을 이끌어내는가가 중시된다. 넓게는 학습자가 자발적으로 자신의 연구와 학습 능력을 향상시킨다는 의미 또는 방향에서 학습자 자신이 수업을 직접 운영하게끔 하기도 한다. 바꾸어 말하면 〔학습자가 직접〕 '흥미-관심'에 따라 문제를 세우고 과거의 연구를 참조하여 자신의 문제에 대한 해답을 찾고, 나아가 그 과정을 타자가 파악하게 만들 수 있는가(이른바 액티브 러닝[1])로 〔교육의〕 중심이 상대적으로 이동하고 있다. 연구자에게는 자신의 연구를 가능한 한 많은 사람에게 전달하고 이해시키는 능력이 요청된다. 또한 학습자에게는, 고등교육 기관에서가 아니어도, 자신도 [지식을] 다룰 수 있는 능력 양성이 요구된다. 이로부터 추출할 수 있는 것은 가르치는 자와 배우는 자의 위치가 서로 중첩되고, 배우는 것이 가르치는 것에 한없이 접근해 간다는 것이다. 이것이 '교육-연구'의 경계선 위에서 추출되는 하나의 모델이다.

두 번째 사례는 미디어에서 이목을 끌고 있는 내용이다. 근년에 '부업'에 관심이 모이고 있다. 예를 들어 여행객과 출장원을 위한 숙박시설 제공자가 호텔뿐만 아니라 민박[일반 가정집 일부를 여행자에게 빌려주는 숙박 형태]에서도 나오고 있다. 민박 제공자는 자신이 소유한 공간을 일정 시간 숙박 희망자(게스트)에게 빌려주고 그 기간만 호스트가 되어 그 시공간을 공유

---

1. 좀 오래된 것이지만, http://www.mext.go.jp/b_menu/shingi/chukyo/chukyo3/siryo/attach/1364316.htm을 참조.

한다. 인간의 이동 서비스를 제공하는 움직임도 있다. 서비스 제공자는 예정 없이, 제공자와 이용자 쌍방의 형편이 맞으면 자신이 소유하는 승용차를 공간 이동 희망자를 위해 제공한다. 숙박시설과 승용차, 양쪽 모두 자신의 소유물을 타자에 의한 이용에 공급한다는 점이 공통적이다.

두 가지 사례의 공통점은 무엇일까. 두 번째 사례에서는 자기의 소유물을 타자를 위해 활용하고, 첫 번째 사례에서는 배우는 자신이 가르치는 자(타자)의 입장에 한없이 접근하여 자기의 능력을 자발적으로 끌어내는 것이 문제가 된다. 그런데 배우는 자에게 자기의 능력은 자기의 소유이다. 또는 그렇게 보인다. 모두 소유된 것에 초점이 맞추어져 있고, 그리고 소유된 것을 어떻게 이용할 것인가가 표적이 된다. 바꿔 말하면 두 번째 사례에서는 소유된 것이 임대되고, 첫 번째 사례에서는 무엇을 연구하는가보다는 오히려 그 연구를 어떻게 타자에게 전달-이해시킬 것인가로 중점이 상대적으로 이동하고 있다.

왜 연구 그 자체보다 타자로의 전달이 중시되는 것일까. 그 지식이 자기뿐만 아니라 타자에 의해서도 활용될 수 있기 때문이다. 이 목적은 두 번째 사례에서의, 자기 소유물을 타자도 활용할 수 있다는 것과 유사하다. 따라서 첫 번째 사례에서 본 '교육'의 '전환'은, 두 번째 사례의 배경이 되고 있는 능력, 즉 자기의 소유물을 타자와 일시적으로 공유하는 기술인 '타자와의 커뮤니케이션' 능력이 뛰어난 인간의 양성 또는 생산을 담당하게 된다.

이것이 두 사례의 연결 지점이다. 그러면 공통점은 무엇일까. 가르치는 것과 배우는 것이 한없이 중첩된다. 여기서는 여차여차한 지식 그 자체와 그 지식의 제시와의 겹침에 강조점이 있다. 무엇인가가 있다는 것과 '무엇인가가 (여기에) 있다'라고 언표하는 것의 강한 결합이 오늘날의 교육에서는 '앎'知에 대해 요구되고 있다. 예를 들면 〈모더니즘 회화〉에서 '평면'이 강조되는 것처럼 말이다. 거기에서는 단순한 평면이 있다는 것만으로는 끝나지 않고 그것을 감상자가 알도록 만들 필요가 있다. 그래서 평면과 '평면(만)을 보라'는 명령이 중첩된다.[2] 그리고 오늘날 일본의 〈교육〉에서, 지식과 그 소재所在의 제공presence과의 강한 결합을 지시하는 것은 MEXT라고 약칭되는, 국가장치의 한 기능을 담당하는 기관(일본 문부과학성)임을 볼 수 있다. 지시의 목적은 앞에서 말한 '타자와의 커뮤니케이션' 능력이 좋은 인간의 생산에 있다고 생각해도 좋을 것이다. 앎과 권력의 결합 양식의 하나가 여기에 있다. 그리고 이 명령은 자

---

2. Jacques Rancière, «La peinture dans le text», in *Le destin des images,* Éditions La Fabrique, 2003. (ジャック・ランシエール, 「テクストの中の絵画」, 『イメージの運命』, 堀潤之譯, 平凡社, 2010年에 수록.) [자크 랑시에르, 「텍스트 속의 회화」, 『이미지의 운명』, 김상운 옮김, 현실문화, 2014.]

본의 동향이 현상하는 바를 이해할 수 있는 단서를 우리에게 제공한다.

'능력'이라는 이 애매한 자기 소유물을 타자에게 판매하는 것이 아니라 '렌탈'rental하는 것. 파는 자와 사는 자 또는 빌려주는 자와 빌리는 자 사이를 어느 쪽이든 화폐가 매개한다. 매매에서는 어떤 물건의 소유권을 화폐로 교환하여 양도하거나 취득한다. '렌탈'에서는 이〔소유권〕를 일시적으로 빌려주거나 빌리기도 한다.

이 국면에서 가르치는 것과 배우는 것의 중첩에 대응하는 것은 무엇일까. 〈소유물의 활용〉에 단서가 있다. 활용이란 소유물에 잠재해 있는 〈능력〉을 바깥으로 끌어내어 그때마다 현재에 작동시키는 것(현동화)이다. 어떤 사물의 능력이 어떤 시간에 어떤 장소에서 현동화되는 것을 바라는 사람을 위해, 이를테면 그 시간대에 그 신체가 '이용가능한'disponible 사물을 그 장소로 가져가서 그 능력을 현동화하는 것이다. 그래서 그 현동화를 바라는 사람들에게 사물의 이용 시간을 제시할 필요가 있다. 이 제시를 보고 사람들은 자신의 사정에 맞추어 현동화하는 사물의 능력을 이용하고, 그 대가를 지불한다. 지불된 대가에는 그 능력의 제시에 관한 여러 비용도 포함된다.

이처럼 소유물의 일시적 활용에서는 그 '이용가능성'disponiblité에 관한 정보의 고지가 필요하다. 무엇인가가 사용 가능 상태에 있는 것과 그 상태의 제시가 중첩되어 하나의 경제적 모델을 구성한다. 이 제시라는 행위를, '활용이 가능하고, 그 자체에 의해서는 그 능력을 현동화할 수 없거나 곤란한 것을 조건들에 대응하여 현동화시키기 위한 기술'의 하나라고 보다 넓게 파악할 수 있을 것이다. 새로운 '일'의 형태로 나타나는 어떤 종류의 사회적 생산행위에도 이 기술이 관여되어 있다. '생산' 개념의 정확한 규정은 나로서는 벅찬 일이다. 다만 어떤 행위가 '생산'이 되고 '일'과 '직업'으로서 사회적 관계들에서 가치 있는 것으로 승인되는가는, 사회적 사정들의 여러 변화와 그것에 대응되는 요청에 따라 어느 정도 결정되는 면이 있다고는 말할 수 있을 것이다.[3] 두 가지 사례에서는 이 '중첩되는' 기술이 공통된다. 오늘날의 자본은 이 국면에 적극적으로 개입하는 측면이 있다.

풍경을 겹쳐 그리다

여기서 〈자본〉이란 맑스가 『자본론』에서 고찰한 그것을 지칭한다. 자본이란 '가치'이고, 또 '자기 자신을 증식시키는 가

---

[3] '직업'이 가진 이상한 성질에 관해서는 다음을 참조. Jacques Rancière, *La méthode de l'égalité*, Éditions Bayard, 2012, pp. 153~154. (ランシエール, 『平等の方法』, 市田良彦ほか訳, 航思社, 2014年, pp. 167~168.)

치의 운동'이다. 『자본론』 제1권 제1부 3편 9장 「잉여가치율과 잉여가치량」에서 인용한 다음 구절에서는, 지금까지 내가 더듬거리며 말해 왔던, 화폐를 매개로 하는 생산물의 현동화와 자본과의 연관이 단편적이지만 생생하게 묘사되고 있다.[4] 19세기 영국의 이른바 '산업자본주의'를 무대(?)로 삼고 있지만, 그 논의는 거기에 한정되지 않는다. 오늘날의 자본주의적 생산을 파악하는 데 기초가 될 수 있는 넓고 깊은 사정거리射程를 가지기 때문이다.

> 생산수단은, 노동자에 의해 그의 생산적 활동의 소재적 요소로서 소비되지는 않고, 노동자를 생산수단 자신의 생활과정의 효소로서 소비한다. 그리고 자본의 생활과정이란, 자기 자신을 증식하는 가치로서의 자본의 운동밖에는 되지 않는 것이다. 용광로와 작업용 건물이 야간에 정지되어 있어서 살아 있는 노동을 흡혈하지 않을 때 그것은 자본가로서는 '오로지 손실'mere lose이다. 그렇기 때문에 용광로와 작업 건물은 노동력의 '야간노동에 대한 요구권'을 구성하는 것이다. 화폐가 생산과정의 대상적 요인들 즉 생산수단으로 전화된다는 단

---

4. 이하 『자본론』의 참조·인용에는 『資本論 I』(第1卷 第1分冊, 岡崎次郎/訳, 国民文庫, 1972년)을 사용함(약어 K·권수·전집 페이지 수를 표기).

지 그것만으로 생산수단은 타인의 노동 및 잉여노동에 대한 권리의 원천^{權原} 및 강제력의 원천으로 전화되는 것이다. (K1 329)[5]

인용문에 나오는 '자본가', '생산수단'이라고 하는 (얼핏 보면) 오래된 형상, '용광로', '작업용 건물'이 환기하는 광경에 현혹되어서는 안 된다. 여기서의 논의는 오늘날 '생산'의 장면을 확실하게 포착하고 있다. 그래서 여기에 묘사된 장면에, 앞에서 말한 국면을 겹쳐 놓으면서, 오늘날의 자본주의적 생산의 일면을 포착하고자 한다.

노동자는 생산수단을 가지지 않기 때문에 자신의 노동력을 자본가에게 팔고, 이와의 교환으로 자본가가 소유하는 생산수단을 사용하여 무언가(를 통해 가치)를 생산한다. 노동자와 생산수단의 결합에서 가치가 생산된다. 이때 소모하는 것은 생산수단만이 아니라 노동자이다. 그의 노동력은 생산수단

---

[5]. * 한국어판 번역: "노동자가 생산수단을 자신의 생산활동의 재료로 소비하는 것이 아니라, 오히려 생산수단이 노동자를 생산수단 자신의 생활과정의 효소로 소비하는 것이며, 자본의 생활과정은 자기 자신을 증식하는 가치로서의 자본의 운동일 따름이다. 용광로나 작업장이 야간에는 문을 닫고 살아 있는 노동을 흡수하지 않는다면, 그것은 자본가에게 '순손실'(mere loss)이다. 바로 그 때문에 화폐가 단지 생산과정의 여러 대상적 요소(즉 생산수단)로 전화하기만 하면 그 생산수단은 타인의 노동과 잉여노동에 대한 권리 증명과 강제권으로 전화된다."(카를 마르크스, 『자본 I-1』, 강신준 옮김, 길, 2008, 433쪽.)

과의 결합에 의해 생산에 이바지했기 때문이고, 이 사용에서 주체는 노동자가 아니라 자본가이기 때문이다. 노동자의 '살아 있는 노동'은 화폐로 구입된 생산수단의 일부분이다. 또한 생산수단은 '야간 정지'되어 있는 동안 '살아 있는 노동'을 흡수하지 않는다. 인용문의 바로 다음 구절에서 맑스는 생산수단을 '죽어 있는 노동'이라고 바꿔 말하고 있다. 생산이란 '죽은 노동'과 '산 노동'의 '강제'적 결합에서 성립하는 행위이다.

오늘날에는 [산 노동은] '야간'에도 '정지'하지 않고 '용광로', '작업용 건물'이라는 공간으로도 한정되지 않는다. 이 결합은 모습을 바꾸어 실행되고 있다. '현동화'라고 불러 왔던 현상이 그것이다. 시공간의 제약이 오늘날의 자본주의적 생산에서는 크게 (완전히는 아니고) 해제된 위에서 동일한 것 – '가치의 증식' – 이 시행되고 있다.

앞에서 말한 '부업'을 이 광경과 겹쳐서 묘사할 수 있을 것이다. 자신의 소유물을 타자에게 일시적으로 빌려주는 경우, 빌려주는 자는 생산수단을 소유하고 있는 것처럼 보인다. 그러나 여기서도 여전히 '죽은 노동'과 '산 노동'이 결합되어 가치가 생산되고 있다. 여기에서 생산수단은 이용가능한 숙박시설로서의 민간 주택과 승용차라는 공간적 연장물만은 아니다. 이에 더해 종래 관광업과 접객업에서 축적되어온 여러 직업적 지식의 습득이 대여자에게 요구된다. 또한 대여자와 이용 희망자를 '만나게 하는' 방법의 준비도 필요하다. 자본은 이 일련의 생산수단들을 모아 결합하고, 새로운 생산수단으로써 이 계열 안에서 공간 제공자를 일시적으로 활동케 하여 가치의 자기증식운동을 계속한다.

차이相違는 생산수단의 일부가 빌려주는 자의 소유권 아래에 존재한다는 점이다. 바꾸어 말하면, 그는 노동자로서 자본가에게 고용되어 있지는 않다. 대신 때로는 생활의 일부분으로서 '부업'으로 노동하는 일도 있을 것이다. '본업'이 있는 인간으로서, 즉 원칙적으로는 그 생활의 언제 어디에서도 가치의 자기증식 운동에 기여하는 요소를 제공할 수 있고 사적 소유권을 지닌 시민사회의 일원으로서 말이다. 따라서 〔그는〕 본업-부업, 정규-비정규라는 구분도 포함한 '노동자'의 범주를 넘어 그 생활시간 모두를 자본가에게 양도하는 계약을 '자본'과 교환하는 (것이 되는) 사람이다.

차이를 다른 관점에서 말하면, 전개된 산업자본주의에서는 노동과 자본의 관계를 주축으로 자본이 운동하지만, 여기서 자본은 비非-노동자(일하지 않는 자)에 이른바 '기생'하고 있는 것으로 보인다. 이 비-노동자는 산업자본주의적 생산과는 종종 어울리지 않는 '금리생활자'rentier의 형상과 비슷한 면이 없지 않다. 금리생활자로 알려진 자는 '지대'rent 수입으로 생활하는 토지소유자이다.

그래서 그에게는 '노동자'의 형상보다 차라리 '자본가'의 형상이 어울리는 것처럼 보인다. 반은 (자신의 노동력을 상품으로 파는) '임금노동자'로서, 반은 (자신의 삶을 대여하는) 조건부 〈금리생활자〉로서 말이다. 바꿔 말하면 오늘날의 자본주의적 생산 아래에서는, 노동자와 자본가 — 〈자산(가)〉로 표기할 수 있을까 — 가 중첩되고 양자는 서로 한없이 접근해 간다. '한없이'라는 것은 결코 일치하지 않는다는 뜻도 있을 것이다. 자본은 이처럼 앞에서 말한 '중첩'을, '소유자를 대신하여 셋집·임대 토지를 관리한다'는 의미에서 문자 그대로 '처리'差配하고 있다고 말해도 좋다.

인간의 삶(생활)은, [이제] 자본에 의해 원칙적으로 언제 어디에서나 그로부터 가치 증식의 요소를 추출할 수 있는 대상이 된 것일까. 그렇다면 여기에는 단지 존재한다는 것만으로도 노동 시간 밖에서 가치를 증식시킬 수 있는 마법과 같은 방법이 있는 것이다. 이 방법이 우리들에게 제안하는 삶, 마음대로 분할 가능하면서 대여 가능한 것으로서 돌입하는 삶을 나는 '렌탈 라이프'라고 부르고 싶다.

'설명능력'의 습득이 고등교육 기관에서 강요되는 사태에서도 이 방법의 그림자를 확인할 수 있다. 앞에서 말했듯이 그 목표의 하나는 '커뮤니케이션 능력의 개발'에 있다. 〔우리는〕 가르침과 배움의 중첩에서, 알고 있는 자와 모르는 자, 가르치는 자와 배우는 자 사이의 서열은 평평하게 균일해진다는 인상을 받는다(이 겉모습의 뒷면을 통해 미디어는 교육자와 학습자 사이에 생기는 알력을 보도한다). 그러나 서열은 여전히 유지된다. 무언가에 관한 설명이 설명하는 자와 설명을 듣는 자 사이를 투명하게 만드는 듯이 보이는 것은 표면상의 일에 지나지 않는 경우가 많다. 오늘날에는 투명성의 이름으로, 해설을 받는 자에 대한 '해설' 가능한 자(= 전문가)의 우위가 강화된다. 이때 특히 미디어를 개입시켜 해설하는 경우, 이 우열優劣의 분할은 해설을 받는 자의 감성, 예를 들어 '왜 그것을 지금 이때 해설하는가'라고 물어보는 자의 감각을 감쇠減衰시키는 효과를 동반하기 쉽다.[6] 여기서 앎과 권력의 결합이 일단 엿보인다. 이 결합을 파괴해야 한다.

렌탈 라이프의 정치

맑스에 의하면 지식을 둘러싼 계층의 전개는 자본주의적 생산 아래의 분업, 특히 육체노동-정신노동의 분할과 밀접하게 관련된다.[7] 이 분할의 돌파는 '코뮤니즘'의 실천을 구성하는

---

6. Rancière, *La méthode de l'égalité*, 앞의 책, pp. 264~265 (ランシエール, 『平等の方法』, 앞의 책, p. 281)을 참조하고 싶다.
7. 분업을 '지적 차이'라는 관점에서 포착한 발리바르의 『맑스의 철학』(1993)의

기본적 요소의 하나이다.

맑스는, 생산수단을 가지지 않거나 빼앗겨서 어쩔 수 없이 임금노동에 종사해야 하는 사람들이, 그가 '프롤레타리아트'라고 불렀던 존재의 양상과 서로 겹치는 시기에 태어나고 사고했다.[8] 청년기에 집필된「헤겔 법철학 비판 서설」(1844년)에서 그는 프롤레타리아트를 모든 신분을 해소하는 역설적 신분으로 규정한다.[9] 이것은 자본주의적 생산 아래의 사회에서는 혈통과 출신이라는 '자연-본성'nature에 의해 인간의 지위가 규정되는 것은 아니라는 것을 의미한다. 따라서 프롤레타리아트의 〈정치〉에는 모든 신분제의 정통화라는 의미에서의 '자연주의'에 대한 비판이 포함될 것이다. 프롤레타리아트는 '아무것도 가지지 않은', '아무것도 아닌'이라는 부정의 양태로부터 '언제 어디에서도' '아무것으로서도'라는 임의의 것인 '평등' 또는 '보

논의는 시사적이다. 그에 의하면 〈앎〉을 둘러싼 분할은, 사람들 사이의 넓은 의미에서의 〈커뮤니케이션〉 분할의 지표이고, 계급투쟁의 한 국면을 구성한다. Étienne Balibar, *La philosophie de Marx*, Éditions La Découverte, 1993. (エティエンヌ・バリバール,『マルクスの哲学』, 杉山吉弘訳, 法政大学出版局, 1995年) [에티엔 발리바르,『맑스의 철학』, 배세진 옮김, 오월의 봄, 2018].

8. 이와 같은 어법을 쓰는 것은 〈임노동자〉와 〈프롤레타리아트〉의 등호에 의한 결합이 자명하다고는 말할 수 없기 때문이다.

9. カール・マルクス,「ヘーゲル法哲学批判序説」,『ユダヤ人問題に寄せて/ヘーゲル法哲学批判序説』, 城塚登訳, 岩波書店, 1974년 수록. [칼 맑스,「헤겔 법철학 비판을 위하여. 서설」,『칼 맑스 프리드리히 엥겔스 저작 선집 1』, 김세균 감수, 박종철출판사, 1997.]

편'으로 이행하는 긍정의 모습으로서 자신을 구성한다.

코뮤니즘의 실천이 시도하는 것은 지적 서열의 폐기이지 지성의 폐기는 아니다. 사람들을 가르는 계층화가 아니라 협동이 더욱 전개되도록 지성을 촉구하는 작업이 코뮤니즘의 실천에 포함된다.[10]

그러면 '렌탈 라이프'에서 지식은 어떻게 포착되고 있을까. 앞에서 말한 '죽은 노동'과 '산 노동'의 결합에 의한 생산수단의 구성을 상기하고 싶다. 생산수단은 시공을 포함한 연장으로서의 일련의 사물의 조합으로 이루어진다. 사물 그 자체는 물질

---

10. 앎에서의 분할과 공유를 물을 때, 나는 이하에서 인용하는 랑시에르의 말을 의식하고 있다. '불평등의 격률은, 조금 희화적으로 말해 보면, 이렇게 말하고 있습니다. [집 밖에] 나가는 일은 좀 귀찮은 일이다. 집에서 신문을 읽고 텔레비전을 보고 있으면 사람이 얼마나 어리석은지를 알게 된다, 이렇게도 어리석은 타인에 비하면 나는 얼마나 현명한가. 그래서 격률의 선택지는 다음과 같이도 말할 수 있습니다. 타인이 어리석기 때문에 나는 현명한 것인가, 아니면 타인이 현명하기 때문에 자신은 현명한 것인가. 이는 칸트 형의 격률입니다. 내가 스스로에게 인정하고 있는 사고능력은 만인의 사고능력이라고 나는 보증할 것인가, 아니면 나의 사고가 타인의 사고로부터 구별되는 것은 타인 모두가 바보라는 사실에 의한 것인가. … 사람이 모두 마찬가지로 매일 일하러 나가는 것은 사고란 모두의 것이라고 생각하고 있기 때문에. 세계는 거대하다고 해서 인식 불가능한 것은 아니라고 생각하고 있기 때문입니다. 우리들이 살아가는 세계의 한 단편은 인식할 수 있다, 조금만 노력하면 어떻게 해서 그것이 형성되었는지를 조금은 이해할 수 있다고 생각하고 있기 때문에. 이 모두는 지식인의 태도와 정반대일 것입니다. 그들은 타인이 바보인 이유를 이러쿵저러쿵 말합니다. 투박하게 말하면 그것이 지식인의 통상적인 정의입니다.' (Rancière, *La méthode de l'égalité*, 앞의 책, pp. 163~164 〔ランシエール, 『平等の方法』, 앞의 책, pp. 177~178〕).

적이며, 파괴되기도 하고 없어지기도 하지만, 이 사물들에 구체화된 아이디어는 다른 물체에 다시 구현될 수 있을 것이다.

이탈리아 경제학자 카를로 베르첼로네는 맑스의 작업 안에서도 『자본론』에 맞추어서, 특히 『경제학 비판 요강(그룬트리세)』(1857~58년)을 참조하면서, 자본이 이러한 아이디어와 생산수단을 조합시키는 방법을 포함한 광의의 〈지식〉에 주의를 기울이는 현상을 분석한다.[11] 그는 자본이 이와 같은 경향을 띠기까지의 흐름을 '자본주의적 분업의 발전은 지식과 권력의 적대 관계에 의해 규정된다'는 관점에서 세 개의 국면으로 정리했다. 이 글의 논의와 관련된 한에서 간결하게 소개하고자 한다.

첫째 국면은 '자본에 의한 노동의 형식적 포섭'이다. '포섭'이란 노동이 자본에 종속되는 형태를 가리킨다. '형식적'이란, 자본주의적 생산이 출현하기 이전부터 있었던 노동과정이 자본에 포섭되면서도 아직 자본주의적 생산으로부터 직접적으로 생산에 관한 지시를 받고 있지 않는 양태를 가리킨다. 여기서는 노동자의 협업적 관계가 자본에서 기술적으로 독립해 있기 때문에, 자본은 융자와 상인의 형태로 노동과정에 간접적으로 개입하여 자본을 축적한다. 이 국면의 특징은 노동자가 노동

---

11. カルロ・ヴェルチェッローネ,「形式的包攝から一般的知性へ ─ 認知資本主義テーゼのマルクス主義的読解のための諸要所」(2007年), 沖公祐訳, 『現代思想』, 2011年 3月号에 수록.

과정에서 자본에 의한 통제로부터 자율적으로 존재하는 한편, 화폐에 의해 노동의 대가를 받는다는 모순에 있다.

둘째 국면은 산업자본주의의 전개에서 보이는 '자본에 의한 노동의 실질적 포섭'이다. 자본이 노동과정을 장악하고 공업 및 사회에서의 분업을 구조화한다. 생산을 계획적·효율적으로 실행하기 위한 과학적 지식의 자본에 의한 적용이 임금노동자의 전통적 지식을 해체하려고 할 때, 자본과 노동의 대립은 격화한다. 이 국면의 특징 중 하나는 지적 생산력의 지배를 둘러싼 자본과 노동의 투쟁이 자본주의적 생산에 활기를 불어넣어 왔다는 점이다. '포디즘'이라고 불리는 생산 방법은 이 국면에서 기능한다.

셋째 국면에서는 포디즘의 위기에 따라 포섭에서 '형식'이 재귀한다. 여기서 자본축적은 다시 주로 융통과 상인의 형태로 실행된다. 자본과 노동의 투쟁을 사이에 둔 지적 생산력의 증대(실업의 증대도 있다)에 의해, 생산수단의 일부였던 노동자가 해당 생산과정 밖으로 (거의) 나와버렸기 때문이다. 생산에 쓰이는 노동 시간을 척도로 하는 가치법칙은 동요한다. 노동자는 노동 시간 밖에서(도) 생산하고 있기 때문이다. 노동은 사물의 구체적 생산보다도 사물에 구체화된 아이디어의 생산 쪽에 비중을 두게 되었다. 아이디어의 기초에는 지식이 있다. 지식에 사적 소유권을 상정하는 것은 불가능하다. 그것은 항상 이미 집합적·협동적이다. 그리하여 지적 생산력은 자신에게로 되돌아오고, 지식에 의한 지식의 생산에 다다른다. 이때 자본으로 축적되는 이윤은 노동과정에서 얻는 것인가 아니면 지식이라는 '공유재산'common(으로부터)의 '대여-지대'rent인 것인가를 식별할 수 없게 된다. 또한, 노동(자)이 '죽어' 있는지 '살아' 있는지도 식별할 수 없게 된다. ― 노동(자)의 좀비화? 이윤과 렌트, 죽은 노동과 산 노동 각각이 한없이 서로 중첩되어 가는 속에서 지적 생산력을 사이에 두고 노동과 자본이 대치한다.[12] 지적 생산력이라는 공유재산을 사유재산권에 근거하여 자의적으로(임의로가 아니라) 에워싸고 그곳에서 약탈을 기도하는 자본에 항거하는 노동과, '이것은 사적 소유에 입각한 자본축적이기 때문에 "착취" ― "등가" 교환되는 ― 이지 "약탈"은 아니다.'라고 주장하는 자본과의 싸움이다. 여기에서 베르첼로네는 노동자 편에서 쟁점을 명확하게 하는 전략 목표로서 불로소득에 한없이 가까워지는 '보장사회소득' ― 대략 기본소득basic income에

---

12. 이윤-렌트의 식별불가능화에 관해서는 ヴェルチェッローネ,「価値法則の危機と利潤のレント化」, アンドレア・フマガッリ, サンドロ・メッザードラ編,『金融危機をめぐる10のテーゼ ― 金融市場・社会闘争・政治的シナリオ』, 朝比奈佳尉, 長谷川若枝訳, 中山智香子解説, 以文社, 2010年에 수록. [카를로 베르첼로네,「가치법칙의 위기와 이윤의 지대화 ― 인지자본주의의 체계적 위기에 관하여」,『인지자본주의와 전 지구적 경제위기』, 산드로 메자드라·안드레아 푸마갈리 엮음, 진성철 옮김, 두 번째 테제, 2023.]

해당한다고 생각해도 좋을—청구를 든다. 정규-비정규, 본업-부업 등을 묻지 않고 인간은 노동하지 않을 때조차 지식을 빌려 가치 증식을 실행하고 있기 때문에 그 대가를 요구하는 것은 정당하다는 논리다.

이상으로, 간단하게 베르첼로네의 논의를 소개했다. 그가 요구하는 기본소득은 그의 경우 일국 내에서만이 아니라 전 세계에서 (이상적으로는 한 번에) 실시되지 않으면 그 대의를 잃어버린다. 지불하는 것은 국가가 아니라 다국적 자본일 것이다. 요구의 근거가 되는 지적 생산력이라는 '부의 원천'은 정의상 사유재산권을 배척하는 '전 인류'의 공유재산이기 때문이다. 지식이 한없이 분산分散되고 인간 각자에게 무작위로 분포된 '빅 데이터'적 상황이라고 말해도 좋을 것이다. 그래서 '지식에 의한 지식의 생산'은 '인간에 의한 인간의 생산'과도 겹친다. 많든 적든 지식을 체화하고 있지 않은 인간, 이전부터 체화해 오지 않았던 인간, 이제부터 체화하지 않을 인간은 존재하지 않기 때문이다. 살아가는 것 자체가 렌탈 가능한 밑천(자본)이 되는 이 차원에서는, 노동-비노동의 경계가, 노동(자)-자본(가)의 그것과 마찬가지로 어디까지인지가 애매하게 된다. 문제는 '워크 라이프 밸런스'work life balance[일과 생활의 균형, 한국에서는 '워라밸'이라고도 줄여 말해짐] 이전(이후?)의 차원에서 드러나고 있는 듯하다. 자본과 노동은 대립했던 것이 아닌 것일까.

또는 대립하고 있기 때문에 애매하게 되는 것인지도 모른다. 베르첼로네는 이 점을 자각하고, 안토니오 네그리와 함께 집필한 「인지자본주의에서의 〈자본-노동〉 관계」(2007년)에서 보건·교육·직업훈련 등 '인간에 있어서 기본적인 구성요소'를 '인적 자본'이 아니라 '무형 자본'이라고 부를 것을 제창했다.[13] 이 글의 문맥에서 보자면, 이는 기본소득을 인적 자본의 성장이 아니라 노동자의 생활(인간의 재생산) 권리로 파악하려는 자세의 표명으로 보인다.

어쨌든 자본주의적 생산 현황에서는 노동과 자본이 거의 서로의 분신인 것처럼 보인다. 베르첼로네, 네그리와 나란히 '이윤의 렌트화'를 연구해온 크리스티안 마라찌는 2001년에 발표한 저작에서, 신중할 필요를 강조하면서 '노동'이라는 범주 그 자체가 소멸할지도 모른다고 말하고 있다.[14] 그는 포디즘의 위기에 더해 국제통화 시스템의 변동 상장제로의 이행을 '이윤의 렌트화'의 주요 원인으로 포착하고, 이러한 시각에서 현재의 금융자본 시스템을 고찰한다. 이 글의 문맥상 그의 논의에서 중요한 점은, 그가 맑스의 '잉여가치의 실현'론에 근거하여 식민

---

13. ヴェルチェッローネ、ネグリ、「認知資本主義における〈資本-労働〉関係」、長原豊 訳、『現代思想』, 앞의 책에 수록.
14. マラッツィ、『資本と言語 — ニューエコノミーのサイクルと危機』, 柱本元彦訳, 人文書院, 2010年, p. 54. [크리스티안 마라찌, 『자본과 언어』, 서창현 옮김, 갈무리, 2013.]

주의와 복지국가를 동일한 지평에 있는 것으로 파악했다는 것이다.[15] 새롭게 생산된 잉여가치(잉여)는 화폐소득을 통해 실현되지만 이때의 화폐는 일반적 등가물로서의 화폐는 아니다. 자본주의적 생산에서는 가치가 증식하는 이상, 사전에 분배되었던 급여 소득만으로는 생산된 잉여가치를 실현시킬 수 없기 때문이다. 그래서 앞으로 이루어질(이루어져야 할) (임)노동을 명령指図할 화폐, '즉자적으로는 이미 자본인 화폐'를 유통과 소비를 포함한 자본주의적 생산과정에 주입할 필요가 있다.[16] 선진국들은 자본주의적 생산과정의 '외부'에 위치한 빈국에 장기간의 융자(차관借款)를 일으켜서(즉자적 자본으로서의 화폐) 구매력을 갖게 해주고, 자국의 생산물을 수출하여 (즉자적 자본으로서의 화폐에서 소득의 양으로서의 일반적 등가물로 화한 화폐로) 구매시킴으로써 잉여가치를 실현시킨다(식민주의·제국주의). 또한 복지국가는 (이상적으로는) 적자재정 지출에 의해 생산과정의 '내부'에서 잉여가치를 실현한다. 이것도 미래로의 융자(공공사업으로 고용을 증가시키고, 호황 시에 증세하여 '수탈'하는)이고 내內-외外의 차이는 있긴 하지만 짜임새의 기초는 식민주의와 다르지 않다. 지적 생산력의 상승이 수반하는

---

15. 같은 책, pp. 115~116.
16. 같은 책, pp. 113~114.

'인간에 의한 인간의 생산'의 입장에서 본다면, 내-외의 차이에 대한 과잉 강조를 제지하면서, 절반쯤만 노동자이기도 한(?) 인간의 자본에 대한 종속으로부터의 탈각脫却을 구상하는 지평을 열 수 있을 것이다.

이러한 시각에서 마라찌는 금융경제의 현황을 파악한다. 2009년 발표한 논문 「금융자본주의의 폭력」에서는 금융이 모든 재화 그리고 서비스 생산과 동질적이고 불가분하게 되고 있다면서, 베르첼로네의 이름을 거론하며 이윤과 렌트의 식별 불가능성을 지적한다.[17] '주주자본주의'라고도 불리는 '포디즘의 위기'와 '변동상장제' 이후 지적 생산력으로의 투자·융자 경향은 '잉여가치 실현의 구조仕組み'에 기반하고 있다는 식으로 그의 논의를 이해해도 좋다고 생각한다. 그도 '보장된 소득'이라는 개념을 통해 광의의 '기본소득' 도입을 검토하고 있다는 점을 덧붙여 둔다.[18]

노동이라는 범주

---

17. マラッツィ,「金融資本主義の暴力」,『金融危機をめぐる10のテーゼ』, 앞의 책, p. 24, 26. [크리스티안 마라찌,「금융자본주의의 폭력」,『인지자본주의와 전 지구적 경제위기』, 같은 책에 수록.]
18. マラッツィ,「世界的ガバナンスのキメラ」(2009年)(長原豊訳,『現代思想』, 앞의 책에 수록)를 참조.

베르첼로네 등에 의한 〈자본-노동〉의 항쟁적 관계를 기초로 하는 작업에 [나는] 몹시 촉발된다. 그래서 마지막으로 한없이 서로 가까워지고 있는 이윤과 렌트, 또는 노동과 비노동의 '간격'에 주목해 보고 싶다. 이 '간격'은 코뮤니즘의 실천을 둘러싼 문제를 생각하게 만든다.[19] 문제는 앞에서 보았던 잉여가치의 '실현'과 관련된다.

'보장사회소득' 혹은 '보장된 소득'이 지불될 수 있는 조건들이 정비되었다고 가정해 보자. 이때 이윤-렌트의 결정불가능성을 근거로 하여 요구되는, 그 자체로 불로소득과 식별할 수 없는 '기본소득'은 어떻게 지불될 수 있는 것일까. 화폐에 의해서라고 한다면(어떤 통화로 지불되는가도 문제이지만 일단 그 문제는 제쳐 두고), 마라찌가 지적하듯이 이 이윤-렌트에 대응하는 '대가'는 장래의 노동을 명령하는 '즉자적으로 자본인 화폐'에 의해 지불되는 것일까. 미래를 선취하는 이 화폐는 언제 어디서든 반드시 일반적 등가물로서의 화폐로, 다시 말해서 화폐소득의 양으로 실현되지 않으면 이윤-렌트의 대가로는 되지 않는다. 따라서 임노동에서 이탈하여 금리생활로 들어선 순간, 해당 임노동이 회귀한다. 자본은 지불한 '대가'를 메우고

---

19. 〈간격〉에서 발견되는 질문으로, 예를 들면 〈시간〉, 더 나아가서는 〈죽음〉과 〈기억〉(memento mori)을 참고한 中山智香子, 「レントがひらく可能性—「メメント・モリ」の経済学のために」(『at プラス』 23号, 2015年 2月)을 참조.

도 남는 새로운 잉여가치의 소재를 계속 추구할 것이다. 대가가 일반적 등가물로서의 화폐에 의해 지불되어도 마찬가지다. 이 경우 '즉자적으로 자본인 화폐'를 발행하는 것에 상응하는 별도의 시공간에서 자본주의적 생산이 계속될 것이다. 대가를 받는 자가 자기의 것만을 생각하는 한, 사태는 변하지 않는다. 이윤과 렌트의 한없는 상호 접근에 따른 상호 일치를 상상해 본다면, [우리를] 맞을 채비를 하고 있는 것은 이 역설 아닐까.

맑스의 잉여가치(가치증식)론을 확인해 보자. 가치는 생산과 교환의 이른바 〈교착점〉交着點에서 증식한다. 생산과 교환 어느 쪽만으로 가치는 증식하지 않는다. 『자본론』 제1권 제1부 3편 5장 「노동과정과 가치증식과정」의 2절 「가치증식과정」에서 인용해 보자.

> 노동력의 가치와 노동과정에서의 노동력의 가치 증식은 두 개의 다른 양이다. 이 가치 차이는 자본가가 노동력을 살 때 이미 그의 안중에 있었던 것이다.… 결정적인 것은 이 상품의 독자적인 사용가치, 즉 가치의 원천, 게다가 그 자신이 가지고 있는 것보다도 큰 가치의 원천이라는 독자적인 사용가치였다.… 실제 노동력의 판매자는 다른 어떤 상품의 판매자와 마찬가지로 노동력의 교환가치를 실현하여 그 사용가치를 건네주는 것이다.… 노동력의 사용가치, 결국 노동 그 자체는 판매

자의 것은 아니다.…라는 사정은 구매자에게 특별한 행운이지만, 결코 판매자에 대한 불법은 아닌 것이다.(K1 208)[20]

노동자('판매자')는 자본가('구매자')에게 자신의 노동력 = 상품을 판다. '노동력의 가치'와 '노동력의 사용가치'의 차이가 잉여가치이다. '가치 차이'의 몫을 자본가는 노동자로부터 '착취'하고 있음에도 불구하고, 이는 '결코 판매자에 대한 불법은 아니다.' 맑스는 '착취'를 옹호하고 있는 것은 아니다. 자본주의적 생산이 끝나지 않는 한, '착취'는 그야말로 '불법은 아닌' 것이다.

이윤-렌트의 '간격'으로 돌아가자. 가치의 증식에서는 교환이 생산과의 '교차'에서 가치를 증식시키고, 증식된 가치는 화폐와의 교환에 의해 '실현'된다. 그러면 양자의 식별 불가능성을 근거로 한 '보장소득'의 요구는 '일한 것에 지불되지 않았

---

20. * 한국어판 번역: "노동력의 가치와 노동과정에서 노동력의 가치 증식은 서로 그 크기가 전혀 다르다. 자본가는 노동력을 구매할 때 이러한 가치 크기의 차이를 이미 염두에 두고 있었다.…결정적인 것은 이 상품의 특수한 사용가치인데, 그것은 곧 가치의 원천이면서 동시에 자신이 지니고 있는 것보다 더 많은 가치의 원천이 되기도 한다는 바로 그 성질이다.…사실상 노동력의 판매자는 다른 모든 상품의 판매자가 그렇게 하듯이 노동력의 교환가치를 실현하고 노동력의 사용가치를 양도한다.…화폐 소유자는 이미 노동력의 하루 가치를 지불했다. 그러므로 하룻동안의 노동력의 사용[즉 하룻동안의 노동]은 그에게 속한다.…라는 사실은 구매자에게는 특별한 행운이지만 판매자에게도 부당한 일은 결코 아니다."(『자본 I-1』, 285쪽.)

다'는 통상의 의미에서가 아니라, '일하고 있지 않을 때 일하고 있다'는 역설적인 의미에서 '시간 외 노동'의 몫의 대가를 요구한다는 모습을 지닌 '불법'의 '가치 차이' 분의 지불 요구는 아닐까.

「독일 노동자당 강령 논평」(1975년)[21]에서 맑스는 독일 사회주의 노동자당(이후의 독일 사회민주당) 강령 초안에 논평을 달았다. 그중 하나는 '노동수익〔의〕 공정〔한〕 분배'를 내건 구절을 들어 '노동수익'이라는 말의 애매한 사용과 '공정'이라는 말이 부르주아지의 그것과 동일한 의미로 사용되고 있다 — 앞의 인용에서의 '불법은 아니다'에 해당하는 — 는 점을 지적한다(R 31~34). 그리고 앞의 인용에서 확인된, 생산과 교환의 '교차'에서 '노동력의 가치'와 '노동력의 사용가치'의 차이가 잉여가치가 된다는 『자본론』 제1권에서의 인식을 근거로, 코뮤니즘에 의거한 사회에서는 생산물은 교환되지 않고 그래서 '노동수익'이라는 말 자체가 무의미하게 된다고 쓴다(R 47, 35). 그러나 지금은 아직 자본주의 사회이기 때문에 교환에 근거한 임노동 제도의 틀 안에서의 자본과의 투쟁은 당분간 — 당분

---

21. カール・マルクス, 「ドイツ労働者党綱領評注」, 『ゴータ綱領批判』, 望月清司訳, 岩波文庫, 1975년에 수록. 이하 이 책으로부터의 참조·인용은 약어 R로 표기하고 페이지 수를 표기한다. [칼 맑스, 「고타 강령 초안 비판」, 『칼 맑스 프리드리히 엥겔스 저작 선집 4』, 김세균 감수, 박종철출판사, 1997.]

간이란 그러나, 어느 정도를 말하는가 – 불가피하다고도 쓴다(R 36~38). 역으로 말하면 '공정'을 표명해도 임노동 제도는 코뮤니즘은 아니고, 오히려 노예제도이다(R 47). 임노동 제도로부터의 탈각은 '각인은 그 능력에 따라, 각인에게는 그 필요에 따라'라는 코뮤니즘의 정식과 분리할 수 없다(R 39).[22] 그 맹아는 '가치 차이'를 논한 『자본론』 제1권에서 이미 나타난다고 말해도 좋다.

이윤과 렌트의 식별 불가능화에 근거한 의미에서의 '시간 외 노동'에 대한 가치요구는 독일 노동자당 강령 초안에서도 보이는 '노동수익〔의〕 공정〔한〕 분배', 앞의 『자본론』에서의 인용으로 바꾸어 말하면 '불법'인 '가치 차이'에 대한 몫의 요구로서 오늘날에도 반복되고 있는 것으로 보인다. 만약 '불법'인 '가치 차이'에 대한 몫을 자본 측이 지불했다고 해도, '보장소득'의 경우와 마찬가지의 구조가 작동되어 자본주의적 생산은 계속된다. 여기서는 생산물이 부르주아지가 사용하는 의미에서 '공

---

22. 이 정식은 특히 임노동 제도와의 관계에서 규정되는 한에서 의미를 가진다. 설령 그것이 임노동 제도로부터의 이탈, 따라서 자본주의와의 〈비(非)-관계〉를 노리는 것이라고 해도 말이다. 그러므로 세계(사〔史〕)의 곳곳, 더욱이는 자본주의 사회의 한복판에서조차 이 정식과 비슷한 생활 양식이 발견되기 때문에, 그것은 바로 코뮤니즘의 〈실현〉을 의미하지는 않는다. 이 정식은 상황에 따라서는 〈사랑〉과 〈증여〉의 이름하에 수탈을 정당화할 수 있기 때문이다.

정'하게 교환되고 있기 때문이다.

그러니까 지금까지 보아온 측면에 대해서만 한정해서 말하면, 오늘날의 코뮤니즘의 실천은 맑스가 살아 있던 당시와 마찬가지의 지점에 있다. '코뮤니즘'이라는 아이디어(이념? 관념?)는 그런 의미에서 여전히 살아 있다. 맑스주의의 종언을 말하면서 자기동일성을 지탱해온 반맑스주의의 효력이 사라짐과 동시에 '코뮤니즘'의 이념을 재고해야 할 때가 오고 있다.[23]

그러나 대체 어떻게 하면 이 상태를 이탈할 수 있는 것인가. 아마 단서는 생산과 교환을 '교차'시키는 화폐, 넓게는 '화폐를 중개로 한 잉여가치의 실현'에 있을 것이다. '화폐' 개념을 비판하여 그 한계를 탐구하고, 그 새로운 정의 또는 의미를 생산하는 작업이 필요하다고 생각한다. 베르첼로네 등의 논의에서 도출할 수 있는 것은 이러한 전망이다.

임노동의 현실이 임노동의 폐기 = 코뮤니즘이라는 꿈을 우리들에게 보여준다. 그것은 다가오고 있다. 그러나 그것을 우리들에게 보여주어 온 임노동 그 자체는 코뮤니즘이 아니다. ─ 이 순환에서 상기되는 것이 바울이 말한 '카테고리'이다.

---

23. Alain Badiou, *L'hypothèse communiste*, *Circonstances*, tome 5, Nouvelles Éditions Lignes, 2009. (アラン・バディウ, 『コミュニズムの仮説』, 市川崇訳, 水声社, 2013年) 및 アルベルト・トスカーノ, 『コミュニズムの争異 ─ ネグリとバディウ』 (長原豊訳, 航思社, 2017年)을 참조. 문제는 반맑스주의와는 다른 맑스주의와의 〈비(非)-관계〉의 구성이다.

예수가 강림하기 직전, 먼저 '불법인 자'가 나타나고, 세계를 파괴한다고 한다. '카테고리'란 이 파괴를 억지하는 힘의 형상이다. 그래서 예수의 강림을 늦추고(도) 있는 것은 어떤 의미에서 바로 그 '카테고리'이다. 이 양의성兩義性 안에서 우리들은 당분간 — 그러나 반복해서 말하지만, 당분간이란 어느 정도를 말하는가 — '노동'으로부터 멀어질 수 없을 것 같다.

삶 그 자체가 렌탈 가능하게 된 '이 시기'에 이르러 '노동'은 다시 돌아오고 있다. 이윤이 아무리 렌탈에 접근해도, 끝내 그 '간격'이 없어지지 않는 것처럼 말이다. '지적 생산력'의 전개에 의해 '직업'과 '고용'의 형태가 크게 변화하게 될 미래에도 '노동'은 역시 잔존할 것인가. 렌탈 라이프에서의 '정치'는 여전히 '노동'과 결부되어 있을까, 아니면 분리되어 있을까. 어쨌든 우리들을 지금도 농락하는 '노동'의 딜레마를 발견한 것은 맑스이고, 그래서 그의 작업은 '코뮤니즘'의 아이디어와 마찬가지로 그 현동성을 잃어버리지 않는다.[24]

---

24. 정치가 경제에 종속되는 오늘날의 상황을 사고한 미셸 푸코의 〈인간〉 — 말하고, 일하고, 살아가는 존재 — 분석을 참조하면서, 〈노동〉의 양의성을 재검토하고 싶다. 여기서 상기되는 것은 〈노동의 부재〉(l'absence d'œuvre)라는 그에 의한 광기의 규정이다. 노동 없이 〈제정신〉(正気)을 사고할 수 있을까.

노동과는 별개의 방식으로

『경제학 비판 요강』에서 『살아 있는 화폐』로

타임캡슐과 그 해동

1881년, 칼 맑스는 러시아의 직업적 혁명가 베라 이바노바 자술리치에게 러시아에서의 자본주의 발전에 관한 편지를 보낸다(3월 8일). 그 즈음 친구들과 함께 '노동해방단'이라는 이름의 정치조직을 창설하고 있었던 자술리치는 『자본론-경제학 비판』 제1권(1867년)을 프랑스어판(1875년)으로 읽고, 거기서 맑스가 논하고 있는 자본주의의 경향적 법칙이 과연 러시아에도 해당되는가라는 의문을 품고서 그에게 그러한 취지의 질문을 담은 편지를 보냈다. 그녀의 질문에 대한 맑스의 응답이 이른바 「자술리치 서한」이다. 프랑스어로 쓴 이 서한에는 세 개의 초고가 있다고 알려져 있다.[1] 모든 초고에서 포착되는 것은 — 자술리치에게 보낸 편지에서는 명확히 기술되어 있지는 않지만 — 당시 러시아에는 자본주의적 생산과 농촌공동체가 공존했다는 논점이다.

이 서한에서 질문되고 있는 주제를 설명해둔다. 『자본론』 제1권에서 맑스는 자본주의적 생산양식이 성립하는 기본적 조건의 하나로서 생산자와 생산수단의 분리를 들고 있다. 여기서 언급되는 생산자란, 단적으로는 자신의 토지를 소유하고 그 토지를 경작하여 농작물을 수확하며 사는 농민이다. 그리고 농민을 자본주의적 생산의 담당자, 즉 임노동자로 만들기 위해서는, 농민으로부터 토지를 포함한 생활수단을 수탈하고, 노동력 이외에 무엇도 소유하고 있지 않은 상태로 그들을 몰아붙이는 것이 필요하다. 자본제 아래에서 그와 같은 상태로 내몰린 인간에게는 자신의 노동력을 자본가에게 상품으로 판매하는 것 이외에는 살아갈 수 있는 수단이 없기 때문이다. (노동자로부터 노동력을 구매한 자본가는 노동자에게 자신의 생산수단을 제공하고, 이를 사용하여 상품을 생산하게 하며, 생산된 상품을 판매하여 이윤을 획득한다. 이것이 자본주의적 생산 체제이고, 이 체제를 작동시키기 위한 전제조건으로서 생

---

1. カール・マルクス, 「ヴェ・イ・ザスーリチへの手紙」 및 「ヴェ・イ・ザスーリチの手紙への回答の下書き」, 『マルクス=エンゲルス全集』 第19卷, 大月書店, 1968年에 수록. 이하 이 책으로부터의 인용·참조는 약어 '19'로 표기하고 해당 페이지 수와 나란히 본문 안에 표기.

산자와 생산수단의 분리가 필요하다.)

실제로 맑스는 자술리치에게 보낸 편지에서, 이 분리가 '근저根柢에서 수행되었던 것은 아직 영국뿐이다. … 서유럽의 다른 모든 나라도 이와 동일한 운동을 경과한다.'라고 쓴 부분을 프랑스어판 『자본론』에서 인용하고는, '그러나 이 운동의 "역사적 숙명성"은 서유럽 나라들에 명시적으로 한정되어 있습니다.'라고 쓴다. 그 이유로 다시 프랑스어판 『자본론』에서 '자기 노동에 근거한 사적 소유…는, 머지않아 타인 노동의 착취에 근거하고, 임금 제도에 근거한 자본주의적 사적 소유에 의해 더욱 대체될 것이다.'라고 쓴 부분을 인용한다. '이러한 사정으로 이 서유럽의 운동에서는 사적 소유의 하나의 형태에서 사적 소유의 다른 형태로의 전화가 문제로 됩니다. 이에 반해 러시아의 농민에 있어서는 그들의 공동소유를 사적 소유로 전화시킨다는 것이 문제겠지요.'라고 자술리치의 질문을 정리整序하고 있다.(19 : 238)

생산자로부터 생산수단을 분리시키는 경우에도, 이미 사적 소유가 형성되어 있는 상태에서 이를 수행하는 것인가 또는 공동소유의 상태에서 수행하는 것인가라는 점에서 차이가 생긴다. 생산수단을 빼앗긴 농민은 자본제에서 다시 사적 소유의 형태를 — 그 내실은 깊이 변질되어도 — 부여받는다. 그러나 러시아에는 농촌공동체가 여전히 존립하고 있고, 이 점에서 이미 사적 소유 형태가 침투되어 있었던 서유럽 농민의 경우와는 사정이 다르다. 제2초고에서 맑스는 러시아에서의 '공동소유'에 대해 토지가 농민들에 의해 공동으로 소유되며, 경작은 농민 각각의 계산에 근거하여 실행되고, 그 수확물은 경작자 각각에 의해 소유되는 '내적인 이중성'을 가진다고 구체적으로 설명한다(19:402).

러시아의 경우와 완전히 같지는 않더라도 서유럽에도 공동소유는 있었다. 하지만 이는 '끊임없는 전쟁과 내란 속에서 사멸했다'라고 〔맑스는〕 제1 초고에서 추측하고 있다(19:389). 다른 한편 제2초고에서 러시아는 '근대의 역사적 환경 안에 존재하고, … 자본주의적 생산이 지배하고 있는 세계 시장과 결부되어 있음'과 동시에 공동소유가 광대하게 전국 규모로 유지되고 있고 따라서 그 원초 형태를 파괴하는 것 없이 '전 계열의 발전을 스스로 경과한 원시原古적 형型의 가장 근대적인 형태'로서의 코뮤니즘적인 소유 형태로 발전-전화할 가능성이 있다고 말한다(19:401). 제2초고에서는, 퇴적된 지층이 지구 역사를 일람할 수 있듯이, 공동체에는 그 구성의 전 경위經緯가 접혀 들어간 그대로 현존하는 사례가 있을 수 있다는 취지의 문장도 읽을 수 있다. '우리 지구의 원시기archaic〔고세대〕, 즉 제1기의 지층formation은 그 자체로 차례차례 누적해 온, 다양한 시대에 속한 한 계열의 단층을 포함하고 있다. 그와 마찬가지로 사회의 원시적 구성은 전진적前進的인 시기들을 구획하며 〈서로 하나의 상승계열을 구성〉하는, 다양한 형태의 한 계열을 우리에게 계시하고 있다. 러시아의 농촌공동체는 이 연쇄의 더욱 새로운 형태에 속한다'(19:401~402. 〈 〉 안은 맑스가 초고 안에 다시 써서 넣은 것. 괄호 안 및 〔 〕 안은 마쓰모토). 여기서 맑스는 역사를 복수의 층의 퇴적이라는 비유로 파악하고 있다. 역사는 단선적으로 진행하지 않으며, 요소들의 배치의 변경이라는 모습으로 새로운 것과 구래舊來의 것 사이의 관계가 매번 다시 규정되는 과정이다.[2] 러시아에서는 '원시적인' 공동체 구성이 근대의 한복판에서 이른바 타임캡슐 안에 보존되어 있는 것처럼 잔존하고 있고, 자본주의적 생산이 가져오는 효과들을 통해 '가장 근대적인 형태'로 전화할 수 있는 것이다. 맑스는 '사적 소유의 요소가 집단적 요소에 승리할 것인가 아니면 후자가 전자를 이길 것인가'(19:391)라는 제1초고에서 서술된 시련試鍊을 공동성共同性의 '가장 근대적인' 형태의 방향으로 극복한다면, 러시아는 '코뮤니즘적인 소유의 형태'로 혁명이 성취될 수 있을 것이라고 생각했다고 말해도 좋을 것이다.

---

2. 질 들뢰즈와 펠릭스 과타리는 맑스에 의한 역사의 지층적 파악을 계승하고, 탈지층화 운동으로서 정치를 구상했다. David Lapoujade, *Deleuze, les mouvements aberrants*, Les Éditions de Minuit, 2014 (ダヴィッド・ラプジャード, 『ドゥルーズ ― 常軌を逸脱する運動』, 堀千晶訳, 河出書房新社, 2015年) 참조.

그러나 이는 이론적 가능성 이상의 것은 아니다. 신중한 맑스는 실제로 자술리치에게 보낸 편지에서는 미래에 관한 구체적이고 명시적이며 긍정적인 언급을 주도면밀하게 피하고, 이 공동체가 '러시아의 사회적 재생의 거점'으로서 기능하려면 이를 위협하는 여러 작용을 제거하고, 그 자연 성장을 촉진하는 조건들의 확보가 필요할 것이라고 쓰는 데 그친다. 그리고 이후 러시아가 자본주의적 생산의 (서유럽과는 다른) 또 하나의 형태를 전개시킬 수 있을지도 모른다는 걱정을 드러낸다 (19:239). 자본제가 세계를 — 각지의 지정학적 조건들에 응하여 변형하고 분기하는 모습으로 — 석권하고 있는 오늘날의 관점에서 보면 맑스는 러시아, 넓게는 세계의 미래에 관해 양의적인 생각을 품고 있었다고 상상된다. 각 지역의 최초의 공동체의 구성을 비교하고, 어떤 형태의 복잡한 '변형-분기'로서 분석한다는 세계사적 관점 그 자체가 자본주의적 생산의 경향적 법칙의 침투에 의해 사후적으로, 소급적으로 성립했던 것이다.[3] 헤

---

[3] 자본주의의 경향적 법칙의 현상을 현대철학 및 이른바 〈현대사상〉과의 연관 속에서 연구한 성과로서는 앞의 주석에서 언급한 것 이외에도, 예를 들어 Étienne Balibar, *La philosophie de Marx*, Éditions La Découverte, 1993 (エティエンヌ・バリバール, 『マルクスの哲学』, 杉山吉弘訳, 法政大学出版局, 1995년) [에티엔 발리바르, 『맑스의 철학』, 배세진 옮김, 오월의 봄, 2018]; Julián Ferreyra, *L'ontologie du capitalisme chez Gilles Deleuze*, Éditions L'Harmattan, 2010; Fredric Jameson, *Representing Capital: a commentary of volume one*, Verso, 2011 (フレドリック・ジェイムソン, 『21世紀に, 資本論をいかによむべき

겔의 사고에 대한 비판적 검토로부터 자신의 작업을 개시한 맑스 자신도 그것을 자각하고 있었다.[4] 또한 [맑스는] 고대 공동체가 비-자본주의적 요소라고 해도, 타임캡슐을 부주의하게 열면 그것이 자본주의 체제 안에서 상품화될 위험도 있다는 점을 놓치지 않는다. 과제는 산적해 있다.

자본제의 고리loop와 과거로의 역진

그러나 이론적 가능성 이상의 것은 아니더라도, 자본주의의 경향에 비추어 막연하게라도 무언가 이념적 지침을 붙잡고 있지 않으면, 변혁에의 의지도 또한 비쩍 말라갈 수밖에 없다. 그래서 「자술리치 서한」을 참조하는 것만으로는 그 내실이 약간 불명료한, '소유'의 비-자본주의적 형태에 관해 조금만 더 이해를 심화시키고 싶다. 거기에서 자본주의적 소유형태를 비판할 전망이 조금이라도 열릴 것이다.

「자술리치 서한」에서 맑스가 제기한 것 즉 자본주의적 생산과 (고대 공동체라는) 비-자본주의적 요소가 긴장을 품고

か?』, 野尻英一訳, 作品社, 2015年) 등이 있다. 또한 長原豊, 『ヤサグレたちの街頭 ― 瑕疵存在の政治経済学批判 序説』(航思社, 2015年)을 참조.
4. 이 점에 관해서는 松本潤一郎, 「上向と飜訳 ― 言葉の身体化」(『立教大学 ランゲージセンター紀要』第33号, 2015年, pp. 35~50을 참조.

공존하고 있다는 시각은, 『경제학 비판 요강(그룬트리세)』이라고 칭해지는, 1857년부터 그다음 년도에 걸쳐 쓴 방대한 노트 — 이후 『자본론』으로 결실을 맺는 — 에서, 특히 「자본주의적 생산에 선행하는 형태들」(이하 「형태들」)이라고 제목을 붙인 논고에서 이미 나타나 있다.[5] 이 논고는 자본주의가 어떻게 성립했는가를 생각하는 데 시사하는 바가 풍부하다. 잘 알려져 있듯이 자본주의의 출현을 어떻게 생각할 것인가, 그것은 어떤 지역에서도 성립할 수 있는 것이었는가라는 물음은, 맑스[의 논고]에 촉발된 역사학자와 경제학자, 철학자들 사이에서 논의를 불러일으켰다.[6] 러시아 공동체에 대한 맑스의 관심은 자술리치

---

5. 「자본주의적 생산에 선행하는 형태들」로부터의 인용·참조는, カール·マルクス 『1857~1858年の経済学草稿 — 資本論草稿集 2』(資本論草稿集翻訳委員会 訳, 大月書店, 1993年) [칼 맑스, 『정치경제학 비판 요강 I-III』, 김호균 옮김, 백의, 2000]에서 가져왔다. 이하 「형태들」이라고 줄여 쓰고 해당 페이지 수와 함께 본문 안에 표기.

6. 일본에서는 '일본 자본주의 논쟁', 서구에서는 '브레너 논쟁'이라고 불린 논쟁이 유명하다. 두 논쟁에 대한 연구가 모두 방대하게 축적되었는바, 예를 들면 전자에 관해서는 青木孝平, 『天皇制国家の透視 — 日本資本主義論争 1』, 河西勝 『世界農業問題の構造化 — 日本資本主義論争 2』(모두 社会評論社, 1990年)의 정리가 간편하다. 근년의 연구로는 絓秀実, 『天皇制の隠語』(航思社, 2014年)가 있다. 후자에 관해서는 Ellen Meiksins Wood, *The origin of capitalism: a longer view*, Monthly Review Press, 1999 (エレン·メイクシンス·ウッド, 『資本主義の起源』, 平子友長, 中村好孝訳, こぶし書房, 2001年) [엘린 메익신즈 우드, 『자본주의의 기원』, 정이근 옮김, 경성대학교출판부, 2002]. 이 논쟁의 핵심을 파악한 설명이 보태어져 있어 자극적이다. エドワード·P. トムスン, 『イングランド労働者階級の形成』(市橋秀夫, 芳賀健一訳, 青弓社, 2003年) [에드워

의 질문에 촉발되었던 것인데, 「자술리치 서한」보다 약 사반세기 먼저 쓴 「형태들」은 러시아를 직접 취급하고 있지는 않다. 초점은 서유럽에서 자본주의적 생산 이전과 이후의 소유 형태의 비교에 맞추어져 있다. 그렇지만 그것만으로도 이 논고는, 자본주의적 생산의 한복판에서 비-자본주의적 요소를 찾아낸다는 과제에 대해 더욱 시사적이다.[7]

「형태들」에서의 논점을, 맑스의 말에 밀착해서 정리해 보자. 고대 공동체에서 재화(부)는 생산의 목적은 아니었다.(「형태들」 137) 소유란 '자신의 자연적 생산조건에 대해 이른바 연장延長된 자신의 신체를 이루는 데 지나지 않는 자기 자신의 자연적 전제들에 대한 양태와 관련하는 것'(「형태들」 144)[8]이기

드 파머 톰슨, 『영국 노동계급의 형성』, 나종일 외 옮김, 창비, 2000]과 로버트・브레너, 『所有と進歩 ― ブレナー論争』(長原豊監訳, 日本経済評論社, 2013年)도 참조.

7. 이 글의 집필에 맞추어 エリック・ホブズボーム, 『共同体の経済構造 ― マルクス『資本制生産に先行する諸形態』の研究序説』(市川泰治郎訳, 未来社, 1969年, 新装版, 2006年) [에릭 홉스봄, 「전(前) 자본주의적 구성에 관한 맑스의 입장」, 『세상을 어떻게 바꿀 것인가』, 이경일 옮김, 까치, 2012]을 참조했다. 「政治と主体性をめぐる20のテーゼ」, 『〈ポスト68年〉と私たち ― 「現代思想と政治」の現在』, 平凡社, 2017年 수록을 참조.

8. * 한국어판 번역: "소유란 인간이 그의 자연적인 생산 조건들에 대하여 그에게 속하는 것으로서, 자기의 것으로서, 그 자신의 현존과 더불어 전제되어 있는 것으로서 관계하는 것, 다시 말해 생산 조건들에 대하여 자신의 연장된 신체를 이룰 뿐인 자기 자신의 자연적 전제들로서 관계하는 것을 뜻한다."(『요강 II』, 117쪽.)

때문이었다. 바꾸어 말하면 여러 신체(그 집합이 '부족' 또는 '공동체'라고 불리는)와 그 신체를 에워싼 환경 — 그곳에서 신체는 생산의 소재와 수단을 이해한다 — 은 일체화하고 있고, 그래서 소유란 '어떤 부족(공동체 조직)에 소속하는 것(이 안에서 주체적·객체적 존재를 가지는 것)을 의미'9하는 것이기 때문이다(「형태들」 144~145). 소유는 공동체가 자신을 재생산하기 위한 조건들과 밀접하다(「형태들」 149). 역시 언어도 이러한 의미에서 소유의 하나이고, 소유란 개인이 있는 공동체에의 소속을 매개하는 형태다(「형태들」 141). 이것이 생산수단과 생산자가 분리되어 있지 않은 소유형태이다.

(이러한 의미에서의 소유형태는 정주민족이 아닌 경우에서도 발견된다. 이 경우 대지와의 연관에 초점이 맞추어진다. 구체적인 예로 맑스는 아시아의 스텝과 고원에 있는 유목민족의 소유형태, 그리고 아메리카 원주민의 수렵지와의 연관을 들고 있다. 그들에게 '대지는, 기타의 자연조건과 마찬가지로 무한의 대자연으로서 나타는 것이어서' '그들은 대지에 대해 자신의 소유물로 대하는 양태로 관계한다. — 단 그들은 이 소유를 결코 고정시키지 않지만.'10(「형태들」 142)11 결국 맑스가 여기에서

---

9. * 한국어판 번역 : "한 종족(공동체)에게 속하는 것(여기에서 주체적·객체적 실존을 가지는 것)을 의미"(『요강 II』, 118쪽.)
10. 들뢰즈는 이 소유 형태를 '유목적 배분'이라고 부른다. Lapoujade, *Deleuze,*

고찰하고 있는 소유는 정주-유목이라는 구분을 전제로 하지 않고 오히려 쌍방을 횡단하는 성질을 띤다. 다른 구절에서 그는 '자본'capital은 원래 가축을 가리키고, 그런 의미에서는 유목민이 '최대의 Capitalist〔자본가〕이다.'라고 쓰고 있다(「형태들」 174). 자본주의 비판에 맞추어 유목적인 것을 자본제에 안이하게 대치시켜 칭찬하는 자세를 이미 맑스가 견제하고 있다는 점에 유의하자.)

자본주의 생산체제는 부를 생산의 목적으로 삼는다. 거기서는 생산자와 생산수단이 분리되어, 소유는 이른바 추상화된다. 해명해야 하는 것은 '역사적 과정의 결과'로서의 이 '임노동과 자본의 관계에서 처음으로 완전한 모습으로 정립措定된 듯한 분리'(「형태들」 140)[12]이다. 이 분리는 개인의 공동체로부터의 이탈을 조장한다. 자신의 생존(생명의 재생산)을 공동체에 매개시켜 지탱하고 있었던 개인은 그 지탱을 자신의 생산수단에서가 아니라 다른 생산자의 생산물에서 발견하게 된다. 생

---

    les mouvements aberrants, 앞의 책, p. 58 (ラブジャード, 『ドゥルーズ』, 앞의 책) 참조.
11. * 한국어판 번역 : "대지는, 예를 들어 아시아 스텝 지방과 아시아 고원 지대에서 다른 자연 조건들과 마찬가지로 원시적으로 무한한 상태로 나타난다." "그들은 이 소유를 결코 고정시키지는 않지만 대지에 대하여 그들의 소유로서 관계한다."(『요강 II』, 116쪽.)
12. * 한국어판 번역 : "임노동과 자본의 관계에서 처음으로 완벽하게 정립된 바와 같은 분리"(『요강 II』, 114쪽.)

존은 생산물의 교환을 통해 지탱된다. '교환 그 자체가 이러한 개별화의 주요한 한 수단인 것이다. 교환은 군거^{群棲}적 존재(군거체)를 불필요하게 하고, 그것을 해체한다.'(「형태들」 150)[13] 자본제에서는 '노동하는 개인이 토지, 대지에 대해 자기 자신의 토지, 대지에 대한 양태에 관여한 상태, 즉 토지의 소유자로서 노동, 생산하고 있는 상태가 부정되고 있는 것이다.'(「형태들」 153)[14] 이는 지배형태의 변화이기도 하다. 공동체에서의 지배와는 달리, 자본제에서는 교환이라는 매개를 경유한 '타인의 의지의 취득이 지배 관계의 전제인 것이다. 그래서 … 그 소유자를 지배자로 삼는 것은 아니다.'(「형태들」 156)[15] 자본제에서는 공동체적 '예속관계들Hörigkeitsverhältnisse의 해체'(「형태들」 158)와 교환되어 등가교환 그 자체가 '지배자'로 변한다.[16] 그리고 전술한 의미에서의 소유의 부정, 바꾸어 말하면 노동자들의

---

13. * 한국어판 번역: "교환 자체가 이러한 개별화의 수단이다. 교환은 군서를 불필요하게 만들고 해체한다."(『요강 II』, 123쪽.)
14. * 한국어판 번역: "노동하는 개인이 토지, 대지에 대하여 자기 자신의 것으로서 관계하는, 즉 토지의 소유자로서 노동하고 생산하는 상태가 부정된다."(『요강 II』, 125쪽.)
15. * 한국어판 번역: "타인 의지의 점취가 지배 관계의 전제이다. 즉, … 그 소유자를 지배자로 만들지는 않는다. (『요강 II』, 128쪽.)
16. Moishe Postone, *Time, Labor, and Social Domination: A Reinterpretation of Marx's Critical Theory*, Cambridge University Press, 1993 (モイシェ・ポストン, 『時間・労働・支配 — マルクス理論の新地平』, 白井聡, 野尻英一監訳, 筑摩書房, 2011年), 榎原均, 『資本論の核心』(情況出版, 2014年)도 참조.

'무소유성'을 촉진하는 것은, 교환의 매체이면서 자본으로 전화하기도 하는 화폐이다(「형태들」 165~166). 화폐 또는 화폐 재산의 단순한 현존^{定在}만으로는 자본이라고는 말할 수 없다(「형태들」 164). 자본이란 생산물의 가치(이른바 '사용가치')가 아니라 교환에 의해 생긴 가치(이른바 '교환가치')의 축적이기 때문이고, 화폐가 자본으로 전화하기 위해서는 사용가치의 생산이 우세하게 되는 생산관계로부터 교환가치 및 그 생산의 우세로의 변화가 전제되어야 하기 때문이다(「형태들」 159). 이 전제가 수립되어야만 부(재산)는 화폐 형태로서 현존할 수 있다(「형태들」 162). 생산수단에서 분리되어 있다는 의미에서, '소유'의 정의는 갱신된다. 반대로 말하면, 생산수단이 '아직 살아있는 노동 그 자체와 유착하고 있어서 살아있는 노동의 영역으로서 나타나는' 상태에서는, 자본으로 전화할 수 있는 것으로서의 화폐는 '진정한 의미에서 유통하는 것은 아닌 것이다'(「형태들」 163).[17]

이처럼 자본이란 추상화된 소유형태에 의거하여 생산의 목적을 부로 정한 체제를 작동시키는 과정이고, 그 작동을 보조하는 것이 화폐이다. 화폐는 단지 그것만으로 자본으로 전

---

17. * 한국어판 번역 : "도구가 아직 살아 있는 노동의 영역으로 등장하였을 뿐 실제로 유통하지는 않을 정도로 살아 있는 노동 자체와 유착되어 있었다."(『요강 II』, 134쪽.)

화 가능한 것이 아니고, 생산자와 생산수단의 분리라는 역사적 과정을 거쳐 그 기능을 부여받는다. 자본은 국소적이고 구체적으로 시공이 한정되어 현존^{定在}하지는 않는다(다만 이는 자본이 비역사적인 것이라는 의미에서는 아니다). 여기서 엄밀하게 전개하는 것은 불가능하지만, ― 심지어는 『자본론』 제1권에 더해 제2권과 제3권도 독해할 필요가 있다 ― [자본은] 생산과 교환, 소비와 분배가 복잡하게 연관된 순환 운동, 이 요소들 모두를 모아 결합시켜 '현실의 축적Anhäufen'(「형태들」 167)을 실행하는 지배의 기능이고, 또한 이 과정 그 자체에서도 화폐는 그 중요한 일시적 정류소이다. 소유와 부 역시 또한 이 관계 안에서 규정되고 있는 한에서만 의미를 가지고 기능한다. 별도의 조합에 놓인다면, 그것들은 동일한 요소이지만 자본에 적대하는 체제를 구성할 가능성이 있다. '동일한 물상Sache이 어느 때에는 자본의 규정 아래에 포섭되고, 어느 때에는 무엇인가 다른, 더구나 자본에 대립하는 규정 아래에 포섭될 수도 있는 것이어서, 그에 따라 자본이기도 하고 아니기도 하다. 자본이란 이와 같이 명확히 하나의 관계이고 게다가 하나의 생산관계일 수밖에 없는 것이다'(「형태들」 176).[18] 부의 자본주의적 생산을 목적으로 한 순

---

18. * 한국어판 번역: "동일한 사물이 때로는 자본이라는 규정에 포괄될 수 있고, 때로는 다르고 대립적인 규정에 포괄될 수 있으며, 따라서 자본이기도 하고 아니기도 하다는 것은 경제학자들에게조차 분명하다. 그러므로 그것은 명백

환 밖으로 나오면, 자본은 비-자본이 된다. [순환] 운동이 정지할 때, 자본도 부도 재화도 화폐도 소유(권)도 오늘날 그것들이 사용되고 있는 의미를 잃어버릴 가능성이 있다. 맑스는 이 운동이 원환을 그리는 모습을 다음과 같이 표현한다. '지금까지 보았듯이 화폐의 자본으로의 전화는 노동자에 대해 노동의 객체적 조건들을 분리하여 자립화시킨 역사적 과정을 전제하지만, 다른 한편으로 모든 생산을 자본에 종속시키고, 어디서나 노동과 소유의 분리를, 노동과 객체적 조건들과의 분리를 발전시켜 관철시킨 것은 일단 성립된 자본과 그 과정이 가져온 효과Effect이다.'(「형태들」173)[19] 분리를 전제로 자신을 산출하면서도 이 분리를 결과effect로서 산출한다. 이 고리loop 모양의 운동이 자본주의적 생산의 원환을 이루는 것이다. 자본주의의 〈기원〉이 역사상·지리상 어디에서나 발견되는 것과 같은 느낌을 우리들이 받게 되는 것도 이 고리 때문이다. 그것은 자본주의는 불멸하고 보편적이라는 착각에 의해 우리들을 자본제 안에 가두는 덫이다. 이 순환에서 목적화한 부의 생산은 어

히 한 관계이며 생산관계일 수밖에 없다."(『요강 II』, 145쪽.)
19. * 한국어판 번역 : "화폐의 자본으로의 전화가 객체적 노동 조건들을 분리하고, 이것을 노동자에 대하여 자립시키는 역사적 과정을 전제로 한다는 것을 살펴보았다면, 다른 한편에서 모든 생산을 복속시키고 도처에서 노동과 소유 사이, 노동과 객체적 노동 조건들 사이의 분리를 전개시키고 관철시키는 것은 일단 등장한 자본과 그의 과정의 효과이다."(『요강 II』, 142쪽.)

떤 의미에서는 무엇도 생산하고 있지 않고 목적이 없다. '이 역사적 과정은 지금까지 결합하고 있었던 요소의 분리였다. 그래서 이 과정의 결과는 이 요소들 안의 하나가 소멸한다는 것이 아니라 그것들 모두가 … 다른 것에 대해 부정적으로 연관하는 모습이 된다는 것이다. 자유 노동자로 전화된 계급 측에서의 객체적 조건들의 분리는 동시에 또한 그 대극인 이 동일한 조건들의 자립화로 나타날 수밖에 없다.'(「형태들」 160)[20] 노동자에 의한 소유와 노동의 분리는 자본가에게는 소유의 자립화로 나타난다. 그런 의미에서 양자는 비대칭적이다. 바꾸어 말하면 자본제에서의 '이 교환 및 교환가치의 발전이 한편에서는 자기의 존재조건들에 대한 **노동의 소유관계들의 해체**를 가져오는 것과 함께 그 자체가 생산의 객체적 조건들 안에 편입되어 있었던 **노동의 해체**를 가져오는 것이다. … 교환가치에 근거한 생산과 이 교환가치의 교환에 근거한 공동체 조직은 노동의 객체적 조건들의 분리를 전제하고, 또한 그것을 생산한다.'(「형태들」 168)[21]

---

20. * 한국어판 번역: "이 역사적 과정은 지금까지 결합된 요소들을 분리하는 것이었다 — 따라서 그 결과는 한 요소가 사라지는 것이 아니라 각 요소가 다른 요소와 부정적인 관계 속에서 나타나는 것이다 — 한편에는 (그 가능성에 있어서) 자유 노동자이고, 다른 한편에서는 (그 가능성에 있어서) 자본. 자유 노동자로 전환된 계급들과 객체적 조건들의 분리는 그만큼 반대 극에서는 이 조건들의 자립화로 나타나야 한다."(『요강 II』, 131~132쪽.)
21. * 한국어판 번역: "교환과 교환 가치의 발전이 어떻게 한편에서는 노동에 의한 실존 조건들의 소유관계들의 해체뿐만 아니라 객체적 생산 조건 아래 배

이 '공동체 조직' 즉 자본제에서는 소유가 노동의 성과로 보일지라도 그것은 외견상일 뿐이다. 이 등가교환 시스템은 실제로는 무엇도 생산하지 않는다. 노동과 소유는 계속 분리되고 비대칭화가 진행된다. '이와 같이 등가물의 교환이 실행되는 것은 교환 없이, 그러나 교환의 외관 아래에서 타인의 노동을 취득하는 것에 기초를 둔 생산의 표층에 지나지 않는다.… 그래서 교환 가치의 체제(시스템) — 노동에 의해 측량되는 등가물들의 교환 — 가, 변환이라고 하기보다는 오히려 그 은폐된 배경으로서 교환 없는 타인 노동의 취득, 노동과 소유의 완전한 분리를 드러내는 것에 놀랄 것까지는 없다.… 노동이 다시 자기의 객체적 조건에 대해 자기의 소유물에 대한 양태로서 관계하기 위해서는… 교환 없이 살아 있는 노동의 취득을 규정推定하는 사적 교환의 체제(시스템)를 대신하여 그것과는 별개의 하나의 체제(시스템)가 등장하지 않으면 안 된다.'(「형태들」 169)[22]

치된 노동을 수반하는지,… 교환 가치에 기초하는 생산과 이 교환 가치들의 교환에 기초하는 공동체는… 객체적 노동 조건으로부터 노동의 분리를 상정하고 생산한다."(『요강 II』, 139쪽.)

22. * 한국어판 번역: "이러한 등가물 교환의 진행은 교환은 없는, 그러나 교환의 외양은 가지는 타인 노동의 점취에 기초하는 생산의 표층일 뿐이다.… 따라서 교환 가치들의 체제 — 노동으로 측정된 등가물들의 교환 — 가 반전되거나 또는 오히려 교환 없는 타인 노동의 점취, 노동과 소유의 완전한 분리를 자신의 숨겨진 배경으로 보여준다는 것에 더 이상 놀랄 필요가 없다.… 노동이 자신의 객체적 노동 조건들에 대해서 다시 자기 소유로 관계하기 위해서는… 교환 없는 살아 있는 노동의 점취를 정립하는 사적 교환 체제를 다른 체제가 대체

이와 같이 교환가치는 노동으로 인해 지탱되면서도 노동으로부터 이탈해 가며, 노동을 필요로 하지 않아도 그 자체의 힘으로 가치를 산출할 수 있을 것과 같은 양상을 보여준다. 교환(이라는 외관) 없이 가치는 실현되지 않는다. 그리고 교환의 배후에 소유에서 분리된 노동은 파묻혀 보이지 않게 된다. 등가교환이라는 대칭성의 외관 아래에서 노동과 소유의 비대칭성이 그 정도를 심화시켜 간다.

우리들은 이와 같은 목적-무목적의 체제와는 '별개의 하나의 체제(시스템)'로 이행할 수 있을까. 시스템의 심부, 오히려 외부로 가라앉아 가는 노동을 목적-무목적 또는 가치-무가치의 어느 쪽으로도 환원하지 않고 생산과 교환 쌍방을 사선으로 가로지르면서, 자본제적 소유형태를 경유한 이후의 비-자본제적인 소유형태로서 다시 포착하는 것이 가능할까. 자본제에 선행하는 소유형태에 관한 고찰의 도상途上에서 써 두고 있는, 인간에 있어 진정한 〈부〉에 관한 맑스의 다음의 말은 이 점을 생각하는 데에 시사적이다.

부는, 선행의 역사적 발전 이외에 무엇도 전제하지 않고 인간의 창조적 소질들을 절대적으로 표출하는 것Herausarbeiten 아

해야 한다."(『요강 II』, 139~140쪽.)

니면 무엇이겠는가? 그리고 이 역사적 발전은 발전의 이와 같은 총체성을, 즉 기존의 척도로 측량되지 않는 모든 인간적 능력 그 자체의 발전의 총체성을, 자기목적으로 하고 있는 것은 아닐까? 거기에서 인간은 자신을 무엇인가의 규정성에 의해 재생산하는 것이 아니라 … 생성의 절대적 운동 와중에 있는 것은 아닐까?(「형태들」138)[23]

자본제에서 부의 생산은 비대칭화(그리고 비대상화)된 노동을, 즉 기존의 가치 기준으로는 결코 포착할 수 없기 때문에 이른바 '마이너스^負, 그림자 노동'이라고도 불리는 생산을 그 이면에 늘 수반한다. 자본제에서 축적되면서도 자본제에 의해 평가^{評定}되지 않은 이 미답의 '부'가 자본제를 이탈하려는 우리들에게 이념적 지침이 될 것이다.

이상과 같이 소유형태의 변천을 고찰하는 과정에서 맑스가 밝힌 자본제의 원환에서의 무목적성을, 피에르 클로소프스

---

23. * 한국어판 번역 : "부란 보편적 교환에 의해 산출된 개인들의 욕구, 능력, 향유, 생산력 등의 보편성이 아니고 무엇인가? 자연력, 소위 자연의 힘뿐만 아니라 자기 자신의 본성(Nature)의 힘에 대한 지배의 완전한 발전? 발전, 즉 사전에 주어진 척도에 따라 측정되지 않는 모든 인간적 힘 자체의 발전의 이러한 총체성을 자기 목적으로 삼는 지나간 역사적 발전 이외의 다른 전제는 없이 그의 창조적 소질의 절대적 성취? 그가 한 규정성에서 재생산되는 것이 아니라 그의 총체성을 생산하는 곳? 어떤 형성된 것으로 머무르고자 하지 않고 형성의 절대적 운동 속에 있는 것이 아니고 무엇인가?"(『요강 II』, 112~113쪽.)

키(1905~2001)는 『살아 있는 화폐』(1970년)에서 '도착'perversion이라는 관점으로 파악한다.[24] 지금부터 이 이론의 길을 따라가 보자.

워프warp로서의 도착(倒錯) : 미래로의 역진

클로소프스키에게 도착이란 인간이 자신을 재생산하는 원환(더 넓은 의미에서의 이코노미economy)으로부터의 시대착오적anachronic 일탈을 가리킨다. 인간에게 나타나는 여러 도착적인 행동은 인간과 인간 이외의 생명체 사이에서 요동(搖動)치는 욕동pulsions임과 동시에 이 요동의 해석으로서의 표현이다. 거기에서 욕동은 유(類)로서의 인간이 자신을 재생산한다는 목적에 따르는 생식 행위와 이 목적에 앞선(정확히는 이 목적을 정한 '목적-무목적'이라는 분할 그 자체에 선행하는) 성적 욕동으로 일단 분해된 위에서, 다시 인간 각 개체의 통일성으로서 (정확히는 이 통일성을 구성하면서) 재생산-도착이라는 얼핏

---

24. Pierre Klossowski, *La monnaie vivante ; précédée d'une lettre de Michel Foucault à Pierre Klossowski, sur* La monnaie vivante (hiver 1970), Éditions Joëlle Losfeld, 1994 (ピエール・クロソウスキー, 『生きた貨幣』, 兼子正勝訳, 青土社, 2000年). 이하 이 책으로부터의 인용과 참조는 약어 MV로 표기하고, 해당 페이지수와 함께 본문 안에 표기. 강조는 모두 원문. 〔 〕 안은 인용자에 의한 보정.

보면 대립하는 두 가지 성향의 혼합으로 출현한다.

왜 욕동은 섹슈얼리티에 있어서 일단 분해된 후 통일되는 우회로를 거치는 것일까. 얼핏 보았을 때 무목적인 성적 쾌락으로의 개체의 망아^{忘我}-몰입은, 실은 유로서의 인간의 재생산이라는 목적에 따라 이루어지는 생식 행위이기 때문이라고 클로소프스키는 생각한다. 그러한 한에서 쾌락은 재생산을 위한 미끼이고, 쾌락의 의장^{擬裝}, simulation이다. 쾌락과 재생산은 동일한 것의 표리이다. 현대 산업사회(맑스가 고찰했던 산업자본주의 체제)에서 쾌락-재생산이라는 표리일체는 부차적 상부구조-경제적 하부구조의 표리일체로서 나타나고, 욕동의 힘들은 양자^{兩者}를 횡단하면서 양자를 구성한다. 바꾸어 말하면 욕동은 자신에 대한 억압을 자신이 만들어내면서 이를 다시 파괴한다. 클로소프스키는 다음과 같이 쓴다.

> 욕동의 힘들이 경제économie에서, 요컨대 우리들의 산업사회에서 자신을 표현하는 방식은, 이 힘들이 지배적 제도들의 조성économie에 있어서 취급되는 방식에 대응한다. 알파이면서 오메가인 이 하부구조가 이미 존재하는 부차적 구조들에 대한 자신의 반응에 의해 매번 규정되는 것임은 부정할 수 없다. 다만 눈앞에 나타나고 있는 힘들은 하부구조들에서 부차적 구조들에 이르기까지 동일한 싸움을 계속하고 있는 힘들이다. 그래서 이 힘들이 우선은 경제적 규범

들에 따라서 특별한 종류의 방법으로 자신을 표현한다고 해도, 힘들은 자기 자신에 대한 억압을 자신이 창조하고, 또한 자기가 다양한 정도로 당하는 억압을 파괴하는 수단도 창조한다. (MV 14~15)

사회체를 구성하는, 억압과 그 억압의 해제라는 두 가지 성향은 앞에서 말했듯이 개체에서는 쾌락-재생산의 긴장으로 나타난다. 개체가 교묘하게 두 성향의 균형(분해를 경과한 통일)을 잡으면서 인류는 자신을 계속 유지해 왔다. 이 균형이 붕괴되었을 때 도착(자)이 출현한다. 도착은 재생산이라는 인류사 총체에 앞서 존재했던 전사前史를 향한 고착으로서, 현재의 시간에 시대착오적으로 출현하고, 재생산의 원환을 교란시킨다. 사드의 도착론을 근거로 클로소프스키는 다음과 같이 쓴다.

> 이 두 가지 성향의 혼동에 의해 자기 재생산 능력을 갖춘 개체의 통일성은 기초를 갖게 된다. 그리고 이 두 가지 성향은 개체가 유기적 생체로서 완성된 후에도 역시 계속 분리된다면 개체 고유의 생명 기능을 위험에 노출시킨다. 그래서 도착이라는 말은 단지 생식 활동에 선재하는 단계로의 정욕의 고착을 지시하는 것에 지나지 않지만, 상호 조합되어 복잡한 정념들을 형성하는 단순한 정념들 – 사드적인 의미의 – 이라는 말은 다양한

책략을 지시한다. 이 책략에 의해 원초적 정욕은 그 해석 능력을 통해 유기적 생체의 다양한 기능 안으로부터 흥분을 가져올 감각의 새로운 대상들을 선발한다. 그 목적은 감각의 새로운 대상들을 유일한 생식 기능 대신 앉히고, 이 자리바꿈에 의해 생식 기능을 끝없이 공중에 매달아 놓는 것이다. 이 자리바꿈과 책략은 번식본능에 대해 행사되는 힘의 공제[저자인용] 25가 아니면 무엇이겠는가. 공제된 욕동의 힘은 그리하여 하나의 환상의 질료[소재]를 형성하고 이 질료[소재]를 정욕이 해석한다. 그리고 환상은 여기에서 제조된 대상물의 역할을 담당한다. 욕동의 힘에 의한 환상의 사용이 그 가격을, 이 사용과 일체화하는 정욕에 부여한다. 그리고 도착의 경우, 정욕을 일으키는 환상의 사용에서는, 그 환상이 틀림없이 교환 불가능한 것을 욕구한다. 여기서는 감각된 정욕에의, 최초의 가치 부여가 개입하고 있다. 군집群居에 적합한 개체적 통일성의 완성을, 즉 개체의 생식 기능을 거절하기 때문에 우리들이 도착적이라고 말하는 하나의 충동[내화內化된 욕동impulsion]은 그 강도를 통해 교환 불가능한, 그래서 가격 바깥의-법 바깥의 가격의 것으로서 자신을 제시한다.(MV 17~19)

도착(자)에 의한 원환의 교란은 재생산의 정지를 목적으로

---

25. * 이자 등을 미리 일정하게 빼거나 덜어내는 것.

하고, '번식본능에 대해 행사되는 힘'을 공제한다. 이 공제된 욕동은 도착(자) 특유의 환상의 소재가 된다. 이 환상은 인류('군집')의 재생산이라는 행위로부터 일탈하고 있기 때문에, '군집에 적합한' 다른 개체들과의 사이에서 교류는 성립하지 않는 것으로 보인다. 적어도 자본제 아래에서의 교환의 틀에서는 그것을 평가하는 것은 불가능하다. 도착자가 자신이 품고 있는 환상의 '교환불가능(성)을 욕구한다'란 이것을 가리킨다.

맑스가 「선행하는 형태들」에서 고찰했듯이 자본주의하에서 교환은 공동체를 해체하고 '군집적 존재'로서의 인간을 개인들로 분해한다. 역설적으로 도착자가 자신의 환상의 교환불가능성을 욕구하는 정도로까지 개체화를 추진할 수 있는 것은, 현대 산업사회를 지배하는 사적 소유권에 근거해서 실행되는 개인들의 교환행위에 근거한다. 이런 관점에서 본다면, 자본주의는 목적과 무목적의 상호 차이 또는 생산과 순전純然한 탕진의 차이가 더욱 식별 불가능해지는 체제다. 거기서는 목적과 무목적은 서로가 서로를 의장하고 서로가 서로의 분신이 된다. 클로소프스키가 말하듯이 자본제는 자신을 억압하고는 해방하는 욕동에 의해 가동驅動된다.[26] 생존을 목적으로 하는

---

26. 들뢰즈는 이 구조를 '한편에서 탈영토화한 것을 다른 편에서 재영토화한다.', '궁극적으로는 탈영토화와 재영토화를 구별하는 것은 불가능하다.'라고 표현했다. Lapoujade, *Deleuze, les mouvements aberrants*, 앞의 책, p. 165 (ラプジ

이코노미와 과잉의 낭비濫費가 서로의 흉내擬態, simulacre가 되는 양상을 그는 다음과 같이 그려낸다.

> 여러 충동[내화된 욕동들impulsion]이, 본래 도구로서 이용되는 것을 모두 무차별적으로 자신에게 봉사시키는 것이라면, 대상물들이 어떤 의장擬裝인지를 식별하기 위해서는 대상물들이라는 이 범주를 고찰하면 좋을 것이다. 결국 그 본성상 흉내와는 더욱 거리가 먼 도구류는 효율성만을 목적으로 하여 엄밀하게 제한된[그것들 도구류의] 사용법을 지시한다는 점에서(즉 그 효과들-결과들에 있어서 불가역적인 하나의 조작을 — 비록 그 조작이 아무리 복잡하게 분기分岐 가능하더라도, [그 조작을 사용하여 이루어진] 모의실험에서 얻게 된 모든 [실험] 결과를 배제하면서 — 규정한다는 점에서) 비-의장의, 따라서 실현된 사실[기성사실]의 흉내가 될 것이다. 이 기성 사실에 의해 정념적인 삶 안으로부터 이런 식으로 사용물의 제조라는 목적을 위해 방향 전환을 강요당한[우회시키게 된] 부분이 공제된다. 그런데 예술에서의 흉내가 정념들이 사용하는 도구의 하나라고 한다면 그 흉내도 또한 확실히 효율적 조작의 하나일 수밖에 없다. 그것이 하나의 의장된 흉내에 지나지 않는다면 이 흉내

ヤード,『ドゥルーズ』, 앞의 책) 참조.

는 자신의 〔지녀야 할〕 효과를 빠뜨리게 된다. 흉내의 효과란 바로 자신이 행사하는 조작에 언제나 가역적이어서, 정념적인 삶과 마찬가지로 확장된 가변적인 사용법에 의존하기에.(MV 48~49)

자본주의적 생산이 진전된 산업사회에서는 효율성의 증대를 향해 생산수단('도구')의 생산 및 이를 위한 실험도 대규모화된다. 앞의 인용에서 나온 충동의 도착은 이 '도구'를 효율성과는 반대 방향으로 사용하여 재생산을 '공중에 매달아' 놓는다. 그때 최대 효용을 목적으로 해야 할 '도구'가 역으로 명확하게 효율성의 흉내이게 된다. 다른 한편, 산업사회에서는 예술 — 종종 효율성에 대립하는 순수한 증여의 영역으로 파악되는 경향이 있다 — 에서도, 얼핏 탕진으로 비추어지는 예술작품이 역으로 탕진을 흉내 내는 것임을 알 수 있다. 효율성-탕진이라는 비대칭성의 이면에서는, 그 둘 모두를 횡단하는 가역적인 충동이 감지되기 때문이다. 여기서 비대칭성에 관하여 상기해야 하는 것은 맑스가 자본제에서 소유와 노동 사이의 비대칭성을 통찰하고, 거기에서 자본제를 지탱하면서도 자본제로부터 배제되는 '마이너스負의 노동'을 보고 있었다는 점이다. 그리고 자본으로서의 부富는, 자본의 원환 바깥에서는 어떠한 가치도 갖지 않는다. 맑스는 이 사태를 긍정적으로 뒤집어 포착하고 자본제에서는 마이너스로밖에 평가되지 않는 노동이 가져오는, 모든 평가 척도를 일탈하는 '부'로서의 '생성의 절대적 운동의 와중에 있는' '모든 인간적 힘들 그 자체의 발전의 총체성'으로써 자본으로서의 부를 반전시킬 가능성을 시사했다.

그리고 이 마이너스의 노동 또는 '부'富를 클로소프스키는 '정념으로부터 사용물의 제조라는 목적으로 방향 전환을 강요당한 부분'의 '공제'로서 추출했다고 말해도 좋다. 이 '공제'를 단서로 클로소프스키는 밀실에 갇혀 타자와 단절한 괴물이라는 도착자에 관한 사드적 이미지에서 빠져나와, 공동체로의 종속으로부터 개인들을 해방한 자본주의의 힘을 기초에 두면서 다시 이 개인들에 의한 공동성의 재생을 구상한 맑스와 마찬가지로, 도착자들 각각이 품고 있는 환상의 교환-교류communication의 실현 가능성을 탐색해 갔다.[27] 이 '교환'은 자본제하의 소유 형태를 일탈하고 새로운 규정 아래에 놓일 가능성이 있다. 도착(자)는 인류의 전사에 고착된다는 의미에서 태고적이고 시대착오적이면서, 자본주의적 생산력의 증대에 따라 현재로 워프(회귀-재도래)할 가능성을 붙잡고 있기도

---

27. 이때 클로소프스키는 사드에 푸리에를 대치시키는 논의를 전개하고 있지만, 여기서는 그 점에 관해 논하지 않겠다.

하다. 클로소프스키는 사드적 도착자에 관하여, 타자와 단절한 도착자의 신체는 역으로 자기의 소유권을 방기하고 나아가서는 타자에 빙의되는 양상을 보인다고 말한다. '자기의 신체의 소유권을 타자의 그것과 마찬가지로 파기하는 것, 이것이 도착자의 상상력에 고유한 조작이다. 그는 타자의 신체에 자신의 것인 양 붙어살고, 그래서 자신의 신체를 타자에 배분한다. 바꿔 말하면 고유한 신체는 환상의 영역으로서 회복된다. 이리하여 신체는 환상의 등가물, 환상의 흉내에 지나지 않게 된다.'(MV 57) 고유성-소유권이라는 개념은, 산업사회에서 도착자의 행동('조작')에 의해 여러 신체 사이의 상호 흉내라는 형태로서 공동성을 띠는 것으로 변질할 가능성을 포함하고 있었다. 그런 의미에서 사드의 도착(자)는 산업사회를 지탱하는 가치평가 틀의 임계(교환 불가능성의 문지방)를 선구적으로 보여주고 있다고 클로소프스키는 생각했던 것이다. 그렇다면 이 공동성의 회복-재귀의 가능성은, 당장은 기발한 공상의 영역을 벗어나지 않는다고 하더라도, 우리들이 자본제를 이탈하기 위한 이념적 지침의 하나로서 검토와 연마^{鍊成}의 대상이 될 수 있을 것이다. 그리고 클로소프스키는 이 신체 사이의 상호 흉내를 '살아 있는 화폐'라는 개념을 제기하면서 고찰해 갔다.

'살아 있는 화폐'

그렇지만 충동에서 '공제'된 부분을 확실하게 국소화하고, 명확하게 여기에 있다고 확인하는 것은 불가능하다. 목적-무목적이라는 대립을 배척하는 충동의 영역에서는 생산은 곧 소비이기 때문이다.(MV 38) 화폐의 가치척도가 기능하지 않거나, 혹은 척도 그 자체가 계속 변하기 때문이다. 국소화 불가능성에 의해 가치평가의 척도를 일탈하면서도 그러나 자본제 또는 산업사회를 지탱하는 〈힘〉을 포착하고 있었다는 점에서 클로소프스키는, 그 사고 대상이 얼마간 맑스의 그것과는 꽤 멀어 보여도, 맑스와 마찬가지로 특이한 노동가치설의 입장을 채택하고 있다. '특이한'이라고 말한 것은 맑스에게 노동이 가치가 될 수 있는 것은 교환의 국면, 교환이라는 계기를 경과하는 경우로 한정되기 때문이다. 바꾸어 말하면 화폐가 개입되지 않는 한 성립될 수 없는 노동가치설이라는 의미에서 맑스의 입장은 특이하다.[28] 마찬가지로 클로소프스키에게서도 교환이라는 가치평가의 틀 – 구체적으로는 언어 활동 – 이 부정적이라 할지라

---

[28] 따라서 맑스의 특이한 노동가치설은, 예를 들어 화폐를 폐기하면 노동가치가 정당하게 평가된다는 입장에 가담하지 않는다. 마찬가지로 이 글에서 언급하고 있는 클로소프스키의 〈살아 있는 화폐〉 – 신체를 화폐로 삼는다는 기이한 상상 – 도 또한 〈살아 있는 노동〉을 곧바로 표현하는 것은 아니다.

도 기능하지 않는 한, 충동의 소재를 감지^{觸知}하는 것은 불가능하다(MV 58~59). 이는 소유가 개체의 공동체로의 귀속을 의미한다면서 언어활동에 관해서도 그 측면을 지적한 맑스와 동일한 시각이다.

그리고 클로소프스키는 이 국소화가 불가능해서 가치 측정의 틀 그 자체를 변화시키는 '생성의 절대적 운동의 소용돌이'에 있는 힘, 자본제에서 축적되면서도 자본제에 의해 특정되지 않는 '모든 인간적 힘들 그 자체의 발전의 총체성'으로서의 '부'를 우리들이 향수하고, 나아가 풍부하게 하는 데 일조하기 위해 '살아 있는 화폐'의 도입을 제안한다. 이를 볼 때 그는 맑스의 사고의 한 면을 계승했다고 말해도 좋을 것이다.[29]

'살아 있는 화폐'는, 소유와 노동을 분리하고 나아가 소유의 의미를 변질시킨 위에서 노동자에게 노동의 대가로서 지불되는 자본제 아래의 화폐, 즉 괄호 붙은 '교환가치'를 담당하는 화폐에 비해, 해당 자본제에서 생산력의 고도화를 배경으로 자본이 분리한 생산수단과 노동자를 반대로 다시 결합하고, 예전의 소유형태(소유는 개인에게 공동성의 증거였다는 점을

---

29. 클로소프스키와 맑스 사이의 공명에 관해서는 이미 지적된 바가 있었다. 師玉真理, 「像(イメージ)の饗応 — フーコー/クロソウスキー」, 『現代思想』, 2003年 12月 臨時増刊号(總特輯 フーコー)에 수록. 이 논고가 없었다면 이 글을 쓸 수 없었을 것이다.

상기하고 싶다)의 갱신된 회복을 담당하는 화폐, 부의 등가물이면서 그 부 자체이기도 한 화폐를 지칭한다(MV 75). 이미 말했듯이 이 화폐는 서로를 흉내 내는 여러 신체이다. 국소화 불가능한 충동을 국소화 불가능한 그대로 짊어지고 가치평가의 틀 그 자체의 전환을 실행하는 소유와 노동의 재결합이 가능한 것은 우리들 각각의 신체뿐이기 때문이다.[30]

그렇지만 신체가 화폐가 되는 세계는 아직 공상의 영역을 벗어나지 못했다. 클로소프스키 자신도, 종래의 화폐로서는 지불도 가치평가도 불가능한 충동들에서 '공제된 부분'을 개인들의 신체에 의해 지불이 가능하게 되는 유토피아를 실현하기 위해서는, 우선 사람들의 생활수준에 대한 매우 고도의 보장이 전제되어야 하며(MV 68), 그렇지 않다면 이는 '얼핏 보기에 불가능한 퇴행'une régression apparemment impossible의 상상에 지나지 않는다고 판단한다. 또한 신체를 화폐로 삼는다는 기발한 생각이 예전의 노예제와 다를 바 없는 상황에 빠질 수 있다는 위험성 역시 그는 자각하고 있다(MV 69). 사드적 도착(자)가 타자의 신체에 폭력 행사를 통해 성립했다는 점에 비추어 보면 역시 '살아 있는 화폐'에는 검토의 여지가 다분히 있으며, 안이

---

30. 화폐-흉내로서의 신체의 유통에 관해서는 松本潤一郎,「ピエール・クロソウスキーにおける身体と交換 ―『歓待の掟』を中心として」(北海道大学大学院研究科映像・表現文化論講座,『層 ― 映像・表現』第7号, 2014年)을 참조.

한 칭찬은 허락되지 않는다. 우리들로서는 이 기괴한 상상력이 산업사회의 진전에 계속 수반되는 '퇴행' 또는 '도착'으로서 타임캡슐처럼 현재에도 부상^{浮上} 혹은 되돌아온다warp는 점에서, 자본제의 임계를 내다보는 전망을 (작지만) 열 수 있는 가능성이 포함되어 있다는 것을 당장 확인하는 데서 멈출 수밖에 없다. 우리들에게는 아직 자본제와는 '별개의 한 체제'를 구상하는 사고도, 표현할 말도, 그리고 그 경험도 결핍되어 있는 이상, 어쩔 수 없는 일이다. 그런 의미에서 생활 혹은 생산양식이 우리들의 사고를 규정한다는 맑스의 통찰은 여러 유보가 붙여져 왔다고 해도 여전히 옳다고 하지 않을 수 없다.

그 점을 근거로 해서, 맑스적으로 말하면 자본주의적 생산체제 아래서 소유와 노동을 분리하여 살아가는 우리들의 영위^{營爲}를, 클로소프스키적으로 말하면 거기서 '공제된' 욕동을 노동 임금'과는 별개의' 방법으로 우리들 자신이 어떻게든 정당하게 평가―아니, 가치척도 그 자체의 생성변화가 질문되고 있는 이상, 차라리 '번역'[31]―하려고 노력하는 클로소프스키와 맑스의 시도는 지금도 여전히 절실하다고 말해도 좋을 것이다.

지금까지 [이 글에] 끌어들인 클로소프스키의 질문은 '산업

---

31. 이 점에 관해서도, 졸고 「上向と翻訳―言語の身体化」, 『立教大学 ランゲージ センター紀要』, 앞의 책을 참조.

사회'가 변화한 '오늘날'에도 그 현동성을 잃지 않는다. '도구적 대상들의 제조(현대사회에 그 생김새를 부여하는)는, 경제적 주체가 자신의 개체적 통일성 – 결국 자기 자신 – 을 생산하는 동시에 재생산하는 능력에서 출발하여, 자신의 욕동 상태의 등가물(예술적 흉내와 같은)을 결여하기에 노동 임금과는 별개의 어떤 등가물을 사용하여 자신의 생존을 위해 그〔욕동의〕 상태의 방기를 선언하는 것뿐이라고 볼 수 있을까? 다만 생존하기 위해서만 주체는〔도구적 대상들을〕 제조하는 것일까? 아니면 방기된 욕동 내지 이 욕동을 표현하는 능력은, 도구적 대상들의 제조행위를 통하여, 도구적 대상들이 명하는 사용을 이용하기 위해〔욕동이〕 입는 손실의 가치가 명확하게 되는 것을 요구하는 것일까?'(MV 46) 자본제가 '마이너스 노동' 또는 '충동의 공제'와 교환을 가능하게 하는 생산력의 증대를 배경으로, 산업사회 안에서 시대착오적으로 출현한 도착(자)의 행위를 단서로 삼아, '태고'太古의 공동성의 갱신과 부활을 꾀하는 일환으로 클로소프스키는 〈살아 있는 화폐〉라는 개념을 통해 '노동임금과는 별개의 등가물'의 실현을 제기했다. 맑스가 「자술리치 서한」 초고에서 썼듯이, 이 실현 가능성은 '사적 소유의 요소가 집단적 요소에 승리하든가 아니면 후자가 전자를 이기든가'하는 시련과 분리될 수 없다. (역시 여기서 언급된 '집단적'과 '사적'私的인 것은 어느 쪽도 수의 많고 적음

을 의미하는 것은 아니라는 점에 주의하고 싶다.32)

또한 이에 더해 굳이 말하자면, 노동력 '공급원'이었던 농업인구의 소위 선진국들에서의 감소 – 그 주요 원인은 다름 아닌 자본주의적 생산의 침투에 있다 – 를 고려할 필요가 있다. 인류사에 있어서 지금까지 토지와의 연관 – 정주적이든 유목적이든 – 을 통해 육성되어 왔던 소유와 공동성의 신체에서의 결합감각을, 이제는 태어나면서부터 가지지 못하고 자라나는 사람들이 계속 증가하고 있는 것처럼 보이는 현 상황에서, 이 시련은 곤란의 정도를 더욱 높이고 있는 듯이 생각된다.33 오늘날 소유와 공동성의 신체에서의 연결을 우리들은 어떻게 육성해 갈 것인가. 자본제와는 '별개의 한 체제'를 구상하는 사고, 표현하는 언어, 그리고 그 경험을 아직 가지지 못한 우리들로서는 더듬더듬 모색하면서 이 곤란과 맞닥뜨릴 수밖에 없다. 노동

---

32. '노동임금과는 별개의 등가물'의 '사적 소유의 요소'를 우위에 놓는 일이 실현되도록 이미 부르주아지는 움직이고 있다. '금융노동임금'(sursalarie), '잉여시간'(surtemps) 개념을 사용하여 이 동향을 분석한 Jean-Claude Milner, *Le salaire de l'idéal : La théorie des classes et de la culture au vingtième siècle*, Éditions du Seuil, 1997을 참조. 20세기에 들어와 임금노동자화한 부르주아지의 보수(報酬) 형태의 변천을 보여주고 있다.
33. 노동력 공급원의 위기 및 바로 뒤에서 언급할 실업의 착취화에 관해서는 Jameson, *Representing Capital*, 앞의 책 (ジェイムソン, 『21世紀に, 資本論をいかによむべきか?』, 앞의 책) 및 Aaron Benanav, 'Misery and Debt : On the Logic and History of Surplus Populations and Surplus Capital' (http://endnotes.org.uk/issues/2/en/endnotes-misery-and-debt)를 참조.

력 '공급원'의 고갈과 모순 없이 나란히 진행되는, 상태화된 실업 – 그 자체가 착취의 형태로 변화하고 있다고도 보이는 – 에 둘러싸인 오늘날, '소유', '공동성', '신체'라는 개념이 종래와 같은 의미를 가지고 있는지 어떤지도 이제는 자명하지 않기 때문이다.

노동과 예술

벤야민과 클로소프스키

나치가 대두한 1940년, 「역사의 개념에 관하여」 단장^{斷章} 11에서 벤야민은 노동을 "모든 부와 문화의 원천"이라고 간주하는 입장을 체제순응파라고 비판한다.[1] 벤야민 자신이 의식하고 있듯이, 이 비판은 맑스가 행한 비판의 반복이다. 사회민주노동자당과 전독일 노동자협회(결합 이후엔 독일 사회주의 노동자당)는 1975년 고타에서 열린 합동대회에서 노동을 가치의 원천으로 보는 견해, 또는 노동을 지상의 가치로 삼는 견해를 강령으로 채택했다. 그러나 「고타 강령 비판」에서 자신의 노동력밖에 가지지 않는 인간은 유산자의 노예들일 수밖에 없다

---

1. 「역사의 개념에 관하여」는 이와나미(岩波) 문고판(『ボードレール他五篇 ― ベンヤミンの仕事 2』, 野村修編訳, 1994年에 수록)과 치쿠마 학예문고판(『近代の意味 ― ベンヤミン・コレクション 1』, 浅井健二郎編訳, 1995年에 수록)을 참조했다. [발터 벤야민, 「역사의 개념에 대하여」, 『역사의 개념에 대하여/폭력비판을 위하여/초현실주의 외: 발터 벤야민 선집 5』, 최성만 옮김, 길, 2008.]

면서 맑스는 이 견해에 반대했다. 이 비판은 노동자를 중심으로 한 조직과는 다른 형태의 가능성을 시사한다. 여기서 맑스는 노동을 가치의 원천으로 간주하고 있지 않기 때문이다. 또한 벤야민이 비판한 독일 사회민주당의 전신은 맑스가 비판했던 사회주의 노동자당이다. 이 반복된 비판에서 벤야민은 맑스에 의한 비판으로부터 '노동' 개념 그 자체에 대한 비판적 인식을 도출한다. 선행하여 이루어졌던 비판을, 조건들을 달리하는 현재에서 반복하고, 그로부터 새로운 인식을 끌어내어 현상의 곤란함과 맞붙는 것. 이것이 비평적 실천이며, 그 반복이 가져오는 강도는 새로운 인식을 가져온다. 비평가 벤야민의 사명을 여기서 나는 재반복하고, 우리들의 현재에 다시 던지고 싶다.

19세기의 철학자 요셉 디츠겐(원래 무두장이 직인이었다고 한다)의 "노동은 새 시대의 구세주임이 틀림없다. 노동의 개선안에서야말로 부가 존재한다"라는 말을 인용하면서, 벤야민은 이와 같은 견해를 비판한다. 노동을 부의 원천으로 간주하는 발상은 '자연 지배의 진보'를 인정하고 '사회의 퇴보'를 인정하지 않는다. 이 발상은 노동을 인간의 본성nature으로 간주하여 인간을 자연nature과의 연속성에서 포착하기 때문이다. 그것은 '기술만능주의'적인 태도라고도 불린다. 이 경우 기술은 자연으로부터 인간에게 유용한 것을 만들어내는 것으로서 취급되기 때문이다. 기술은 노동과 조합되어 유용성을 산출한다. 여기서 자연은 무상의 소여로서 나타나고, 인간은 그로부터 유용성을 뽑아낸다. 노동-자연-기술, 이 세 가지는 유용성의 이름에 있어서의 삼위일체의 원환이다. 노동은 기술을 개입시켜 자연으로부터 유용성을 만들어내는 한에서 '자연'이다. 그리고 자연은 유용한 한에서 인간의 본성이다. 이 원환의 논리 안에 있는 한, 노동이 인간의 본성-자연이 되는 이상, 기술에 의한 노동-자연의 개선이 인간의 구제가 된다. 이것이 '자연 지배의 진보'이다.

그러나 노동은 구세주일까. '자연지배의 진보'가 수반하는 '사회의 퇴보'를 벤야민은 파시즘이라고 부른다(아우슈비츠의 벽에는 "노동은 인간을 자유롭게 한다"라는 표어가 쓰여 있었던 것이 상기된다). 그리고 벤야민은 노동 = 구세주론이 전제로 하는 '자연' — 유용성에 근거한 착취의 대상인 한에서의 — 에 18세기의 사상가 샤를르 푸리에의 '자연'을 대치시킨다. 푸리에적 '자연'은 무상·무진장으로 주어지는 개발의 대상이 아니라, 자신에게 가능성으로서 잠들어 있는 창조성을 스스로 발현시킨다. 자연이란 스스로를 전개하는 운동이고, 노동과 기술은 자연을 지배하는 것이 아니라 오히려 자연의 자기 발현을 거든다. 벤야민-푸리에에게 '구제'는 이 방향에서 구상된다. 앞의 표어를 비틀어 말하면 "노동은 자연을 자유롭게 한다"가 될까.

그것은 또한 노동의 유용성으로부터의 해방을 의미할 것이다. 그때 노동은 창조 활동에 가까이 다가간다. 자연이 스스로의 창조성을 발현시키면, 그 창조를 거들면서 유용성으로부터 해방된 노동은, 이를테면 자연을 모방하여 자신도 또한 자기의 특이한 운동을 전개하게 되기 때문이다.

자연은 다양한 유사^{類似}를 만들어낸다고 벤야민은 생각했다.[2] 만물이 조응일치(감응)하는 '상징의 숲'에서 시작^{詩作}을 행한 보들레르를 그는 좋아했다. 예술은 자연의 모방 — 재현이 아니라 — 과 밀접하게 관련된다. 말과 음과 이미지가 한 순간 자연과 일치(감응)하면서, 스스로를 전개하는 운동으로서의 자연을 단편적으로 암시한다. 예술이란 그러한 시청각 기호의 사용이다. 또한 보들레르는 "천재란 자유자재로 되찾은 유년기다"라고도 말했다. 여기서 예술과 아이의 유희가 '자연의 모방'을 개입시켜 인접해지면서, 식별 불가능한 지대^{zone}을 형성한다.

인간이 가진 모든 기능은 모방 능력을 중요한 인자로 삼는 것은 아닐까, 그리고 아이의 유희는 이 능력을 학습하는 장은

---

2. 「模倣の能力について」, 內村博信山訳, 『エッセイの思想 — ベンヤミン・コレクション 2』, 淺井健二郎編訳, ちくま学芸文庫, 1996年에 수록. [발터 벤야민, 「미메시스 능력에 대하여」, 『언어 일반과 인간의 언어에 대하여 / 번역자의 과제 외 : 발터 벤야민 선집 6』, 최성만 옮김, 길, 2008.]

아닐까, 라고 벤야민은 「모방 능력에 관하여」에서 말하고 있다. 아이는 인간을 모방하는 것만이 아니라 풍차와 기차조차 모방한다. 모방의 능력에는 시각적 형태로 포착하지 않고 성립하는 유사 — 이것을 벤야민은 '비감각적 유사'라고 부른다 — 도 포함된다. 비감각적 유사에서는 소리흉내擬音나 성대모사를 개입시켜 모방이 행해진다. 그렇다면 언어를 비감각적인 모방행위로 파악하는 것은 불가능할까, 라고 벤야민은 말한다. '동일한 것을 의미하는 다른 언어의 낱말을 그 의미된 것을 중심으로 둘레에 늘어놓으면 그 낱말들은 모두 — 대부분 각자의 사이에 아주 사소한 유사성조차 인식되지 않더라도 — 그 중심에 있는 의미된 대상과 유사성이 있다는 것을 규명할 수 있을 것이다.'[3] 이 말은 「번역자의 과제」에 나오는 도자기와 그 파편의 비유를 상기시킨다. 파편이 모두 같은 형태라면 도자기를 조립할 수 없다. 파편은 서로 유사한 것이 아니라 도자기와 비감각적으로 유사하다. 그래서 파편 각각의 차이를 돋보이게 하여 그 파편들로 파괴된 도자기를 넌지시 암시하게 하는 것이 조응이다. 번역자를 통해 언어들의 차이를 돋보이게 하는 것이 번역

---

3. * 한국어판 번역: "여러 언어에서 동일한 어떤 것을 의미하는 낱말들을 찾아내 그 의미된 것을 중심에 두고 주위에 빙 둘러 늘어놓을 경우, 어떻게 종종 서로 하등의 유사성도 보이지 않을 그 낱말들이 그 낱말들의 중심에 놓인 그 의미된 것과 유사성을 보이는지를 연구해볼 수 있다."(「미메시스 능력에 대하여」, 『발터 벤야민 선집 6』, 214쪽.)

자의 과제다. 의역은 언어들의 차이를 지운다. 차라리 언어들의 차이를 돋보이게 하면 돋보이는 만큼 도자기는 한층 더 밖으로 드러난다. 언어들은 도자기와의 유사함이나, 도자기의 모방을 통해 도자기의 존재를 보여준다. 도자기를 여기서의 '의미된 대상'으로 해석할 수 있다면, 그것은 언어들이 다양하면 할수록 자신을 밖으로 드러낼(현출시킬) 것이다. 그것은 언어들이 각각의 특이성을 명확히 하는 것과 같다. 자연을 모방한다는 것은 모방자가 자신의 특이성을 스스로 전개하는 것이다. 벤야민에게 자연이란 확고하게 존재하는 무언가가 아니다. 그것은 자신을 전개하는 운동인 동시에 다른 자연을 촉발하고 작동시킨다. 인간의 본성은 노동이 아니다. 그리고 노동은 자연이 아니다. 인간의 본성이 자연이다. 모방 능력은 그 자체가 능력의 자기 전개=자연이다.

벤야민의 「기술복제시대의 예술작품」을 프랑스어로 번역한 것은 그의 친구 피에르 클로소프스키다(1936년). 그의 회상에 의하면, 벤야민은 축자적 번역[직역]의 원칙을 자신의 텍스트에도 관철하려고 했던 것 같고, 이 번역은 거의 공동 작업의 양상을 보여주고 있었다.[4] 프랑스어의 어순 규칙을 지키지 않

---

4. ピエール・クロソウスキー,「ヴァルター・ベンヤミンについての手紙」, 清水正訳, 『ユリイカ』, 1994年 7月号에 수록.「マルクスとフーリエの間」(ドゥニ・オリエ編, 『聖社会学』, 兼子正勝, 中沢信一, 西谷修訳, 工作舎, 1987年에 수록)도 참조.

고 독일어의 그것을 프랑스어에 도입하려고 했던 것이다. 그 철저함에 클로소프스키도 질릴 정도였다지만, 그러나 그 자신이 나중에 베르길리우스의 『아이네이스』를 번역(1964년 간행)할 때 라틴어의 어순을 대담하게 프랑스어에 도입했다. 둘을 관통하는 이 기묘한 번역 작업의 수순은 그들의 사고 양태에도 반영되어 있다. 〔그들의 번역 작업은〕 어떤 개체의 특이성이 발현되면 될수록 한층 개체들 사이의 교류(커뮤니케이션) — '자연'의 조응(감응)으로서의 — 가 활성화된다는 기괴한 회로를 구성하는 실험이다.

산업사회에서의 교류의 행방을 탐색하는 『살아 있는 화폐』에서, 클로소프스키는 푸리에의 사회구상에 대해 말한다.[5] 푸리에가 제창한 생활협동체(팔랑스테르라고 불리는)에서는 생산수단·개인들도 포함한 사유재산이 공유화된다. 팔랑스테르는 연령·재산·성격·지성 등 모든 점에서 균질적이지 않은 개인들로 이루어진 복수의 집단(계열이라고 부르는)의 복합체이다. 계열 내 및 계열 간의 교류는 산업상의 요청이 아니라 개인들의 정념을 개입시켜 이루어진다. 개인들의 특이한 정념은 억압되는 것이 아니라 긍정되고 해방된다. 푸리에에게서 정념의 해방은 교류와 대립하지 않는다. 자신의 정념의 특이성이 발휘

---

5. ピエール・クロソウスキー, 『生きた貨幣』, 兼子正勝訳, 青土社, 2000年.

되는 것에 호응하여 다른 정념도 또한 그 특이성을 발휘한다. 정념들은 특이하면 할수록 증대하고, 결합하고, 조화한다. 그 경우, 노동은 벌칙적인 성격이 소거되고, 개인들의 정념에 근거하여 자발적인 창조적 활동이 될 것이다. 정념에는, 특히 성에 관하여, 공격성·폭력이 포함되지만 푸리에는 폭력의 단순한 부정을 말하지는 않는다. 정념의 상태들을 부정하는 것이 아니라 창조 활동으로 방향 전환시키는 방도를 구상한다. 폭력은 억압되는 것이 아니라 다른 정념과의 접속에 의해 전용된다. 사회적 편제에 의해, 정념은 본성이 아니고, 방향을 변화시킨다. 푸리에에게서 정념은 가변적이다. 이 폭력의 전용을 클로소프스키는 «jeu»(연기·유희·게임 등을 의미)라고 부르고, 푸리에의 협동체를 연극·무대장치로 파악한다. 폭력은 «jeu»의 마티에르^{matière}(재료)이고, 연출되어 무대에 배치된다. 결국 폭력은 연기된다(모방된다). 연기되기 때문에 그것을 수용하는 관객이 존재한다. 정념에는 항상 연극적 측면이 포함되어 있고, 다른 정념에 열려 있다. 정념의 특이성은 다른 정념과의 접합관계(여기서는 연기자-관객의 관계)에서 충분히 전개되고, 넓게는 다른 정념도 촉발하여 그 특이성의 전개를 촉발한다. 이처럼 전용된 정념을 클로소프스키는 복제된 정념(시뮬라크르, 흉내^{擬態})이라고 부른다. 폭력의 연극(유희)적 조직화에 의해 시뮬라크르는 생산된다.

벤야민이 「기술복제시대의 예술작품」에서 고찰했던 복제 기술에 의한 사회 및 우리들의 지각의 변용을 클로소프스키는 이상과 같은 문제틀에서 부연했다. 그러나 그것은 푸리에적인 정념의 집합적 배치는 아니고 스펙터클 체제에서 영상의 대량 범람과 그것의 수동적인 소비라는 사태의 도래를 예견한 것이었다. 스펙터클 체제에서 정치적 쟁점은 수동적 소비 주체(관객)를 구성하기 위한 미적·감성적·감각적인 것(의 조작)이다. 그것은 파시즘에서조차 없는 '새로운 자유' 체제에서의 정치이다. 현재, 예컨대 랑시에르와 스티글레르가 각자 이 문제에 맞닥뜨리고 있다. 그러나 이미 과타리는 미적·감성적·감각적인 것에 근거한 새로운 주체성의 정식화를 시도하고 있었다.[6] 그는 클로소프스키의 동생인 화가 발튀스의 〈거리〉 시리즈를 클로소프스키의 발튀스 작품에 대한 언급을 인용하면서 분석하기도 한다.[7]

---

6. フェリックス・ガタリ, 『カオスモーズ』, 宮林寛, 小沢秋広 訳, 河出書房新社, 2004年 등. [펠릭스 과타리, 『카오스모제』, 윤수종 옮김, 동문선, 2003.] 또한 푸리에, 벤야민, 클로소프스키, 과타리를 횡단적으로 접합하는 ルネ・シェレール, 『歓待のユートピア ― 歓待神礼讃』(安川慶治訳, 現代企画室, 1996年), 『ノマドのユートピア』(杉村昌昭訳, 松籟社, 1998年), 『ドゥルーズへのまなざし』(篠原洋治訳, 筑摩書房, 2003年)을 참조.
7. ガタリ, 「街路の中の亀裂」, 『分裂分析的地図作成法』(宇波彰, 吉沢順訳, 紀伊国屋書店, 1998年에 수록) 및 クロソウスキー, 「バルルチュスの絵画における"活人畵"について」(星埜守之訳, 『ユリイカ』, 앞의 책에 수록).

주체성은 자신의 실존감을 기초로 하여 구성되지만, 역으로 실존감을 자신이 창조해 가는 과정도 있다. 그것은 자기라는 대상을 구성해 가는 과정 그 자체이며, 그래서 다양한 이질적 요소들을 조합시킨다. 조합된 요소들의 집합, 예컨대 회화 작품은 대상이기도 하고 주체성이기도 하다. 요소들의 집합은 연속적으로 변화하여 하나의 계열, 예컨대 연작(시리즈)을 구성한다. 〈거리〉 시리즈는, 복수의 인물의 시선이 복잡하게 구성되는 원근법 안을 왕래하는 모습(이를 과타리는 "주체도 대상도 목적도 없는 시선의 지배", "일망 감시적 초자아"라고 규정한다)을 묘사한 작품으로부터, 무대를 연상케 하는 방식으로 배치된 건물의 무수한 창이 눈眼처럼 열려서, 시선이 긴장감을 퍼뜨리면서도 평온한 색채로 가득 채워진 공간 전체로 확장되는 듯이 묘사된 작품으로 전개된다. 표현 과정에서 구성요소를 변화시키는 것은 표현된 내용이며, 내용이 표현을 변형시킨다. 주체성은 공간 전체로 확장하고 새로운 실존을 획득한다. 과타리는 이를 '프랙털적인 프시케'라고 부른다. 주체성으로서의 내용(대상)은 표현을 이질적인 차원(원근법으로부터 색채)으로 이행시킨다. '프시케'란 이 이행의 회로(파사주)이고 그 이행은 차원들(눈으로부터 창)을 분열적으로 횡단하는 자기유사自己相似적인 실존감이다. 이는 벤야민적인 '비감각적 모방'의 시각 표현에서의 형성은 아닐까. 표현된 내용(실존감)이 서로 이질적인 요소들을 표현으로 사용하거나 또는 표현을 변화시키는 것이고, 그것을 촉발하는 내용은 표현 각각과 서로 닮아 있다. 서로 유사성을 개입시켜 요소들을 횡단해 가는 주체성의 실존감이란, 바로 인간에게 있어서의 '자연-본성(정념)'이다.

그러나 「역사의 개념에 관하여」가 말하는 과거의 자유로운 인용(자유자재로 되찾는 유년기!)으로서의 민중의 해방은, 이제 과거의 수정조차 가능하다는 불손함과 회고로의 탐닉(그것도 정화淨化된)으로만 삶을 소비하는 인간을 형성하는 소비 체제, 수동적 소비 행위에서 완전하게 실현된 것인가. 벤야민이 사랑한 도로 위의 산책자가 그 시선을 소비의 회로 안으로 집어넣고 있는가, 만약 그렇지 않다면, 소비-스펙터클-감시 체제에서 이물질로 취급되어 길거리로부터 말소되는 예술은 노동과 일치하는 것일까. 노동에서 창조로의 이행은, 수작업에서 뇌의 지적 활동의 파르타주partage 8를 향한 만인의 이행("필연의 왕국에서 자유의 왕국으로")이라는 맑스의 이념 안에도 있었다. 장-뤽 낭시는 이 이행을 포이에시스poiesis(목적을 가진 제작)에서 프락시스praxis(행위의 자기목적화)로의 이행이라고 정리하면서, 그렇다면 노동이 수반하는 더러움과 고통은 '자유의 왕국'에서는 사라져버리는가, 라고 묻는다.9 손도 뇌도 신체

---

8. * 분배, 배분, 나눔 등을 의미하는 프랑스어.

여서 단순하게는 분할될 수 없다. 기술의 진전에 의해 노동이 주로 두뇌활동으로 이행했다고 말할 수 있다고 하더라도, 거기서 심신의 피로·고통·마모^{磨耗}가 해소되었다고 말할 수는 없다. 노동은 구세주가 아니다. 다만 소비도 구세주는 아니다. 차라리 소비-감시 체제 아래에 있는 노동자로서의 생산(노동? 예술?)의 양태를 다시 물을 필요가 있다. 과타리적인 주체화 과정은 그 단서가 될지도 모른다. [그 과정은,] 소비-감시 체제하에서의 인간의 본성-자연으로서의 불안정한 실존감으로부터, 스스로를 생산하는 포이에시스를 달리게 만드는 새로운 삶의 발명이다. 벤야민적인 〈자연〉의 잠재력은 현재 그와 같이 숨쉬고 있을 것이다. '노동'의 부정이 아니라 〈비판〉을 통한 혁명의 회로를 거기에서 도출할 수 있을지도 모른다.

---

9. Jean-Luc Nancy, «Travail», *Le sens du monde*, Galilée, 1993.

가능세계의 들뢰즈

네그리가 말하는 『맑스의 위대함』

> 당신들이 〈이데아〉에 도달하는 호기好機를 붙잡는 것은, 드러남現出을 우회하거나 잠재적인 것을 찬양하는 것에 의해서는 아니다. 드러남을 드러남 자체로 보면서, 따라서 보는 것의 환멸 끝에서, 드러남을 향해 도래하면서, 존재에 관한 사고를 부여하는 것으로서 사고하는 것에 의해서이다.
>
> — 알랭 바디우, 「우화의 변증법」[1]

삶

14년에 이르는 망명 생활. 삶에 대한 안토니오 네그리의 생각은 강렬하다. 『망명』[2]을 다시 읽고 그것을 재확인했다. 「감

---

1. Alain Badiou, "Dialectique de la fable", in *Matrix : machine philosophique*, Éditions Ellipses, 2003, p. 129.
2. Tony Negri, *Exil*, traduction de l'italien par François Rosso et Anne Querien, Édition Mille et Une Nuits, 1998. 일본어판은, アントニオ・ネグリ, 『未来への帰還 — ポスト資本主義への道』, 杉村昌昭訳, インパクト出版会, 1999年. 이하 인용은 모두 졸역. [안또니오 네그리, 「미래로 돌아가다」, 『자유의 새로운 공간』, 안또니오 네그리·펠릭스 가따리 지음, 조정환 옮김, 갈무리, 2007.]

옥과 삶」이라는 제목이 붙은 한 절은 이렇게 시작한다.

> 나는 마조히스트는 아니다. 사실 감옥과 여생 사이에 그렇게 본질적인 차이가 있다고는 생각하지 않는다. 삶은 그것이 구축되지 않거나 삶의 시간이 자유로 파악되지 않는 경우에는 하나의 감옥이다. 감옥의 바깥에 있거나 안에 있거나 같은 정도의 자유일 수도 있다. 인생 – 적어도 노동자들의 인생이 자유롭지 않은 것과 마찬가지로, 감옥이 자유의 하나의 결여는 아니다.[3]

감옥과 그 바깥 사이에 차이는 없다. 감옥은 그 바깥일 수 있다. 망명을 끝내고 감옥으로 귀환하기 직전의 상황에서 네그리는 테제를 제시한다. 〈제국〉[4]에서는, 삶은 바깥도 안도 없는

---

[3] 같은 책, p. 11. [*한국어판 번역: "나는 무엇인가를 구축하기 위해 모종의 박탈을 경험하려 애쓰는 매저키스트가 아니다. 나는 실제로 감옥과 삶의 나머지 부분 사이에 어떤 실질적 차이도 없다고 생각한다. 나는, 어떤 사람이 삶을 의미 있는 무엇으로 만들지 않으면, 혹은 삶의 시간이 파악되지 않으면, 삶은 감옥이라고 생각한다. 감옥은 삶 자체가 자유가 아니듯이(노동자들의 삶을 생각해 보라), 자유의 결여가 아니다."(「미래로 돌아가다」, 『자유의 새로운 공간』, 159쪽.)]

[4] 『망명』에서 「제국」이라는 제목이 붙은 한 절의 서두를 인용한다. "제국을 어떻게 정의할 것인가. 그것은 세계 시장의 정치형태, 즉 세계 시장을 방어하는 군대와 강제적 수단인 통화·금융·상업적 조절의 수단으로, 그리고 마지막으로 '삶정치'적으로 세계화한 하나의 사회의 한복판에 있는 교통·전달·언어의

장소로 전개되고 때로는 질식한다. 망명과 삶이 분리되지 않는다. 이와 같은 차원에서의 삶은 무엇인가.

'삶정치'는 이 차원에서 이상한 쾌활함을 가지고 나타난다. 근대사회에서 인구의 재생산을 맡은 정치는, 자본 아래에 사회 전체가 실질적으로 포섭되는 포스트 근대에서는 생산적인 삶정치로 변모한다고 네그리는 말한다.

> [사회 전체의 자본 아래로의 실질적 포섭 국면에 자본주의가 들어간] 이 순간부터 사회의 짜임과 생산조직의 짜임은 동일화하는 경향을 띠고, 삶정치는 양상을 바꾼다. 그것은 생산적 삶정치가 되는 것이다. 그것은 능동적 인구통계의 여러 집합(교육, 원조, 건강, 수송 등)과 그것들을 조감하는 행정 구조들 사이의 관계가 어떤 생산적인 힘의 직접적 표현임을 의미한다.[5]

이 논의에 관해서는 이미 많은 분석이 나왔고, 이후에도 검토될 것이다. 지금은 '삶'과 '삶정치'가 긍정적인 것으로서 나타난다는 점을 주시한다. 자본에 의한 사회의 실질적 포섭은 감

도구 등의 집합이다."(같은 책, p. 37.) [영어판을 번역한 듯이 보이는 한국어판에는 이 부분은 실리지 않았다.]
5. 같은 책, p. 29. [한국어판에는 이 부분은 실리지 않았다.]

옥 안에서도 삶의 자유가 가능하다는 것과 마찬가지로, 삶정치를 긍정적으로 만든다. 세계가 한없이 닫혀있는 동시에 어디까지나 열려있다는 것을 파악하여 그 안에서 삶을 위치 짓는 사고이다. 안과 밖을 직접 등치시키고 반전시키는 사고이다. 그것은 말에 의해 가능하게 된다. 그리고 망명이 삶에 드리운 그늘은, 이 담론으로부터는 소거된다. 그러나 그 그늘은 삶을 비추어 내는 그 말 자체에 회귀하여 빙의憑依하고(옮겨붙어) 있는 듯이 생각된다. 그의 말은 너무 밝다. 이 강한 긍정, 불온不穩한 포지티브. 빛으로서의 말? 이론가로서 네그리에게 세계는 자신의 삶이 비치는 상像이다. 세계와 나를 꼭 맞게 포개는 언어 사용이 거기에 있다. 세계를 보는 것이 관조-이론(테오리아)의 기본 기능인 것일까. 어쨌든 삶을 찬양하는 이 말은 과잉이다.

「늙어가기」De senectute라는 절에서 네그리는 들뢰즈에 대한 위화감을 표명한다.

> 늙음에 있어 나를 매혹시키는 것은 활동력의 감쇠減衰이다. 그렇게 말할 때의 들뢰즈의 성찰은, 내게는 늙음이라기보다는 차라리 병을 대상으로 한 것이라고 생각된다. 들뢰즈가 실행해 온 모든 가치평가는 병을 둘러싼 성찰이다. 나는 언제나 그러한 인상을 품어 왔다.…늙음, 그것을 나는 기다리고 있다. 그러나 실은, 그것은 〔들뢰즈가 말한 늙음과는〕 완전히 다르다

고 생각한다. 늙음은 활동하는 역능의 하나의 확장, 단순함과 온화함에 있어서의 하나의 확장이다. … 죽음의 극복은 하나의 커다란 진보이다. 죽음은 삶에 필연적인 사항은 아니다. 그것은 삶 이상의 무엇인가이다.6

늙음은 힘의 확장이다. 삶이 그 물러날 때를 잃은 〈제국〉 아래에서 이 테제는 강하게 울린다. "나는 마조히스트는 아니다"라고 말한 네그리는 그런 의미에서 확실히 도착倒錯적이지 않다. 삶을 긍정하는 힘이 이 말에는 넘쳐흐른다. 이 말이 방출하는 빛을 비추면, 늙음을 힘의 감쇠가 방출하는 매혹으로 포착하는 [들뢰즈의] 사고는 확실히 도착적으로 보인다. 그것은 이른바 유기적인 삶으로부터 몸을 빼내고 무기적인 삶(기관 없는 신체)을 구성하는 기쁨이다. 네그리가 오기를 기다리고 있는 것은 늙음이 아니라 오히려 죽음이라는 "삶 이상의 무엇", 죽음

---

6. 같은 책, pp. 48~49. [*한국어판 번역: 들뢰즈의 이 에세이는 내게는, 늙어 가기에 대한 반성이기보다 오히려 질병에 관한 것으로 보인다. 나는 언제나 들뢰즈의 판단들 모두는 질병에 관한 반성이라는 인상을 받아 왔다. … 나는 늙어가기를 기다리고 있다. 그리고 나는, 그것이 [들뢰즈의 경우와는 – 옮긴이] 완전히 다른 그 무엇일 것이라고 생각한다. 달리 말해 나는, 늙어가기는 활동할 능력의 속도 저하, 단순하고 감미로운 속도 저하라고 생각한다. 늙어가기는 활동할 능력의 감미롭고 조용한 연장이다. … 죽음을 넘어서기는 앞으로 나아가는 위대한 발걸음이다. 죽음은 삶에 필연적인 것이 아니다. 죽음은 삶에 부수되어 존재하는 그 무엇이다.(「미래로 돌아가다」, 185~186쪽.)]

으로 향하는 병이라는 삶의 과정이다. 그러한 인상을, 이 말로부터는 받는다. 늙음에 있어 활동력을 확장하고 병을 물리치는 이 '삶'. '삶'은 하나의 과정이 아니라 빛이 빛나는 하나의 개념(말)인 것 같다.

다중

'다중'multitude 7도 긍정적으로 바뀌어 포착된다. 『망명』에

---

7. * 저자는 'multitude'를 다수자(多數者)로 번역하여 사용한다. 이 책은 저자의 번역어를 최대한 그대로 옮기고자 하지만, multitude를 다수자로 번역하면 큰 오해가 생길 수 있어서, 한국에서 번역되어온 '다중'으로 고쳐 번역했다. multitude를 '다수자'로 번역하면 마치 multitude가 '소수자' 또는 '소수성'(minority)의 대척적인 존재인 것으로 오해받을 수 있다. minority의 대척적 개념은 한국에서 '다수자' 또는 '다수성'으로 번역되어 온 'majority'다. '-tude'는 무리를 뜻하는 접미사이지 수에 관련된 개념이 아니다. 소수 역시 들뢰즈에 따르면 다수와 수로 구분되는 개념이 아니라 "생성이자 과정"이며, (수적으로 더 많을 수 있는) '민중'은 항상 '창조적인 소수'다.(질 들뢰즈, 『대담』, 갈무리, 신지영 옮김, 2023, 313~314쪽.) 그런 면에서 multitude는 들뢰즈의 '소수'와 친화적인 개념이라고 하겠다. 하지만 뒤의 인용에서 볼 수 있듯이 네그리는 소수(자)와 다수(자)를 대척적으로 보지 않았다. 들뢰즈가 모색한 소수(자)의 구성은 다수(자)에 대한 새로운 개념을 구축하는 데 기여했다고 말하고 있기 때문이다. 즉 네그리는 새로운 다수(자) 개념과 다중 개념을 대척적으로 보지 않고 연관된 것으로 보고 있기는 하다. 저자가 multitude를 '다수자'로 번역한 것은 이 연관성을 강조하기 위해서일 것이다(저자는 majority를 '다수파'로 번역하고 있다). 하지만, 그렇다고 하더라도, 이 번역서는 위에서 말한 오해와 혼동을 막기 위해 '다수자'라는 번역어를 '다중'으로 고쳐 번역했다.

의하면 예전에 이 명사는 부정적·모멸적으로[사용되어], 사회 상태로 이행해야 하는 전^前사회적인 상태에서 살아가는 사람들의 집합, 정치적 도야^{陶冶}의 대상인 야만적인 무리를 지칭했다. 근대에서 이 무리는 '평민'이나 '민중'으로 불렸고, 사회계급들로 나타나서 독자적인 정치적 조직화를 이루어내기도 했다. 그러나 사회 전체가 자본 아래에 실질적으로 포섭된 포스트 근대에서는

> 사회계급들이 그 자체로서 붕괴한 이상, 사회계급들이 자동적으로 집합하여 조직화하는 현상은 소멸한다. 따라서 우리는 다시 개인들의 [미조직의] 어떤 집합에 직면하는데, 그러나 여기서의 다중은 [이전과는] 절대적으로 다르다. 그것은 지적 대중화의 결과로 생긴 다중인 것이다. 그것을 이제는 평민이나 민중이라고 부르지 않는다. 그것은 부유한 다중이기 때문이다. 나는 다중이라는 말을 스피노자에게서 다시 가져왔다. 그는 거대한 오란다 [네덜란드] 공화국이라는 이 유별난 변칙성의 틀에서 논의를 전개했기 때문이다. 브로델은 오란다 공화국을 세계의 중심으로 간주했다. 그곳은 12세기 초부터 이미 의무교육이 존재했던 사회였다. 공동체의 구조화가 그곳에서는 극단적으로 강력하게 실행되었고, 매우 큰 '복지국가'의 한 형태도 또한 존재했다. 개인들은 이미 부유했던 것이다. 그

런데 스피노자는 민주제란 바로 이 풍부한 다중에 의한 창조 활동의 최대한의 격화激化라고 생각했다.[8]

부유함이란 구체적으로 어느 정도를 지칭하는 것인가. 포스트 근대의 부유한 다중의 출현은 지적 대중화의 결과라고 한다. 그리고 이 규정은 이른바 '민의'opinion에도 일부 타당하다.[9] 최근 민의가 표하는 틀에 박힌 주제는 topique-lieu common 중의 하나로 "공무원은 세금 낭비"가 있다. 이 견해의 타당성도 검토해 봐야겠지만, 현재로서는 그 견해가 선거 제도라는 수단에 개입하여 대의원의 '선출'에 공헌하는 점도 흥미롭다. 투표하

---

[8] 같은 책, p. 25. [*한국어판 번역 : "사회 계급들 자체가 산산이 갈라지고 있는 한에서, 사회 계급의 자기조직적 집중의 가능성도 사라진다. 그러므로 우리는 우리들 자신이 일단의 개인들과 다시 대면하고 있음을 발견한다. 그러나 이 다중은 매우 다른 무엇이 되었다. 그것은, 우리가 살펴보았듯이 하나의 지적 집단인 다중이 되었다. 그것은 더 이상 오합지졸이나 군중으로 불릴 수 없는 다중이다. 그것은 부유한 다중이다. 이것은 나로 하여금 다중이라는 용어의 스피노자식 용법을 생각하게 만든다. 왜냐하면 스피노자는 브로델이 세계의 중심이라고 부른, 그리고 17세기에 이미 의무교육을 행했던 사회인, 대(大) 네덜란드 공화국이라는 저 특유한 별종의 관점에서 이론 작업을 수행했기 때문이다. 네덜란드는, 공동체의 구조는 매우 강고했고 복지의 형태, 극히 광범위한 복지 형태가 이미 존재했던 사회였다. 그 속에서 개인들은 이미 부유한 개인들이었다. 그리고 스피노자는, 민주주의란 이 부유한 다중의 창조적 활동성의 가장 위대한 표현이라고 생각했다."(「미래로 돌아가다」, 168~170쪽.)]

[9] 『現代思想』, 2008年 1月号(「特輯 民意とは何か」), 특히 같은 호에 실린 アラン・バディウ, 「政治を語る, 政治について語る」, 松本潤一郎訳 및 역자 부기 참조. 다만 거기에서는 «opinion»을 '억견'(臆見)이라고 번역했다.

지 않는 경우에도 사태는 변하지 않는다. 민의는 국가와 정부에 압력을 가하여 무엇인가 조치를 실현시키려고 하지만 국가와 정부라는 '공적' 시스템 자체는 변화하지 않고 역으로 국가를 강화하기 때문이다. 민의는 불만을 흡수하지만, 불만을 해소하는 구체적 행동이 되지는 않는다. 역으로 점점 더해 가는 불만은 국가권력의 유지와 강화에 반영된다. 민의는 국가장치 바깥으로 나오지 않고, 아무것도 하지 않고 있는 구실이 된다. 민의는 일상생활(에)의 위화감을 그〔일상생활의〕재생산으로 전화시킨다. 그래서 민의를 반영하는 국가는 민주제 국가라고 불린다. 현재 매일매일 작성 내용이 수정되는 위키피디아나 자기표현의 장 site을 부여받은 사람들 일부가 지식을 유용流用하거나 때로는 의장하면서, 그 표명의 장을 통해 나날의 불만(을 통해 자신에게 잠겨 있는 정념)을 누구에게든지 방출한다. 그것은 확실히 조직화도 규율훈련도 불가능한 개인들의 집합이다. 그곳(이란 어디인가?)에는 당사자가 없기 때문이다. 그리고 방출된 정념은, 민의를 반영하는 민주제라는 익명의 경로를 강화하면서 계속 순환한다. "이 풍부한 다중에 의한 창조 활동의 최대한의 격화"라는 민주제의 규정은 이 점에서 민의와 통한다. 민의는 거기에 부재하기에 강력하게 작용한다. 다수인 그들은 각각의 장을 떠나지 않고 그때그때 손가락을 놀리면서 자신의 뇌-스크린을 보고 있다. 그 장에 있는 것만으로도 효과를 발휘하는 민의는 "지적 대중화의 결과로 생긴 다중"의 힘일 수 있다.

보편명사 : 공통의 이름

네그리가 언급한 들뢰즈는, 『시네마 2 — 시간 이미지』에서 무력하기에 더욱 강력하게 작용하는 힘을 '정보'라고 부르고, 현대 세계를 "정보가 자연을 대신한 세계"라고 규정한다. 그리고 지버베르크의 〈히틀러〉를 현대의 문제를 선취한 영화로 들고, 거기서의 문제는 히틀러가(/를) 우리를(/가) 살고 있는 것(우리에게 잠재하는 파시즘 분자)만이 아니라 히틀러가 우리 안에서 히틀러의 영상을 만들어내는 정보에 의해서만 존재한다는 점에도 있다고 한다. 이에 정보의 권역을 빠져나오기 위해서는 정보의 송신자와 수신자를 특정特定하고 순수한 발화 행위와 그 수신자를 추출하는 것이 필요하다고 쓴다.[10] 파시즘이란 정보의 문제이고, 히틀러는 정념을 다발로 묶는 장치fascio의 다른 이름이다. 그리고 다중이라는 민의의 시대의 (무無)

---

10. Gilles Deleuze, *L'image-temps : Cinéma 2*, Éditions Minuit, 1985. (ジル・ドゥルーズ, 『シネマ 2*時間イメージ』, 宇野邦一, 石原陽一郎, 江澤健一郎, 大原理志, 岡村民夫訳, 法政大學出版局, 2006年.) [질 들뢰즈, 『시네마 2 — 시간 이미지』, 이정하 옮김, 시각과언어, 2005.]

력力은 정보-앎을 매개로 정념을 방류하는 장치를 욕망한다.

그런데 들뢰즈 자신이 어딘가에서 암시하고 있었듯이, 그는 생전에 맑스를 칭찬하는 책을 준비하고 있었다는 정보가 있다. 그리고 아무래도 그것은 거짓이라는 정보도 어딘가에서 유포되고 있었지만, 『망명』에서 네그리는 그 내용을 속속들이 알고 있는 것처럼 이 환幻(?)의 책에 대해 언급한다. 이에 따르면 들뢰즈-과타리는 『천 개의 고원』에서 노동 형태의 변화(대규모 공장에서의 집단노동으로부터 보다 더 유연하고 개인적인 노동 환경으로의 이행)에 의해 생긴 새로운 노동운동을 맹아적으로 그려내고 있으며, 그 연장선상에서 『맑스의 위대함』이 구상되었음에 틀림없다고 한다. 길지만 인용해 본다.

> 현상에 관한 분석이라는 관점에서 본다면, 『천 개의 고원』의 〔"부의 생산과 착취가 공장으로부터 넘쳐 나와 사회 총체에 퍼지게 되었다"는 현실에 기인하는, 1970년대 전반 이탈리아에서의 '사회적 노동자'라고 불리는 새로운 노동운동의〕 정치적-사회적 특징은 그 이상으로 나아가지는 못하고 있다. 그렇다고 하더라도 들뢰즈와 과타리는 그 발생에 관하여, 다중a multitude의 이 계보에 관하여, 오늘날에는 찾아보기 곤란한 어휘로 사고하고 있었다고 나는 믿고 있다. 여러 소수파des minorité의 구성에 대한 세밀한 분석을 통해, 의미를 변화시킨 다수파majorité에 관

한 새로운 개념을 구축하는 것에 그들은 기여했다. 이후 다수파는 여러 생산력, 여러 협동, 여러 욕망의 복수적 집합(총체)이 되기 때문이다.… 질과 펠릭스의 논의의 전개는 이 방향을 향한다고 나는 믿고 있다. 게다가 들뢰즈의 마지막 작업인 『맑스의 위대함』을 들추어보면, 어떤 멋진 아이디어가 거기서 발견된다. 왜냐하면 문제는 '보통명사'le nom common〔공통의 이름〕의 정의(하나의 개념을 구성하는 지각들의 하나의 집합)가 표상하는 하나의 인식론적 입장〔위치〕의 탈취〔응고〕를, 하나의 인식론적 공동체의 언어학적 구성으로 번역하기 때문이다. 그래서 문제는 이 '보통명사'의 생산과정을 하나의 존재론적 과정으로 번역하는 것이다. 코뮤니즘le communisme이란 공동화共同化하는 다중이다. 그렇지만 이는 어떤 전제, 어떤 이데아, 형이상학적으로 감추어진 무엇인가가, 또는 하나의 단위〔통일성〕가 있다는 의미는 아니다. 하나에 대립하는 것이 공共, le communo이고, 그것은 극한화된 하나의 반反플라톤주의이다. 여기서는 다중이야말로 공통을 구성한다. 나의 이해가 맞다면, 들뢰즈의 미완의 책 『맑스의 위대함』에서 구성된 것은 코뮤니즘의 개념이다.[11]

---

[11]. Negri, *Exil*, 앞의 책, pp. 27~28. [*한국어판 번역: "『천 개의 고원』에 주어진 사회정치적 정의는 실제로, 현상학적 분석의 관점에서 보면 이것보다 훨씬 더 멀리 나아가지는 않았다. 그러므로 나는 실제로, 그들이, 오늘날 우리가 사용

보통명사—공통의 이름이란 무엇인가. 예를 들면 '다중'이다. 오늘날 그 자체가 보통명사로 화한 그것은, 볼 뿐인 자들의 이름이다. 이 이름은 지시된 개체를 가지지 않지만, (그래서) 강력하다.[12] 실체로서 지명할 수 있는 '일―(하나)'의 신체—물체 le corp

---

하고 있는 용어로는, 다중의 이 발생을, 이 계보학을 사고하고 있었다고 믿는다. 그들은 소수자의 구성에 대한 그들의 치밀한 분석을 통해, 나름대로 의미를 갖는 다수자에 대한 이 새로운 개념의 구축에 기여했다. 왜냐하면 그것은 생산적 능력들의, 협력의 능력들의 복수적 집합이기 때문이다. … 나는 질 들뢰즈와 펠릭스 가따리의 사유가 언제나 이 방향을 향하는 경향이 있다고 믿는다. 그리고 다른 한편에서, 들뢰즈가 기획했던 마지막 책인 『맑스의 위대함』에서 우리는 하나의 비상한 주장을, 개념들을 구성하는 지각들의 집합으로서의 "공통 이름들"(common names)이라는 정의를 포함하는, 인식론적 주장을 인식론적 공동체의 언어적 구축으로 번역하는 주장을, 이 과정을 존재론적 과정으로 번역하는 하나의 정의를 발견한다. 코뮤니즘은 공통적으로 되는 다중이다. 이 말은, 거기에 뭔가가 전제되어 있음을, 존재론적으로 혹은 형이상학적으로 숨겨져 있는 어떤 것이 존재함을 의미하는 것이 아니다. 이것은 하나의 통일성이 존재함을 의미하지 않는다. 공통적인 것(the common)은 일자(the one)에 대립하는 것이다. 그것은 극단으로 나아간 반(反)플라톤주의이다. 그것은 또, 유토피아란 반드시 하나의 통일성을 구성하며, 통일성의 문제와 권력의 주권의 문제를 해결한다고 본 전통 속에 전제된 코뮤니즘의 이념의 역전이다. 여기에 공통적인 것을 구성하는 다중이 존재한다. 그리고 이것은 내가 이해한 바에 따르면, 들뢰즈의 미완성된 책 『맑스의 위대함』에 구축된 코뮤니즘의 개념이다."(「미래로 돌아가다」, 171~172쪽.)] 또한 Negri, *Fabrique de porcelaine: pour une nouvelle grammaire du politique*, Éditions Stock, 2006, p. 103 (アントニオ・ネグリ, 『さらば, "近代民主主義"—政治概念のポスト近代革命』, 杉村昌昭訳, 作品社, 2008年)도 참조. '보통명사'의 문제계는 특이성의 그것과 밀접하게 관련된다는 취지가 서술되어 있다.

12. '지시대상'(référent)을 가지지 않는다기보다, 펠릭스 과타리가 말하는 비실체(-신체)적 '참조 우주'(Univers de référence)가 자본에 의해 획일화된 주체화의 배치 아래로 놓이게 된 상태이다. Félix Guattari, *Chaosmose*, Éditions

를 가지지 않기에, 특이성(정확히는 익명성)을 지닌 그대로의 다중-다수자이고, 그런 의미에서 확실히 반플라톤주의적이다. 이름을 부여받는 것은 하나의 세계 창조 la Bible이고, '일(하나)'의 신체의 부분들을 세지 않고 이루어지는 이름의 생산이라고 네그리는 말한다.[13] 강한 빛을 방출하는 언어의 사용법, 그것은 이론이기보다는 차라리 명명命名하는 실천이다.

근대 부르주아지의 번성을 이름만이 선행하여 개체가 따라잡지 못한 상태라고 포착하고 이름과 실태(물物)의 일치를 혁명이라고 규정한 맑스는 확실히 위대했다.[14] '포스트 근대'에서는 사회체의 표면을 이름이 순환하고, 이름의 생산과 유통이 혁명이라고 불린다. 그리고 네그리는 규율도 조직도 없게 된 다중의 '공통'의 양식에 '포스트 근대'에 적합한 이미지를 부여

Galilée, 1992 (ガタリ, 『カオスモーズ』, 宮林寛, 小沢秋広訳, 河出書房新社, 2004年) [펠릭스 과타리, 『카오스모제』, 윤수종 옮김, 동문선, 2003]을 참조.

13. Antonio Negri, *Du retour : Abécédaire biopolitique*, Éditions Calmann-Lévy, 2002, pp. 159~160 (일본어판은 『ネグリ生政治的自伝 — 帰還』, 杉村昌昭訳, 作品社, 2003年) [안토니오 네그리, 『귀환』, 윤수종 옮김, 이학사, 2006]에서는 '명명'의 중요성이 설파되고 있다.

14. 『카오스모제』에서 과타리가 제시한 '참조 우주'의 관점은 혁명을 담당하는 '실체'를 프롤레타리아라고 지명한 맑스를 새롭게 다시 읽을 가능성을 제시한다. 혁명의 담당자는 〈자본〉으로 중심화된 참조 우주가 아니라 다른 참조 우주(로의 이행)에서(에 있어서) 탐구될 것이다. Guattari et Suely Rolnik, *Micropolitiques*, Les Empêcheurs de penser en rond/Éditions de Seuil, 2007을 참조. [펠릭스 과타리·수에리 롤니크, 『미시정치』, 윤수종 옮김, 도서출판 b, 2010.]

한다. '공통'은 고독한 모습으로 구성되기 때문이다. 『망명』 안의 「감옥의 '선택'」에서 인용한다.

> 인생에서는 본줄기에서 조금 벗어나는 일도 있고, 혼자서 다소 별개의 방식으로 존재할 수도 있다. 그러나 진정한 고독, 중요한 고독은 스피노자의 고독이다. 자기에게 가까운 존재와 공동체를 구성하는 행위에도 존재하는 고독, 현실의 원자 각각의 구체적 분석을 횡단해 가는 고독, 분열이나 단절, 적대와는 구별되고, 각 원자의 핵심에 있으며, 돌진해야 하는 과정을 돌파해 가기 위해 원자들에게 작용하는 고독이다.[15]

조직도 규율도 집합 장소도 없이 분열도 갈등도 분규도 없이, 언제라도 어디에서라도 누구라도 고독하게(만) 각자의 뇌-스크린 위(각자의 뇌-스크린 위란 어디인가?)에서 구성되는 이 공동체는 민의와 통한다. 고독이란 고독하게 보고 있기만

---

[15] Negri, *Exil*, 앞의 책, p. 14. [*한국어판 번역: "인생에는 막간극들이 있을 수 있다. 우리는 다소간 상이한 방식으로 외로울 수 있다. 그러나 중요한 의미를 갖는 실재적 고독은 스피노자의 고독이라는 것은, 그럼에도 불구하고 사실이다. 자기 자신을 중심으로 존재하는 구성적 활동인 고독. 현실의 모든 원자들에 대한 구체적 분석을 통과하는 공동체의 구축인 고독. 그리고 현실이 저 원자들 내부에서 분리를, 단절을, 적대를 인식하며 그 과정을 앞으로 밀치기 위해 이것들 위에서 활동하는 고독." (「미래로 돌아가다」, 162쪽.)]

하는 것이기 때문이다. 그리고 이 고독은 다발로 묶는 장치와 인접해 있지 않을까. 보통명사의 공동체는 무력함 때문에 강력하다. 보는 자는 그 장場에 붙박혀 있다는 의미에서 무력하지만, 예를 들어 멀리 떨어져 있는 곳(도 또한 그 장이지만)을 그 장(이란 어디인가?)에서 불타오르게 할 수 있기에 전능하다.[16] 이 힘(민주제의/민주제라는 파르마케이아[17]?)을 '플라시보'[위약]라고 부를 수는 없을까.

본다는 것에 대한 환멸

들뢰즈의 '미완의 유작'을 말하는 네그리를, 들뢰즈가 마찬가지로 『시네마 2 ─ 시간 이미지』에서 논한 '가짜(위조물)의 힘'으로 간주할 수 있을까.[18] 정보로부터의 탈출은, 정보를 빠져나간다는 시련을 거쳐 이루어진다는 것을 이해하고 있었기 때문에 들뢰즈는 가짜의 힘을 말하고 있는 것이다.

---

16. 공통의 이름-보통명사는 공통의 장-통념(紋切型, lieu commun)으로 통하고 통념은 정념의 전달경로를 구성한다. 정념의 원격 작용(télépathe) 혹은 편승(profiter-opportunisme)이다. Pierre Klossowski, «Protase et apodose» in L'arc/Klossowski, no. 43, 1970. (ピエール・クロソウスキー, 「條件節と帰結節」, 中沢信一訳, 『夜想』 22号(特輯 「クロソウスキー」), 1987年에 수록.
17. * 파르마케이아(Pharmakeia)는 독이 될 수도 있는 마법적인 약.
18. Deleuze, L'image-temps, 앞의 책. (ドゥルーズ, 『シネマ 2*時間イメージ』, 앞의 책.) [들뢰즈, 『시네마 2 ─ 시간 이미지』, 앞의 책.]

민의에 한정되어 있는 정보의 권역을 어떻게 벗어날 수 있을까. 본다는 것에 환멸을 느끼고 그 장을 떠나는 것이다. 볼 필요가 있다면 그 때문이다. 이데아는 현실을 보지 않는 것이 아니라 본다는 것에의 환멸이다. 이데아는 플라톤의 동굴의 환영이 아니라, 반대로 환幻을 멸滅한다. 그러면 왜 이데아의 옹호자는 동굴로 귀환하는 것인가. 빛에 중심을 둔 사고 체제를 변형시키기 위해. 눈에는 없는 소리를 동굴에서 듣기 위해서이다. 거기서 말은 관조를 그치고, 전능(감)을 잃어버린다. 본다는 것에 대한 환멸을 일으키는 우화를 꾸민다. 그것이 이론의 기능이다. 빛의 체제로서의 말을 탈구脫臼시켜 빛과 음성을 새롭게 배치agencement하는 것이다. 어디에도 없는 다중의 정념을 부추기는 '공통의 장'을 제공하고, 전능감을 증여하는 행위가 아니라, 순수한 발화행위와 그 수신자(예를 들어 플라톤의 대화편에 나오는 〈개념 인물〉 — 소크라테스와 그 논적들)를 추출하며 이데아의 우화를 말하기 시작하는 몸짓이 정보가 자연으로 되어가는 세계에서의 이론의 기능이다. 삶과 세계가 포개지지 않는 지점에서 전능감에 대한 환멸은 시작된다. "인간의 타고난 궤변! 이름을 변화시키는 것이 사물을 변화시킨다고!"라고 경고한 맑스를 모방한다면, 여기서의 본다는 것이란 이름을 변화시키면 사물(사태)이 변화한다는 '궤변'이다.[19] 궤변이 효력을 발휘하는 것이 '포스트 근대'라고 해도 말이다. 가짜贋者는 현대의 소피스트인 민의가 기다리는 동굴로 귀환하고, 이번에는 자신의 우화를 유통하기 위해 말하기 시작한다.[20] 동굴의 우화도 또한 뇌-스크린에 비치는 환영이기 때문이다. 따라서 가짜인 한에서 철학자의 귀한은 동굴 바깥으로부터가 아니다. 철학이란 귀환 그 자체. 〈제국〉이 네그리의 담론 안에만 존재하는 것과 마찬가지로 동굴은 플라톤이 꾸민 우화 안에서만 존재한다. 이 우화는, 하나로 묶는 장치와는 다른 경로를 뇌-스크린 위에 뚫고는, 정념을 달리게 할 것이다.

귀환

십사 년의 망명을 거쳐, 네그리는 어디에도 없는 다중의 장

---

[19]. 여기서의 '사물'(사태)은 참조 우주에서의 그것이다(이 글의 각주 12, 각주 14를 참조). 따라서 '궤변'과 '새로운 것'을 사고하기 위한 언어 사용을 준별할 필요가 있다. 졸고 「〈習合〉という ジャンル？－『金毘羅』小考」(『現代思想』, 2007年 3月号)를 참조. [일본어 사전에 따르면, '곤피라'는 뱀의 형상을 하고 꼬리에 보석을 지닌 인도의 귀신으로, 일본에서 항해 안전을 지키는 신으로 받들고 있다고 한다.]

[20]. 소피스트-오피니언(opinion)의 효력에 관해서는 Barbara Cassin, *L'effet sophistique*, Éditions Gallimard, 1995 참조. 또한 오피니언과 철학의 복잡한 관계에 관해서는 松本潤一郎, 「哲学の友人」(大山載吉와 共著, 『ドゥルーズ － 生成変化のサブマリン』, 白水社, 2005年 수록)을 참조.

소로 귀환했던 것일까. 이 담론에서 그는 환멸하지 않고 긍정한다. 삶, 삶정치, 삶과 세계의 일치, 〈제국〉, 다중을.

망명과 싸운 삶은 네그리의 담론에서 자신에게 환멸을 주고 해를 끼친 환영이 된다. 들뢰즈의 환幻(?)의 책을 읽는 가짜의 힘은 마치 그가 미래로부터의 귀환자인 것과 같은 인상을 준다. 미래라고 말하기보다는 가능 세계인가. 〔그는〕『맑스의 위대함』이 간행된(될 수 있는) 세계로부터 귀환하여, 이 세계에서 그 세계를 상상하고 두 가지 세계를 이 세계에 뒤섞는 망명자이다. 『귀환』에서 네그리는 비트겐슈타인의 중요성을 말한다. 그가 '기호'와 '현실'의 공동체를 구상했다고 여겨지기 때문이다.

> 비트겐슈타인은 기호와 현실의 순진한 관계를 결정적으로 파괴했습니다. 현실을 다시 취하려고 시도하기 위해 그는 언어에 내기를 걸었던 것입니다. 그러나 더욱 중요한 것은, 기호로부터 현실로 반송하는 과정이 아니라 언어활동에서의 기호와 현실의 공동체입니다. 비트겐슈타인, 그것은 언어활동의 한복판에 잠재된 정념들의 현상학의 뛰어난 재발견이고, 보다 적절하게는 언어 활동을 넘어선, 살아 있는 노동과 여러 정동이 현실을 생산한다는 인식입니다.[21]

프랑스어판에서는, 문법상 '비트겐슈타인'은 '재발견', '인식'과 등치되고 있다. 그것은 재발견이나 인식을 담당하는 동작주가 아니라 계사繫辭(이다^{est}-존재^{être})를 개입시켜 보어로 치환시키는 명사이다. 여기서의 동작주는 네그리(라는 이름의 정념)인 것이다. "언어활동을 넘어선, 살아 있는 노동과 여러 정동이 현실을 생산한다는 인식"은 비트겐슈타인이 아니라 네그리에 의한 인식이다. 계사의 마술에 의해 여러 명사들을 등치시키는 사고, 대립항을 왕래하는 사고이다. 보는 것만의 무력함은 명명적 실천에 의해, 그 자체로서 전능으로 반전한다. 보는 것만으로 세계는 내가 되고, 감옥의 바깥은 안이 되며, 〈제국〉은 나(우리들)로 되고, 삶정치는 생산적으로 된다. 보는(볼 수 있는) 것 모두가 강한 힘으로 긍정되고 다중은 존재하고 있다는 것만으로 혁명적이다. 기호와 현실의 뒤섞임, 새로운 공동체의 탄생이다.

계사에 의한 등치 조작으로부터 이루어진 세계에서는 내가

---

21. Negri, *Du retour: Abécédaire biopolitique*, 앞의 책, p. 223. [*한국어판 번역: "비트겐슈타인, 그는 "다른 사람"입니다. 그는 현대 사상의 또 다른 거대한 계보입니다. 기호와 현실 사이의 순진한 관계를 확정적으로 파괴한 계보입니다. 그는 현실을 재장악할 수 있도록 기호를 사용했습니다. 그러나 가장 중요한 것, 그것은 기호를 현실로 돌려보내는 과정이 아니라 언어 속에서의 기호와 현실의 공동체입니다. 비트겐슈타인에게 있어서 그것은 언어 안에서의 열정의 현상학에 대한 비상한 재발견입니다. 게다가 언어를 넘어서 산 노동과 정서가 현실을 생산한다는 지각입니다."(『귀환』, 224쪽.)]

세계이고 모두이다. 망명자는 명명하는 창조주(빛이 있으라$^{fiat\ lux}$)로서 귀환한다. 전능으로 빛을 밝히는 자는 종래 '아이'라는 이름으로 불리어 왔다. 이 플라시보에는 유년기로 회귀하는 효과도 있는 것일까.

본다는 것(새로운 이름의 증여)으로 세계를 변화시키는 약의 맹위는 당분간은 보이지 않는다. 그러나 위조물(자)의 힘은 본다는 것의 환멸을 환기하지 않을까. 세계는 '계사$^{est-존재\acute{e}tre}$'가 아니라 무수한 '접속-와^{et}'에서 이루어진다. 이 공리를 채용하는 (위조)자에 의해서 철학자의 망명과 귀환, 그 담론화 작업은 별개의 '효과-귀결'을 산출하지 않을까. 다발로 묶는 구속 장치 쪽이 아니라 조직하는 '기관^{機關}-기관^{器官}'쪽으로 정념의 세찬 흐름^{奔流}의 궤도를 바꾸는^{轉轍하는} 코뮤니즘 우화에 의해.

:: 후기

 들뢰즈와 과타리가 맑스를 수용하며 지적했듯이, 자본주의가 〈세계사〉라는 시점을 설립시킨 것이라면 자본주의 그 자체를 역사화하기 위해서는 어떻게 해야 할 것인가 — 이 책 서두의 논고(첫 발표 2003년)를 쓸 때에는 그러한 모티프가 있었습니다.
 맑스는 산업자본주의의 구조를 해명하고 그것을 과거의 것으로서, "옛날 옛날 자본주의라는 것이 있었다…"라고 시작하는 이야기를 완성하려고 했습니다. 이야기는 완성하지 못했지만, 그 〈끝〉의 소묘를 그는 전해 주었습니다. 〈끝〉이 어떠한 것인가를 우리들은 알고 있습니다. 이 이야기를 끝내는 것은 역사 안에 있는 우리들이고, 완결된 이야기를 말하는 것은 우리들 이후에 올 사람들이어서, 우리들이 우리들을 끝내지 않는 한 〈우리들〉 이후에는 아무도 오지 않습니다. 〈처음〉이 있으면 〈끝〉이 있습니다. 그래서 끝내는 것. 〈자본주의를 역사화한다〉란 그러한 것입니다.
 그런데 자본주의에 〈처음〉은 있는 것일까요? — 이 책은 이 질문에 정면으로 답하고 있지 않습니다. 자본과 노동의 〈만남〉이라는 〈시작〉을 암시하는 징후를 〈세계사〉의 도처에서 볼 수 있기 때문입니다. 자본과 노동의 〈한없는〉 접근은 언제 어디서 어떻게 하나의 〈만남〉으로 이루어지는 것일까요. 권두 논문에서 말한 〈Si…, alors…〉(만약…이라면, 그렇다면…) 의 방법과 〈만남〉의 문제는 연관되어 있습니다. 조금만 써 두 겠습니다.

이 표현은 『경제학 철학 초고』에 나옵니다. 「산업의 환관宦官」인 생산자가 소유욕에 홀린 〈사랑해야 할 이웃〉 기독교도를 꼬드겨서 한층 더 소유를 부추긴다는 우화적 장면입니다.[1] 환관은 이웃을 향해 "너가 그것을 욕망한다면, 그렇다면

---

1. * 이어지는 논의의 이해에 도움이 되고자 『경제학 철학 초고』의 해당 부분을 인용하면 다음과 같다. "사유재산의 이상주의는 공상, 자의, 변덕이며, 전제군주의 총애를 얻으려는 환관들 중에서, 은화를 사취할 목적으로, 기독교의 사랑 안에 있는 이웃들의 주머니에서 황금 새를 꾀어내려는 산업 환관들, 즉 생산자들보다 비굴하게 그의 군주에게 아첨하는 환관, 이들보다 파렴치한 수단을 써서 그의 군주의 둔감한 향유력에 자극을 주려고 하는 환관은 한 사람도 없으며 – (모든 생산물은 타인의 본질, 화폐를 유인하는 미끼이며, 모든 현실적인 욕구 또는 가능한 욕구는 파리를 아교 막대기에 접근하게 하는 약점이다. – 인간의 모든 불완전함이 하늘과 인간을 연결시키는 끈이고, 인간의 마음을 사제에게 접근시키는 측면이듯이 공동체적 인간 본질의 보편적 착취이다. 모든 곤궁은 이웃에게 친절한 얼굴로 다가가 다음과 같이 말할 수 있는 기회이다 : 사랑하는 친구, 그대에게 필요한 것을 주겠다. 그렇지만 그대는 불가결한 필수 조건을 알고 있을 것이다. 그대는 어떤 잉크로 그대를 나에게 양도한다고 서명해야 하는지를 알고 있을 것이다. 나는 그대에게 향유를 제공해 줌으로써 그대를 사취한다.) 그는 이웃의 몹시 비열한 착상에 따르고, 이웃과 이웃의 욕구 사이에서 뚜쟁이 구실을 하며, 이웃에게 병적인 욕망을 유발시키

내가 그것을 네게 주겠다"고, 얼핏 보면 이웃 자신의 자발적으로 보이는 원망願望에 양보하여 그 원망의 충족에 협력하면서, 그 보증으로 (자본으로서 축적되는 잉여가치처럼 생각되는) 착수금을 받을 준비가 되어 있습니다. 이웃은 모든 것을 손에 넣는다는 자본주의의 욕망에 홀려 있습니다만 거기에는 (불가능한 원망 충족을 암시하는) 환관의 부재不在의 욕망도 포함되어 있습니다. 환관은 이웃을 통해 자신의 불가능한 욕망을 실현하고 있지 않을까요. 이 책에서 말한 대로, 자본에는 실체가 없습니다. 그것은 생산에서 유통을 거쳐 소비에 이르고, 다시 생산으로—라는 원환 운동의 〈모든 것〉입니다. 화폐도 자산도 그 자체로서는 자본은 아닙니다. 부재의 욕망과 그 불가능한 실현은 이 사태에 대응합니다. "욕망은 타자의 욕망"(헤겔)이기 때문입니다.

복화술이라고 형용할 수 있을지, 자유간접화법이라고 부를 수 있을지, 어느 쪽이든 이 우화는 자본주의 구조가 스스로를 만들고 스스로를 연기하는 성질을 보여줍니다. 자본은 우리들에게 욕망을 불어넣으면서, "네가 그것을 욕망한다면, 그렇다면"을 가지고 우리들을 원환으로 끌어들이는 것입니다.

고, 이웃의 모든 약점을 탐지하는데, 이는 친절함에 대한 수수료를 청구하기 위해서이다."(칼 맑스, 『경제학-철학 수고』, 강유원 옮김, 이론과실천, 2006, 146~147쪽.)

이 구조는 모두를 손에 넣으려는 원망에서 생기는 것일까요. 구조가 앞에 있어서 원망이 생기는 것일까요. 맑스의 입장은 후자입니다. 그럼에도 불구하고, 이 구조는 원망에 의존하면서 구조를 확대해 나갑니다. 선후^{先後}가 뒤집혀 있는 것입니다.

이 선후의 오인은 〈자본과 노동의 만남〉에서도 일어나고 있다고 생각됩니다. 그것은 〈세계사〉의 언제든 어디서든 일어났어도 좋았다 ― 그렇게 지적하는 기술자^{記述者}를 통해, 자본주의는 사후적으로, 세계에 선행하는 것으로서 세계를 전복하고 〈세계사〉라는 시점을 성립시키는 것은 아닐까요. 〈만남〉이 일으키는 것은 잠재적인 것의 차원, 들뢰즈가 『의미의 논리』에서 논한 〈사건〉과 『천 개의 고원』에서의 〈이것임〉의 양상으로서입니다. 이 픽션적인 양상이 '만약…이라면'에 대응하면서, 계속 '그렇다면…'으로서 시공의 제약을 받는 〈사물의 상태〉가 전개되는 것은 아닐까요. 〈시작〉은 부재로서 있습니다. "만약 자본과 노동이 만났다면"이라는 조건법의 캐터펄트 catapult[투석기, 발사장치] 없이 산업자본주의는 현실에서 성립할 수 없었다, 조건법에 이끌려 사실이 일어났다, 양자의 결합은 필연이 아니고 인과관계도 아니다…. 권두 논문에서 내가 말했던 것은, 그렇다면 "만약 자본과 노동이 만나지 않았다면"을 발사 장치로 삼아 묘사해내는 궤도를 〈우리들〉이 구상할 수 있다면, 그 구상을 실현할 수도 있지 않을까라는 것이었습니다. 자본주의가 우리들의 뇌(스크린)에 투영하는 사유재산제 유토피아와는 다른 세계, 봉건제에 의한 구속으로부터의 도주가 자본주의에 의한 노동력 상품의 포획으로 순순히 이어지지順接 않고 [그 포획으로부터] 계속 어긋나며 멀어지는 세계를 그려낼 수 있지 않을까. 조건법이 사용되는 조건을 씻어내면, 자본주의를 역사화하고 이 이야기를 끝낼 수 있는 것은 아닐까 라고.

『경제학 철학 초고』의 이웃 사람隣人, neighborhood은 환관과 함께 하나의 〈이웃近傍, neighborhood(인근)〉, 욕망의 탈영토화와 재영토화가 교차하는 식별 불가능 지대zone를 배치하고도 있습니다. 환관의 욕망과 이웃의 그것이 서로 생성 변화하여 하나의 블록을 구성한다고 말해도 좋을 것입니다. 이에 따라 자본주의의 이면이 수반하는 자본주의의 분신으로서 코뮤니즘이라는 유토피아를 엿볼 수 있어야 하고, 나는 들뢰즈와 맑스를 통해 시공의 간격에 제약받지 않은 하나의 〈이웃〉 지대를 만들려고 했습니다. 『천 개의 고원』에는 예를 들면 루소의 〈사회계약〉을 무한히 멀리 떨어진 저편으로부터 〈이것임〉에 이르는 명령-호소로 포착하는 구절이 있습니다. 자연상태로부터 시민사회로의 이행은 순식간瞬時에 이루어지는 비신체적 변형이고, 이 순간은 무한하게 멀리 투영되는 사회의 〈기원-시작〉입니다. 무한히 작은 순간에 있어 자연과 사회는 서로 한없이 가까워집니다. 우리들의 사회는 먼 것의 투영이고, 오히려 자연과 인접합니다. 떨어지면 떨어질수록 우리들은 자연에 접근한다는 것입니다. 루소의 〈일반의지〉란 분기하면 더욱 종합되는 벤야민-과타리적인 사유의 선구는 아닐까요. 인민의 의지는 분할되면 될수록 통일되기 때문입니다. 맑스는 루소의 〈자연〉을 자본주의 사회에 주입하려고 했던 것일지도 모릅니다.

어쨌든 이 책은 자본주의의 〈이웃〉에서 코뮤니즘을 탐색하는 시도입니다. 들뢰즈와 맑스를 서로 잘 얽는다면, [그것은] 부상浮上하는 〈이웃〉의 유토피아를 자본주의의 인근에서 환시幻視하기 위한 실마리가 됩니다. 이 책은 〈우리들〉을 끝내기 위한 탐구를 계속하기 위한 경과 보고서입니다.

2019년 1월 7일
마쓰모토 준이치로

:: 옮긴이 후기

이 책은 일본의 소장 학자 마쓰모토 준이치로의 『들뢰즈와 맑스』(みすず書房, 2019)를 번역한 것이다. 마쓰모토 씨는 프랑스 문학, 사상, 철학을 연구하는 학자로, 들뢰즈에 관한 많은 책에 공저자로 참여하고 사회철학에 관한 책을 다수 번역하는 등 현재 일본 사상계에서 왕성한 활동을 보여주고 있는 분이다.

이 책의 번역에 착수한 시기는 2022년 초이니까, 거의 3년 가까이 번역의 완료를 끌어온 셈이다. 이 지체는 기본적으로 본 역자의 게으름 때문이지만, 오역의 최소화를 위한 검토가 길어져서이기도 하다. 사상을 다루는 일본 책들이 주로 간명하고 깔끔한 서술을 보여주는데, 이 책은 본 역자에게 상당히 복잡한 문체와 난해한 서술을 보여주고 있다고 느껴졌다. 그래서 몇 번이고 번역 원고를 재검토했어야 했다. 다행히도 프리뷰어 분들이 꼼꼼하게 번역 원고를 검토해 주셔서 많은 부분을 바로잡을 수 있었다. 세 번에 걸쳐 프리뷰가 진행되었으니 상당한 검토가 이루어졌다고 하겠다. 하지만 여전히 오역은 있을 것이다. 물론 오역의 책임은 전적으로 본 역자에게 있다.

하지만 번역 원고의 재검토가 완료된 이후에도 상당 기간 완료된 번역 원고를 갈무리 출판사에 송고하지 못했다. 바로 이 '옮긴이 후기'를 쓰지 못하고 있었기 때문이다. 상당히 새롭고 복잡한 이 책의 내용을 간추리는 '해설'로 후기를 써야 하지 않을까 하는 생각이었는데, 작업이 잘 진행되지 않았다. 또 저자의 입장에 다소 비판적인 생각도 들기도 해서 비판 논리를 세워 글을 전개하려면 그 역시 만만한 작업이 아니라는 생각이 들었다. 게다가 이런 정리와 비판 과정에서 혹시 본 역자에게 있을 이 책 내용에 대한 오해가 해설에 개입된다면, 해설이 도리어 이 책의 독자에게 잘못된 읽기를 유도할 수도 있다는 경계심이 마음을 짓눌렀다. 결국 더 이상 시간을 끌어서는 안 된다는 생각에 해설 후기는 포기하기로 했다. 어쩌면 어쭙잖은 해설을 덧붙이기보다는 독자들에게 이 책의 이해를 전적으로 맡기는 것이 더 낫겠다는 생각도 들었다. 결과적으로 탈고 시간만 질질 끈 셈이어서, 갈무리 출판사와 이 책의 출간을 기다리는 독자에게 미안한 마음이다.

위에서 암시했듯이, 열두 편의 논문으로 이루어진 이 책은 들뢰즈나 맑스의 사상을 간명하게 정리하거나 해설하는 책이 아니다. 저자의 깊은 고민과 사유가 단순화되지 않고 복잡하면 복잡한 그대로 전개되고 있는 책이다. 문장도 간명하지 않아, 문장들이 중첩되어 길게 늘어지는 복문이 많다. 저자는 사유의 진행을 간명하게 간추리지 않는다. 그것은 저자의 의도이기도 하다. 저자는 이 책 2부 첫 글인 「이야기와 주름」에서, 지난 수년 동안 '명쾌함'이나 '이해하기 쉬움'을 과잉되게 내세우는 일본 인문과학 담론의 조류에 대해 비판하고 있다. 새로운 사유는 이해하기 쉬울 수 없는 일이다. 명쾌하고 간명하며 이해하기 쉬운 '정리'의 사유는 새로운 사유를 막는 이데올로기가 될 수 있다는 것이 저자의 생각이다. 이러한 생각에 맞추어 이 책의 서술이나 문장 역시 중첩의 주름을 이루는 식으로 전개된다고 하겠다. 본 역자도 가급적 복문이면 복문 그대로 번역하여 저자의 복합적 사유를 그대로 보여주려고 했다.

이 책의 독해가 만만치 않을 것이라 해서 미리 움츠릴 필요는 없다. 책을 읽다 보면, 비판적 인문 사회과학에 관심을 가진 독자에게는 흥미진진할 논의들과 만날 수 있을 것이기 때문이다. 들뢰즈의 철학과 맑스의 정치경제학 비판을 조우시키는 1부의 첫 번째 글 「들뢰즈-과타리와 역사」는, 두 사상가의 기본 사상이 상당히 압축적으로 서술되어 있어서 어렵게 느껴질 수 있지만, 이 장을 힘겹게 넘어서면 새롭고 흥미로운 주제들과 대면할 수 있다. 본 역자도 이 책을 번역하면서, 필자의 과문 때문이기도 하겠지만, 상당히 새로운 이야기를 접할 수 있었고 흥미진진함을 느꼈다. 그중의 하나를 예로 들자면, 1970년대 바디우가 들뢰즈를 구체적으로 어떻게 비판했는지 알 수 있었던 점이다. 「모순은 효력을 잃었는가」에서 이 비판이 논의되고 있는바, 당시 바디우의 '마오주의'가 기본적으로 어떤 철학적 입장을 가지고 있었는지도 알 수 있었다.

'들뢰즈'와 '맑스'에 관심을 가져왔던 독자는, 이 책을 읽으면서 본 역자와 마찬가지로 다수의 흥미로운 논점과 만날 수 있으리라 확신한다. 이 책에는 들뢰즈와 맑스만이 아니라 (이 책의 조연들이라고 할 수 있는) 또 다른 비판적 사상가들과의 마주침이 이루어지고 있다. 알랭 바디우가 들뢰즈 사상에 대한 일종의 균형추로서 소환되고 있다. 또한 「이야기와 주름」이나 「분열과 종합」에서 과타리와 벤야민, 벤야민과 들뢰즈의 사상이 교차되며 중첩되는 장면도 흥미롭다. 네그리와의 마주침도 빼놓지 않는다. 그런데 아마 한국 독자에게 가장 생소한 마주침은 클로소프스키와의 마주침 아닐까 한다. 클로소프스키의 책은 『니체와 악순환』이 한국에 번역되어 있지만, 그의 문학적 작업이나 그 자신의 사상을 펼쳐낸 책은 일반인에게 소개되어 있지 않은 것으로 안다. 이 책의 3부에 수록된 「노동과는 별개의 방식으로」에서는 그의 『살아 있는 화폐』가 인용되어 소개되면서 맑스와의 마주침이 이루어지고 있는바, 본 역자에게는 상당히 복잡하고 난해했지만 한편으로 새롭고 흥미로운 논의였다. 아마 독자들도 그러한 느낌을 받으리라고 생각한다. 이 책의 여러 등장인물들도 주목되지만, '들뢰즈와 맑스'라는 이 책의 제목에서 연상되는 주제들을 넘어서 흥미로운 주제들을 다수 만날 수 있다는 점도 이 책의 장점이다. 특히 '이야기'에 대한 논의 — 코뮤니즘과 이야기를 연결하는 논의 — 는 본 역자가 문학 전공자여서 그런지 무척 흥미로웠다. 독자들도 이 책에서 자신이 관심을 갖고 있던 주제와 만날 수 있지 않을까 한다. 그만큼 다채로운 주제들이 논의되고 있는 책이기 때문이다.

이 책의 번역은 직역을 위주로 했다. 저자도, 벤야민의 「번역자의 과제」를 끌어와 논의를 전개하고 있는 데서 알 수 있듯이, 역서의 독자에게 자연스럽게 다가갈 수 있는 번역보다는 직역을 원하고 있으리라고 생각된다. 직역은 한국어 표현과 일본어 표현과의 차이성을 드러냄으로써 보편성을 갱신할 수 있다고 생각한다. 그래서 한국어에는 없는 일본식 한자어는 다른 한자어를 찾아 번역했지만, 다소 어색하더라도 한국어에는 있는 한자어는 그대로 두었다. 그럼으로써 일본에서는 특정 개념이 어떻게 번역되고 있는지 한국 독자에게 소개하는 효과도 볼 수 있으리라 생각했다. 가령 'actuality'는 한국에서 현행성 또는 현재성으로 번역되고 있지만 일본에서는 '현동성'現動性이라고 번역된다. 이 역서도 다소 어색하지만 그 번역어 그대로 '현동성'으로 번역했다. 'fuite'는 한국에서 '도주' 또는 '탈주'로 번역되었는데, 일본에서는 '도주'로 번역되고 있다. 본 역자는 '탈주'라는 번역어를 더 선호하지만 일본에서의 번역 그대로 '도주'라고 번역했다. 하지만 저자의 번역어를 그대로 사용하지 않은 경우도 있다. 저자는 이 책의 마지막 논문인 「가능 세계의 들뢰즈」에서, 네그리를 논하면서 그의 개념 'multitude'을 '다수자'로 옮기고 있다. 이 일본어 번역어 그대로 '다수자'로 옮기면 네그리 사상에 대해 많은 오해를 낳을 수 있어서 한국에서 번역되어 온 '다중'으로 고쳐 옮겼다(사실 그 논문에서 네그리에 대한 마쓰모토 씨의 논의는 동의할 수 없는 면이 적지 않았다. 네그리 사상에 대한 일정한 오해가 그러한 번역어를 가져온 것은 아닌가 생각한다). 이러한 중요 번역어들에 대해서는 '옮긴이 주'에서 언급해 두었으니 참조하시면 좋겠다.

이 번역서의 다른 특징으로는 이 책에 인용되는 인용문들의 출처 텍스트가 한국에도 번역되어 있는 경우, 그 해당 부분의 한국어 번역문 역시 주석에 소개했다는 점을 들 수 있지 않을까 한다. 이 책에 인용되어 있는 책들 상당수가 한국어 번역본이 있는 것들이었다. 본 역서는 직역을 위주로 번역하고 있으니, 이 인용문들과 한국의 해당 부분 번역문을 대조해 보면 일본의 번역과 한국의 번역 차이를 흥미롭게 읽을 수 있으리라고 생각했다. 또한 다른 번역의 동시적인 제시가 원문 이해에 좀 더 도움이 될 수 있으리라고 생각하기도 했다.

현재 우리가 사는 이 시대는 어떤 시대일까. 누구도 명쾌한 해답을 내기 어려운 시대가 이 시대의 특징 중 하나 아닐까. 다른 삶에 대한 희망을 가지기 어려운 시대다. 이 후기를 쓰기 직전, 갈무리에서 며칠 전에 출간된 존 홀러웨이의 『폭풍 다음에 불 – 희망 없는 시대의 희망』을 구입하여 「한국어판 지은이 서문」을 읽었다. 그 책의 부제에서, 가자지구와 레바논에서의 대량 학살이 버젓이 벌어지는 이 시대의 '희망 없음'을 인정하면서도, 그럼에도 '희망의 원리'(블로흐)를 찾아야 한다는 홀러웨이의 생각이 느껴졌다. 이 『들뢰즈와 맑스』 역시 바로 희망이 사라지는 시대에서 저항의 길을 찾아내어 희망의 원리를 다시 확보하고자 하는 저자의 사상적 고투를 보여주는 책이다. 저자는 권력에 대한 저항의 길을 더듬더듬 찾아 나선다. 저자는 나아갈 길이 시원히 뚫려 있는 대로가 아니며 미로처럼 엉켜 있다는 것을 알고 있다. 그래서 이 책을 통해 어떤 명쾌한 결론을 얻을 수 있으리라고 기대해서는 안 된다. 저자는 이 미로를 나갈 수 있는 길을 함께 찾아보자고 독자를 이 책으로 초대하고 있는 것이다. 이 책 안에 들어온 독자는, 시원한 해갈 – 곧 다시 갈증에 빠질 – 을 느끼지는 못할 테지만, 저자와 함께 출구를 찾는 데서 오는 즐거움을 느낄 수 있을 것이다.

2024년 11월 4일
옮긴이 이성혁

:: 각 글의 출처

들뢰즈-과타리와 역사 : 『자본주의와 분열증』 읽기
「ドゥルーズ － ガタリと歴史」, 『情況』, 2003年 12号.

공리와 명령 : 들뢰즈-과타리의 레닌
「公理と指令」, 小泉義之, 鈴木泉, 桧垣立哉編, 『ドゥルーズ/ガタリの現在』, 平凡社, 2008年.

'원국가'의 사정거리 : 이슬람 국가 이후의 물음
「「原国家」の射程」, 『情況』, 2015年 5月号.

모순은 효력을 잃었는가 : 들뢰즈, 바디우에 의한 헤겔 변주
「矛盾は失効したのか」, 市田良彦, 王寺賢太編, 『現代思想と政治』, 平凡社, 2016年.

이야기와 주름 : 들뢰즈의 서술적 지성
「物語と襞」, 『ゲストハウス』 第3号 (2011年 4月).

분열과 종합 : 과타리, 벤야민, 라이프니츠
「分裂と綜合」, 『ゲストハウス』, 臨時増刊 · 第3号 (2011年 10月).

무한소의 정치 : 맑스에 의한 '역사' 개념 재고
「無限小の政治」, 『ゲストハウス』, 臨時増刊 · 第4号 (2012年 10月).

'절대빈곤' 쪽으로 : 영도의 프롤레타리아트
「「絶対貧困」のほうへ」, 『ゲストハウス』第5号 (2013年 4月).

렌탈 라이프 : 포스트포디즘 시대의 노동
「レンタル・ライフ」, 『現代思想』, 2017年 6月 臨時増刊号.

노동과는 별개의 방식으로 : 『경제학 비판 요강』에서 『살아있는 화폐』로
「労賃とは別の仕方で」, 『立教大学 ランゲージセンター 紀要』第35号, 2016年 1月.

노동과 예술 : 벤야민과 클로소프스키
「労働と芸術」, 『KAWADE 道の手帖『ベンヤミン』』, 河出書房新社, 2016年 5月.

가능 세계의 들뢰즈 : 네그리가 말하는 『맑스의 위대함』
「可能世界のドゥルーズ」, 『現代思想』, 2008年 5月号.

* 본서에 실으면서 일부 제목을 바꾸고 가필·정정했다.